기독교의
핵심진리
102가지

ESSENTIAL TRUTHS OF THE CHRISTIAN FAITH
by R. C. Sproul

Copyright ⓒ 1992 by R. C. Sproul
Originally published in English under the title
ESSENTIAL TRUTHS OF THE CHRISTIAN FAITH.
Published by Tyndale House Publishers, Inc.,
Wheaton, Illinois, USA.
All rights reserved.

Korean Edition published by Word of Life Press, Seoul, 1997.
Translated and published by permission.
Printed in Korea.

기독교의 핵심진리 102가지

ⓒ 생명의말씀사 1997, 2013

1997년 10월 20일 1판 1쇄 발행
2012년 2월 25일   8쇄 발행
2013년 10월 10일 2판 1쇄 발행
2025년 1월 9일   10쇄 발행

펴낸이 ｜ 김창영
펴낸곳 ｜ 생명의말씀사

등록 ｜ 1962. 1. 10. No.300-1962-1
주소 ｜ 서울시 종로구 경희궁1길 6 (03176)
전화 ｜ 02)738-6555(본사) · 02)3159-7979(영업)
팩스 ｜ 02)739-3824(본사) · 080-022-8585(영업)

기획편집 ｜ 임선희
디자인 ｜ 김혜진, 송민재
인쇄 ｜ 영진문원
제본 ｜ 다온바인텍

ISBN 978-89-04-02067-6 (03230)

저작권자의 허락 없이 이 책의 일부 또는 전체를
무단 복제, 전재, 발췌하면 저작권법에 의해 처벌을 받습니다.

기독교의 핵심진리 102가지

Essential Truths
of the
Christian Faith

서문

그리스도인은 누구든지 신학자다. 우리는 늘 하나님의 일에 대해 배우는 활동을 한다. 물론 모두가 전문적 또는 학문적 의미에서의 신학자는 아니지만, 좋든 나쁘든 신학자라 할 수 있다. '나쁜 신학자'는 결코 사소한 문제가 아니다. 베드로후서에서는 이단은 하나님의 백성들에게 파괴적인 영향을 끼치고 하나님을 모독하는 것이라고 경고한다. 이단이 파괴적인 것은 우리 삶의 모든 영역에 영향을 끼치기 때문이다.

성경은 마음의 생각이 어떠하면 그 위인도 그러하다고 한다. 이 말은 조금 이상하다. 성경의 저자가 실수한 것처럼 보인다. 그는 지성과 마음을 혼동한 것 같다. 우리는 보통 생각과 뇌를, 느낌과 마음을 연결한다. 그렇다면 마음의 생각이란 무엇을 말하는가? "마음의 생각"이란 말은 사려깊은 숙고를 가리킨다. 많은 사상은 마음까지 뚫고 들어가지 않은 채 지성으로 간직하는 데 그친다. 그러나 우리의 가장 깊숙한 곳에서 우리를 지배하는 사상이 우리의 삶을 형성한다. 즉 우리가 생각하는 것이 바로 우리다. 그래서 우리의 생각이 부패하면 우리의 삶도 그렇게 된다.

하나님을 믿지 않는 삶을 살면서도 신조를 완벽하게 암송할 수 있고 신학 과목에서 A학점을 받을 수 있다는 것은 누구나 아는 사실이다. 우리는 바른 신학을 고백하면서 바르지 못한 삶을 살 수 있다. 즉 바른 신학이 경건한 삶을 보장하는 것은 아니다. 하지만 바른 신학은 경건한 삶을 위한 필수조건이다. 먼저 진리가 무엇인지 이해하지 않고서 어떻게 그것을 행할 수 있겠는가?

어떤 그리스도인도 신학을 피해 갈 수 없다. 모든 그리스도인은 신학을 가지고 있다. 그러므로 문제는 신학을 가지기 원하느냐가 아니다. 신학은 이미 가지고 있다. 진정으로 문제가 되는 것은 '바른 신학을 갖고 있는가? 참된 교리를 받아들이는가, 아니면 거짓된 교리를 받아들이는가?'이다.

이 책은 공식적인 신학 교과서가 아니다. 평신도를 위한 기독교의 핵심 교리 개론서다. 성경의 메시지를 이해하려면 먼저 그 메시지를 제시하는 개념들을 파악해야 한다. 그래서 이 책의 목적은 독자들에게 성경의 메시지를 구성하는 핵심 개념들을 소개하는 것이다.

각 개념은 짧고 간결하게 설명하였다. 그리고 제시된 참조 성구로 각 개념의 골격에 살을 붙였다. 이 책은 기초적이면서 근본적인 내용을 다룬다. 간결하지만 지나치게 단순화하지는 않았다. 깊이를 따지자면 각기 한 권의 책으로 펴낼 만한 신학적 개념을 몇 페이지 분량으로 요약하려고 했다.

이 책을 읽고 연구하는 것만으로 신학 전문가가 될 수는 없겠지만, 온전한 신학의 뼈대를 이루는 핵심 개념에 정통하게 될 것이다. 모든 사람이 이 책을 계기로 평생에 걸쳐 더 깊이 신학을 공부하게 되기 바란다.

이 책의 출판을 제안한 틴데일출판사(Tyndale House)의 웬들 헐리(Wendell Hawley)와 원고 준비를 도운 도너 맥(Donna Mack), 그래픽 작업을 한 데이비드 프릴랜드(David Freeland)와 멋진 편집 솜씨를 보여 준 나의 아들에게 고마움을 전한다.

목차

서문 • 4
서론 무엇이 신앙 성장을 방해하는가? • 12

1부 계시

001	하나님의 계시	• 32
002	역설, 신비, 모순	• 37
003	직접 일반계시와 간접 일반계시	• 41
004	특별계시와 성경	• 44
005	하나님의 법	• 47
006	하나님의 선지자들	• 49
007	정경	• 52
008	성경 해석	• 56
009	성경의 사적 해석	• 59

2부 하나님의 본질과 속성

010	하나님의 불가해성	• 64
011	삼위일체이신 하나님	• 67
012	스스로 계시는 하나님	• 70
013	하나님의 전능하심	• 72
014	하나님의 편재하심	• 75
015	하나님의 전지하심	• 77
016	하나님의 거룩하심	• 80
017	하나님의 선하심	• 82
018	하나님의 공의로우심	• 85

3부 하나님의 역사와 작정

- 019 창조 · 90
- 020 섭리 · 94
- 021 기적/이적 · 97
- 022 하나님의 뜻 · 100
- 023 언약 · 103
- 024 행위 언약 · 106

4부 예수 그리스도

- 025 그리스도의 신성 · 110
- 026 그리스도의 복종 · 112
- 027 그리스도의 인성 · 115
- 028 그리스도의 죄 없으심 · 118
- 029 동정녀 탄생 · 121
- 030 독생자 예수 · 123
- 031 그리스도의 세례 · 127
- 032 그리스도의 영광 · 129
- 033 그리스도의 승귀 · 131
- 034 중보자 예수 그리스도 · 135
- 035 그리스도의 세 가지 직분 · 137
- 036 예수님의 호칭 · 139

5부 성령

- 037 성령의 신성 · 146
- 038 성령의 인격 · 149
- 039 성령의 내적 증거 · 151
- 040 성령의 조명 · 153
- 041 성령세례 · 156
- 042 위로자이신 성령 · 159
- 043 성화시키시는 성령 · 162

6부 인간과 타락

- 044 자신에 대한 지식과 하나님에 대한 지식 • 168
- 045 하나님의 형상대로 창조된 인간 • 172
- 046 인간의 육체와 영혼 • 175
- 047 인간의 육과 영 • 178
- 048 사탄 • 181
- 049 귀신 • 184
- 050 죄 • 186
- 051 원죄 • 189
- 052 인간의 부패성 • 192
- 053 인간의 양심 • 195
- 054 용서받을 수 없는 죄 • 197
- 055 혼합주의 • 200

7부 구원

- 056 구원 • 204
- 057 예정 • 207
- 058 예정과 유기 • 210
- 059 유효한 부르심 • 213
- 060 중생 • 216
- 061 속죄 • 219
- 062 한정적 속죄 • 221
- 063 자유 의지 • 225
- 064 신앙 • 229
- 065 구원 얻는 믿음 • 232
- 066 이신칭의 • 235
- 067 믿음과 행위 • 238
- 068 회개 • 241
- 069 공로와 은혜 • 243
- 070 성도의 견인 • 245
- 071 구원의 확신 • 248
- 072 중간 상태 • 252
- 073 마지막 부활 • 255
- 074 영화 • 257

8부 교회와 성례

- 075 사도 · 262
- 076 교회 · 265
- 077 참교회의 표지 · 267
- 078 출교 · 269
- 079 성례 · 272
- 080 세례 · 274
- 081 유아세례 · 276
- 082 주의 만찬 · 279
- 083 화체설 · 282
- 084 안식일 · 285
- 085 맹세와 서원 · 287

9부 영성과 이 세상 삶

- 086 성령의 열매 · 292
- 087 사랑 · 295
- 088 소망 · 298
- 089 기도 · 301
- 090 율법 폐기론 · 304
- 091 율법주의 · 307
- 092 율법의 세 가지 기능 · 310
- 093 완전주의 · 313
- 094 국가와 교회 · 315
- 095 혼인 · 318
- 096 이혼 · 320

10부 마지막 때

- 097 적그리스도 · 326
- 098 그리스도의 재림 · 328
- 099 하나님의 나라 · 330
- 100 천국 · 333
- 101 지복직관 · 336
- 102 지옥 · 339

서론

Essential Truths
of the
Christian Faith

무엇이 신앙 성장을 방해하는가?

　1980년대에 여론조사기관인 갤럽에서 미국인의 종교에 관해 대대적이고 광범위한 조사를 했다. 그러나 이 연구를 통한 예리한 경향 분석과 지표들이 여러 잡지에 게재되고 평가되었지만, 수집된 방대한 자료는 널리 공개되지 않았다. 당시 갤럽은 그 자료를 크리스채너티 투데이(Christianity Today)에 제공했고, 크리스채너티는 몇몇 신학자들을 선정해서 그 정보의 의의를 검토하고 평가하게 했다. 나도 거기 속하여 자료 전체를 분석할 수 있는 특권을 얻게 되었다.

　연구 결과는 놀라운 것을 보여 주었다. 특히 다음과 같은 요소는 주목할 만한 것이었다.

　1) 6천만 이상의 미국인이 개인적 회심 경험이 있다고 주장한다.

　2) 굉장히 높은 비율의 미국인이 성경을 하나님의 말씀으로 믿는다고 한다.

　그러나 이러한 고백과는 달리 미국인들, 심지어 복음주의 미국인조차도 성경의 내용을 너무도 모르며, 기독교 역사와 고전적 기독교 신학에 대해서는 더더욱 모른다는 사실이 명백하게 드러났다. 가장 놀라운 것은 성경적 신앙을 가지고 있다고 주장하는 사람들 다수가 미국 문화의 구조와 가치관에 거의 또는 전혀 영향력을 발휘하지 못한다는 것이었다.

　예를 들어 성 윤리와 낙태 문제에 관한 최근의 연구에 따르면, 복음주의 그리스도인과 세속인 사이의 행동에 거의 아무 차이가 없었다. 다시 말해 이 연구 조사가 보여주는 바는 기독교 "신앙"이 사람들의 삶과 미국 문화에 거의 또는 전혀 영향을 주지 못한다는 것이다. 물론 이 연구가 얼마나 정확한지는 논쟁의 여지가 있다.

어떻게 이런 일이 있을 수 있을까? 금세 떠오르는 생각은 회심을 체험했다고 주장하는 사람 중 많은 수가 자신의 회심을 잘못 이해하거나 거짓말을 하고 있다는 가능성이다. 그러나 거듭났다고 주장하는 사람 중 절반이라도 실제로 거듭났다면, 미국은 '대각성운동' 때보다 더 광범위한 부흥을 경험했어야 한다.

이러한 부흥이 일어났다면, 문화에 미치는 영향이 왜 그토록 미약한지 따져봐야 한다. 거대한 부흥이 있지만 개혁은 거의 혹은 전혀 없는 상태를 경험하고 있는 것 같기 때문이다. 실로 부흥과 개혁 사이의 이러한 불일치는 기독교 역사상 가장 심각한 상태다. 개혁이 결여된 부흥이란 허구다. 날조된 것이다. 이것은 부흥을 경험한 진실한 성경적 신앙이 아니다.

이러한 기현상을 보다 낙관적으로 해석해본다면 이렇게 될 것이다. 즉 부흥이 삶과 문화에 미치는 영향을 눈으로 확인하기에는 아직 시기상조라는 것이다. 중생을 체험한 수많은 사람들은 아직 영적으로 어린아이 상태다. 그들이 영적 성숙에 이르면 이 사회에 미치는 영향력이 분명하게 드러날 것이다.

세속 문화에서 십대는 가치관 형성에 큰 영향을 주지만, 권력과 실력을 가진 위치에 있는 성인들만큼 영향력이 크지는 않다. 나아가 어린아이는 문화의 가치관 형성에 실제로 아무 영향을 주지 못한다. 어린아이는 젖을 달라고 우는 소리 밖에는 할 줄 모른다. 어린아이는 가정이나 지역 사회에서 의견을 물을 만큼 사고나 기술을 발전시키지 못한 상태다. 따라서 어린아이는 성장해야 한다. 그들이 가정이나 지역 사회에서 리더십을 발휘하기 위해서는 먼저 어른이 되어야 한다.

우리는 영적 어린아이 상태에 머물러 있는 사람들이 진정으로 성숙하여 가정과 지역 사회, 국가, 세계에 큰 영향력을 행사하길 소망한다. 지금까지는 그런 일은 일어나지 않았다. 전혀 일어나지 않을 수도 있다.

그러나 진정한 영적 부흥과 개혁이 일어나기 위해서는 몇 가지 방해 요소를 극복해야 한다. 그 방해 요소를 이해하는 것은 그리스도인들에게 매우 중요한 일이다.

다음은 그리스도인의 영적 성숙을 방해하는 10가지 원인을 간추려 설명한 것이다.

방해 요소 1. '어린아이와 같은 믿음'에 대한 오해

일부 그리스도인들은 성경에서 말한 '어린아이와 같은 믿음'이 영적으로 이상적인 개념이라고 생각한다. 그러나 이것은 믿음의 성경적 의미를 완전히 왜곡한 것이다. 신약성경에서는 때로 어린아이와 같은 믿음을 하나의 덕목으로 묘사한다.

"내가 진실로 너희에게 이르노니 누구든지 하나님의 나라를 어린아이와 같이 받들지 않는 자는 결단코 그곳에 들어가지 못하리라"(막 10:15).

그렇다면 어린아이와 같은 믿음이란 과연 어떤 것인가?

"……와 같은"이라는 말은 비유할 때 하는 말이다. 그 비유는 누구나 금방 알아차릴 수 있는 것이다. 어린아이는 부모를 신뢰하고 부모의 말을 그대로 받아들인다. 우리도 그와 같이 하나님을 신뢰해야 한다. 어린아이는 부모의 보살핌에 의지하여 산다. 호기심 많은 아이가 난로 불로 다가갈 때, 부모는 "안 돼!"라고 한다. 열에너지가 이러니저러니 구구절절 설명할 시간이 없다. 그런 복잡한 설명은 아이에게 쓸모없는 것이다.

그러나 아이가 자라면서 부모의 리더십에 대한 신뢰가 줄어들기 시작한다. 그들은 점점 부모에게 따지고 노골적으로 반항한다.

그러나 하나님 나라에서는 이러한 반항이 발붙일 곳이 없다. 하나님의 자녀는 영원히 하늘 아버지에 대한 경이와 신뢰 상태에 머물러야 한다. 여기서는 절대적 믿음이 적절히 행해진다. 하나님을 절대적으로 신뢰하지 않는 것은 실로 무모하고 어리석은 일이다. 하나님은 전적으로 신뢰할 수 있는 분이다. 그러므로 성숙한 그리스도인이라 해도 이러한 어린아이와 같은 믿음에서 결코 벗어날 수 없다.

그러나 '어린아이와 같은(childlike) 믿음'과 '어린아이의(childish:유치한) 믿음' 사이에는 엄청난 차이가 있다. 그럼에도 이 두 가지가 자주 혼동된다. 어린아이의 믿음은 하나님의 일을 깊이 배우지 못한다. 어린아이의 믿음은 젖만 먹으려 하고 단단한 음식은 거부한다. 그래서 어린아이의 믿음을 가진 그리스도인들은 다음의 훈계를 받는다.

> 때가 오래 되었으므로 너희가 마땅히 선생이 되었을 터인데 너희가 다시 하나님의 말씀의 초보에 대하여 누구에게서 가르침을 받아야 할 처지이니 단단한 음식은 못 먹고 젖이나 먹어야 할 자가 되었도다 이는 젖을 먹는 자마다 어린아이니 의의 말씀을 경험하지 못한 자요 단단한 음식은 장성한 자의 것이니 그들은 지각을 사용함으로 연단을 받아 선악을 분별하는 자들이니라(히 5:12-14).

신약성경은 신자의 성숙을 요구하고 있다. 사도바울은 말한다. "내가 어렸을 때에는 말하는 것이 어린아이와 같고 깨닫는 것이 어린아이와 같고 생각하는 것이 어린아이와 같다가 장성한 사람이 되어서는 어린아이의 일을 버렸노라"(고전 13:11). 바울은 어린아이 상태로 남아 있어야 할 영역과 장성한 사람답게 살아야 할 영역을 더 구체적으로 구별해준다. "형제들아 지혜에는 아이가 되지 말고 악에는 어린아이가 되라 지혜에 장성한 사람이 되라"(고전 14:20).

방해 요소 2. 신학적 회의에 대한 두려움

기독교 내부 문화에는 신학에 대한 깊은 불신이 자리 잡고 있다. 신학에 대한 이러한 반감은 많은 경우 신학자들에 대한 불신에서 비롯된다. 영국 국교회의 유명한 변증론자인 랭미드 카설리(J. V. Langmead Casserley)는 그의 저서 〈기독교 변증론과 복음〉(Apologetics & Evangelism)에서 한 장 전체를 '지성인의 배신'[1]이라는 주제에 할애했다. 카설리는 신학자들에 대한 그리스도인의 불신이 증가한 것은 현대 고등비평 학자들에 의해 나타난, 성경과 역사적 기독교에 대한 극단적 회의론에 자극받았다고 보았다.

"신은 죽었다"고 선포한 이들은 교회 안의 신학자들이었다. 성경의 신뢰성을 가장 목청 높여 공격한 이들이 신학교와 기독교 대학의 교수들이다. 20세기 초 네덜란드의 신학자 에이브러햄 카이퍼(Abraham Kuyper)는 "성경비평은 이제 성경 파괴가 되었다"고 했다.

의심할 여지 없이 미국의 많은 신학 대학원이 불신앙의 거점이 되었다. 그리스도인 부모들은 자녀들이 '기독교' 대학에서 교수들의 영향을 받아 의심과 회의를 갖는 모습에 종종 충격을 받는다. 이런 신학적 배신에 대한 반응은 종종 '신학 공부가 이렇게 될 바에 아예 신학을 하지 않겠다'는 것이다.

분명 나쁜 신학이 있다. 진지한 신학 연구가 학생들을 회의적 비평의 위험에 노출시키는 것도 틀림없는 사실이다. 또 신학의 많은 부분이 신학자들의 자기 불신앙을 정당화하려는 시도에 불과한 것이라는 점도 사실이다.

그러나 우리는 이것을 기억해야 한다. 비록 신학계에 회의적 신학이 만연할지라도 그것이 새로운 일은 아니라는 점이다. 예수님의 지상 사역 시기에 주된 반대 세력은 종교지도자들이었다. 예수님 당시의 신학자들은 예수님의 신학을 증오했다. 그러므로 해로운 신학을 피하기 위해 모든 신학과 신학 교육을 거부하는 것은 영적 자살 행위다. 그것은 또 다른 종류의 배신이다. 신학을 거부하는 것은 하나님 알기를 거부하는 것이다. 이것은 그리스도인의 선택지가 아니다.

방해 요소 3. 쉬운 믿음의 오류

쉬운 믿음이란 옛 율법폐기론의 현대적 형태다. 쉬운 믿음은 일단 그리스도를 믿기로 결단하거나 예수님을 구주로 영접하는 기도를 하기만 하면, 그분을 주님으로 받아들일 필요가 없다고 주장한다. 그리스도인들은 율법이 요구하는 바에 얽매이지 않는다는 것이다.

'그리스도를 구주로 영접한 사람은 그분을 주님으로 모시지 않아도 된다'고 가르치는 교사는, 있다고 해도 아주 적다. 오히려 그들은 '육에 속한 그리스도인'에게 보다 영적이며 순종적일 것을 권한다. 그러나 구원을 위해 그리스도를 주님으로 모셔야 한다고 선포하기는 꺼린다. 실제로 그들은 구원받는 데 그것이 필요하지 않다고 주장한다. '육에 속한 그리스도인'이 설 자리를 허용하는 것이다.

이런 유형의 율법폐기론은 미국 복음주의 안에 팽배해서 다수파라고 할 수 있을 정도다. 작금의 '주재권 구원'(Lordship Salvation) 논쟁은 이 문제에 초점을 두고 있다.

최근에 어느 목사가 자신이 시무하는 교회의 한 청년에 대해 이야기해주었다. 그 청년은 마약을 하고 이성과 부정한 관계를 가졌다. 때문에 목사는 그의 생활 방식에 대해 상담해주려고 했다. 그런데 그 청년은 태연하게 이렇게 말했다. "괜찮아요, 목사님. 전 육적인 그리스도인이니까요."

성경에 따르면 그리스도인이 된다는 것은 그리스도의 제자가 된다는 의미다. 그리고 제자는 배우는 자다. 그리스도의 제자는 그리스도의 학교에 등록한다. 제자는 그 호칭이 의미하는 것처럼 하나님에 관한 것을 체계적으로 학습할 것이 요구된다.

방해 요소 4. 신(新)수도원주의

교회사에 나타난 수도원주의에는 이 세상으로부터의 도피를 미화하는 성격이 있었다. 수도원으로 도피한 이들은 악한 사회의 파괴적 영향으로부터 벗어날 은신처를 찾고 있었다. 즉 수도원은 영적 정결함을 추구하는 사람들에게 피난처가 되었다.

수도원 생활을 하는 사람들 다수는 기도와 영적 예배 생활을 추구하기 위한 목적이었다. 또 어떤 사람들은 수도원 생활을 세상과 격리되어 연구에 몰두할 수 있는 기회로 삼았다. 고전적 수도원주의의 한 요소였던 깊은 신학 연구가 신수도원주의에서는 결여되어 있다.

여기서 내가 말하는 신수도원주의란 일부 복음주의자들 사이에 나타나는, 즉 세상으로부터 '이탈하는' 경향을 일컫는다. 나는 그들의 생활 방식은 물론 마음가짐을 말하고 있는 것이다. 세상적인 것을 거부하는 데서 훨씬 더 나아가 세상을 부인하는 것이다. 즉 그리스도인의 주된 활동 영역인 세상을 거부한다. 대신 그리스도인의 활동을 영적 영역으로 제한한다. 여기에는 명백하게 '복음과 관계된 것'이 아니면 연구하지 않겠다는 고집스런 거부도 포함된다.

나의 그리스도인 생활 2년째가 기억난다. 대학 2학년이었던 나는 서양 철학 수업 시간에 영혼이 깊이 동요하는 것을 느꼈다. 강의는 아우구스티누스 소론에 관한 것이었다. 그 강의는 나에게 하나님의 성품을 이해하는 완전히 새로운 지평을 열어주었다. 어린 그리스도인으로서 나는 더 깊이 있는 믿음을 갈망했다. 그 목표를 이루는 데는 아우구스티누스를 비롯하여 그와 비슷한 여러 사람들의 작품이 크게 도움이 되었다.

그래서 전공을 성경에서 철학으로 바꾸기로 했다. 전공을 바꿀 때쯤 나는 캠퍼스의 복음 동아리에서 거의 축출된 상태였다. 친구들은 나의 그러한 변절을 보고 기겁을 했다. 나는 "누가 철학과 헛된 속임수로 너희를 사로잡을까 주의하라"(골 2:8)는 말씀을 수없이 들었다.

나는 그런 친구들의 반응 때문에 혼란스럽기도 하고 상처도 받았다. 내가 철학으로 전공을 바꾼 것은 하나님에 대한 이해를 약화시키려는 것이 아니라 굳건히 하려는 것이었다. 이제는 성경을 전공하지는 않지만 성경 혹은 성경공부를 거부한 것은 결코 아니었다. 무엇을 먼저 정확히 '알지'(aware)도 못한 채 어떻게 '주의'(beware)할 수 있는지 이해가 되지 않았다. 세속 철학 공부는 나에게 성경에 계시된 것들의 깊이와 부요함에 대한 이해를 증가시켜 주었다. 또한 기독교 변증의 중대한 문제들을 이해할 수 있게 해주었다. 세상을 이교도들의 손에 버려두어야 한다는 생각은 전혀 없었다.

신수도원주의는 무지를 낳는다. 문화와 문화를 형성하는 사상에 대한 무지뿐 아니라 신학에 대한 무지도 낳는다. 이것은 믿음의 힘보다 믿음의 결여를 드러낸다.

또한 신수도원주의의 영향은 재앙적이다. 세상에 참여하지 않고 은둔함으로써 우리는 자동적으로 패배를 겪어왔다. 미국 문화의 세속화를 비통해하며 어떻게 그런 일이 일어날 수 있었는지를 의아해하는 것이다.

방해 요소 5. 논쟁을 꺼림

신학은 논쟁을 불러일으킨다는 데에는 의문의 여지가 없다. 신학을 연구할 때면 필연적으로 논쟁이 뒤따른다. 우리는 모두 평화와 연합이 있는 관계를 원한다. 성경이 다툼, 분열, 쟁론, 판단을 금한다는 것을 모두가 알고 있다. 우리는 온유, 오래 참음, 자비 등 성령의 열매를 드러내야 한다.

그래서 논리는 다툼의 영을 버리고 성령의 열매를 맺기 위해서 신학 공부를 피해야 한다는 것으로 귀결된다. "종교와 정치에 관해서는 토론하지 말라"는 미국의 격언이 있다. 이 말이 최고의 격언이 된 것은 종교와 정치에 관한 토론이 사람들에게 빛을 주기보다 열을 올리게 만들기 때문이다. 우리는 역사상 신학 논쟁에 의해 촉발된 마녀사냥, 트집 잡기, 박해, 전쟁에 신물이 났다.

반면, 논쟁은 신학 연구에 전념하게 하는 계기가 되기도 한다. 존 스토트(John Stott)는 〈논쟁자 그리스도〉(Christ the Controversialist)[2]라는 책에서 성경을 읽는 사람이라면 예수님의 생애가 격렬한 논쟁의 삶이었다는 사실을 명백하게 알아야 한다고 말했다. 사도들 역시 선대의 선지자들처럼 거의 하루도 빠짐없이 논쟁을 벌였다. 바울은 자신이 날마다 시장에서 사람들과 논쟁한다고 말했다.

그러므로 논쟁을 회피하는 것은 그리스도를 회피하는 것이다. 우리는 평화를 얻을 수 있지만 진리가 버려지는 곳에서 얻는 평화라면 그것은 비굴하고 육적인 평화다.

다만 하나님 없는 논쟁은 피해야 한다. 하나님이 함께하시는 논쟁을 해야 한다. 그리스도인의 논쟁의 긍정적 측면 한 가지는 그리스도인은 진리, 특히 신학적 진리가 영원토록 중요하다는 것을 서로 알고 있다는 점이다.

때로 하나님 없는 논쟁이 벌어지는 것은 신학을 너무 많이 알기 때문이 아니라 너무 모르기 때문이다. 그들은 비중 있는 쟁점과 문제가 되지 않는 사소한 쟁점의 차이를 분별하지 못한다. "적은 지식이 위험하다"는 격언이 있다. 트집 잡기를 하는 것은 신학을 잘 모르기 때문이다. 사소한 것에 과민 반응하고 다투는 사람은 아직 신학적 훈련이 덜 된 사람이다. 신학에 정통할수록 타협하고 용납할 수 있는 문제와 힘을 다해 싸워야 할 문제가 무엇인지 분별할 수 있다.

방해 요소 6. 비합리적인 시대 정신

우리는 기독교 역사상 가장 반(反)지성적인 시대에 살고 있다. 이 말은 결코 반학문적, 반기술적, 반과학적이라는 말이 아니다. 여기서 반지성적이라는 말은 지성에 반(反)한다는 뜻이다.

우리는 합리성에 알레르기 반응을 보이는 시대에 살고 있다. 실존주의 철학의 영향력은 지금까지도 막강하다. 우리는 감각을 중시하는 사람이 되었다. 우리가 쓰는 말에도 그 점이 드러난다. 우리 신학교 학생들은 시험 답안을 작성할 때 계속해서 "……은 잘못된 것 같다." 혹은 "……은 옳다고 느껴진다."라는 표현을 사용한다. 그러면 나는 "……같다." "……느껴진다." 등의 표현을 지우고 "……라고 생각한다."라는 말을 넣어준다. 느낌과 생각은 엄연히 다르다.

기독교 신앙에서는 지성이 으뜸이다. 마음 역시 으뜸이다. 이것은 분명한 모순처럼 들린다. 어떻게 두 가지가 동시에 으뜸일 수 있단 말인가? 으뜸이란 말은 한 가지에만 쓸 수 있는 말이다. 동시에 동일한 관계에서는 으뜸이 두 가지라고 말할 수 없다. 그러므로 내가 여기서 말하는 두 가지의 으뜸이란 두 가지 다른 문제에 관한 것이다.

중요성의 으뜸 면에서는 마음이 첫째다. 머릿속에 올바른 교리가 있다 해도 마음속에 그리스도에 대한 사랑이 없다면 하나님 나라를 놓친 것이다. 나의 신학이 흠잡을 데 없이 올바른 것보다 하나님 앞에서의 나의 마음이 한없이 중요하다.

그러나 나의 마음이 올바르기 위해서는 순서 측면에서 지성이 으뜸이다. 먼저 머릿속에 존재하지 않은 것이 마음속에 존재할 수 없기 때문이다. 하나님과 예수님을 전혀 알지 못하는데 어떻게 사랑할 수 있겠는가? 실제로 내가 하나님의 성품을 더 많이 알수록 하나님을 사랑할 능력이 더 커진다.

하나님은 한 책을 통해 자신을 드러내신다. 그 책은 글자로 쓰여 있고,

지성을 사용하여 이해해야 하는 개념들을 전달한다. 물론 신비로운 것(성경에서는 "비밀"로 표현함 – 역주)도 있다.

그러나 하나님의 계시 목적은 그것을 우리의 지성으로 이해하여 마음에 스며들게 하는 것이다. 따라서 신학 연구를 소홀히 하는 것은 곧 하나님의 말씀 배우기를 소홀히 하는 것이다.

방해 요소 7. 세속의 유혹

존 번연의 〈천로역정〉에서 주인공 크리스천이 처음으로 천국으로 가는 길을 벗어난 것은 세속 현자(Worldly Wiseman)의 말을 듣고 유혹에 빠졌을 때였다.[3] 세속 현자는 이름이 비록 '거짓 신학자'는 아니었지만 그가 가르친 것은 거짓 신학이었다.

우리는 쾌락주의, 물질주의, 향락주의 등의 세속적인 것이 우리를 어떻게 유혹하는지 알고 있다. 그러나 그중에서도 가장 강력하게 유혹하는 힘은 '우리 문화에서 현재 유행하는 진리관'을 받아들이라는 유혹이다.

앨런 블룸(Allan Bloom)은 〈미국 지성의 종말〉(The Closing of the American Mind)[4] 이라는 책에서 현대 교육의 지배적인 인식론은 보편적인 상대주의의 수용이라고 정리했다. 미국의 지성은 합리적으로 알 수 있는 객관적 진리를 인정하지 않게 되었다. 상대주의는 결국 비합리적이다. 진리가 상대적이라는 것은 비지성적이다. 그것은 참이 될 수 없는 말이다. "모든 진리는 상대적이다"라는 말은 그 자체가 상대적이며 진리로서의 가치가 없다.

세속 교육의 사고방식, 그 반지성적인 사고방식이 복음주의에 스며들어와 복음주의를 거의 점령할 지경에 이르렀다. 복음주의자들은 모순된 두 가지의 생각을 기꺼이 지지하고, 극본적으로 불일치하고 상호 배타적인 신학을 받아들이고 있다.

물론 복음주의자들이 이러한 상대주의나 주관주의를 불러들인 것은 아니다. 종교적 용어로 허울을 쓴 철학이 세례를 거치고 영적인 옷을 입은 것이다. 소위 '성령의 인도하심'이 수많은 인식론적 죄악을 정당화한다. 사람들은 '성령의 인도하심으로' 성경에서 분명히 금한 일을 행한다. 그러한 주관적인 인도하심이 성경을 뒤집을 수 있는 것은 진리가 상대적이기 때문이다. 비합리적 모순에 대한 지지는 하나님의 생각 안에 있는 '더 높은 차원의 논리'라는 이름으로 정당화된다.

만일 성경에 대해 일관성 있고, 논리적이며, 변함없고, 합리적인 이해를 추구한다면 우리는 즉시 아리스토텔레스를 숭배한다는 비난을 받게 될 것이다. 합리주의 철학이 종종 기독교에 적대적이기 때문에 우리는 합리주의의 기미가 보이는 것이라면 무엇이든 피한다. 기독교는 이성의 불완전한 사변적 노력으로는 알아낼 수 없는 진리를 가지고 있기 때문에, 우리는 이성 자체를 타협 가능한 것으로 여긴다.

기독교는 합리주의가 아니다. 그러나 합리적이다. 기독교에는 이성으로 탐구 가능한 것을 초월하는 진리가 있을 수 있다. 그러나 기독교는 더 합리적이다. 결코 덜 합리적인 것이 아니다. 하나님의 말씀을 일관성 있게 이해하려는 노력은 악덕이 아니라 미덕이다. 하나님의 말씀은 비합리적이지 않다. 하나님의 말씀은 지성으로 이해할 수 있게 설계되어 있다.

방해 요소 8. 말씀 연구를 경건의 시간으로 대체함

개인 경건 시간에 성경을 읽는 것이 그리스도인의 성장을 방해할 수 있는가? 만약 그것으로 진지한 성경 연구를 대체한다면, 나는 단호하게 그렇다고 대답하겠다.

하지만 정말로 '경건 시간의 성경 읽기'와 '진지한 성경 연구'의 차이가 무엇인지를 확실히 알지 못한다는 점은 인정한다. 진지한 성경 연구는 그 자체가 경건의 시간이다. C. S. 루이스(C. S. Lewis)는 다음과 같이 말했다.

이 책은 실험적인 책이다. 이 번역본은 신학생들뿐 아니라 모든 일반인을 위해 쓰였다. 이러한 의도가 적중한다면 다른 위대한 기독교 서적의 다른 번역본들도 나올 것이다. 어떤 의미에서 이런 일은 새로운 것이 아니다. 〈게르만 신학〉(*Theologia Germanica*), 〈그리스도를 본받아〉(*The Imagination of Christ*), 〈완전의 척도〉(*The Scale of Perfection*), 노리지의 줄리안 여사(*Julian of Norwich*)가 쓴 〈요한계시록〉(*Revelations*) 등이 이미 시중에 나와 있다. 어떤 책은 그리 학문적이지는 않지만 그 책들 모두 크나큰 가치를 지니고 있다. 그러나 이런 책은 모두 교리적인 것이라기보다는 경건 서적이다. 지금은 평신도, 즉 비전문인들도 권면은 물론 가르침을 받아야 한다. 오늘날과 같은 시대에는 그들이 지식을 얻어야 할 필요성이 더욱 크다. 굳이 책의 종류를 두 부류로 나누지 않겠다. 나의 경우, 개인 경건 시간에 경건 서적보다 교리적인 책들이 더 도움이 된다. 다른 사람들도 비슷하지 않을까 생각한다. 자리에 앉거나 무릎을 꿇고 경건 서적을 읽을 때는 '아무 일도 일어나지 않았던' 많은 사람들이, 손에 펜을 들고 까다로운 신학을 파고들 때 마음에서 찬양이 울려나는 체험을 할 것이다.[5]

매일의 경건 시간에 읽을 유용한 도구들은 많다. 매일 15분에서 30분 정도 성경을 읽는 사람들은 소수일 것이다. 하지만 하루 15분이라도 성경을 읽는 것이 아예 읽지 않는 것보다 분명히 낫다.

문제는 우리가 단순히 하루 15분에서 30분 정도 성경을 읽는 시간을 지킴으로써 말씀의 깊이를 맛볼 수 있다고 생각하는 데 있다. 그처럼 짧은 시간에는 별로 훈련이 이루어질 수 없다. 하나님의 말씀을 온전히 깨닫기 위해서는 경건의 시간의 짧은 읽기보다 더 집중적인 노력이 필요하다. 개인 경건 시간의 성경 읽기는 진지한 성경 공부를 훌륭하게 보완하는 역할을 한다. 그러나 진지한 성경 공부를 제대로 대신할 수는 없다. 이 책의 각 장에 나오는 설명과 장 끝에 나오는 참조 성구는 그러한 진지한 공부의 훌륭한 출발점이 될 것이다.

방해 요소 9. 게으름

칼 바르트는 타락한 인류의 가장 기본적이고 원초적인 세 가지 죄는 교만, 부정직, 게으름이라고 말했다. 바르트가 그와 같이 서열을 매긴 것이 올바른지 자신하지 못하겠지만, 성경에서 그 세 가지를 심각한 죄로 많이 언급하고 있는 것은 사실이다.

만약 우리의 타락한 본성에 게으름으로 향하는 강한 성향이 있다면 우리는 반드시 그것을 경계해야 한다. 거듭나면 즉시 그리고 완전히 게으름에서 벗어난다고 여기면 안 된다. 교만과 부정직에서 즉시 벗어나지 못하는 것처럼 우리는 게으름에서도 즉시 벗어나지 못한다.

그리스도인의 삶은 근면을 요구한다. 성화는 우리가 하나님과 함께 이루어가는 과정이다. 하나님께서 우리의 노력을 도와주겠다고 약속하셨지만, 하나님의 도우심이 우리가 노력할 책임을 면제시키지는 않는다. "두렵고 떨림으로 너희 구원을 이루라 너희 안에서 행하시는 이는 하나님이시니 자기의 기쁘신 뜻을 위하여 너희에게 소원을 두고 행하게 하시나니"(빌 2:12-13).

이 노력은 공로를 쌓거나 칭의를 얻게 해주는 것이 아니다. 그것은 칭의 다음에 오는 수고로 믿음을 밖으로 드러내는 것이다. 게으른 그리스도인은 하나님의 말씀을 열심히 공부하는 일에 헌신하지 않기 때문에 미성숙한 상태에 머물게 된다.

나는 종종 신학적 오류는 죄라고 말하여 우리 신학교 학생들을 놀라게 한다. 학생들은 실수에 대해서는 도덕적 책임이 없다고 전제함으로써 이 책임을 회피한다. 그러나 나는 우리가 성경을 잘못 해석하는 근본적인 이유는 성령께서 그의 일을 하시지 않기 때문이 아니라 우리가 우리의 일을 하지 않기 때문이라고 논박한다. 우리는 지성을 다하여 하나님을 사랑하지 않으며 또 하나님의 일을 열심히 연구해야 하는 책임을 소홀히 한다.

방해 요소 10. 불순종

불순종을 우리의 성장을 막는 별개의 원인으로 분류하는 것은 오해의 소지가 있다. 불순종은 이미 밝힌 다른 모든 장애 요인에 포함되어 있기 때문이다. 따라서 나는 불순종을 다른 모든 요인에 공통적으로 포함되는 요인으로 말하고자 한다.

지금까지는 부정적인 측면에서 그리스도인들이 신학 연구를 소홀히 하는 여러 이유를 살펴보았다. 이제 긍정적인 측면에서 신학을 연구해야 하는 이유를 살펴보겠다. 신학을 더 깊이 이해하기 위한 근면한 노력에 장애물이 있다면 우리는 반드시 그것을 극복해야 한다.

신학은 영혼의 양식이다

한 사람의 영혼이 살아 계신 하나님을 향한 열정으로 불붙으려면 먼저 그 사람이 이성적으로 하나님의 성품과 뜻에 관해 배워야 한다. 먼저 지성(생각) 속에 자리 잡아야 마음에 자리 잡을 수 있다. 영혼으로 파고들지 않고 머리로만 신학을 아는 것은 가능하지만, 지성으로 이해하지 않고 영혼을 꿰뚫을 수는 없다.

교리를 지적으로 이해하는 일은 영적 성장의 필요조건이다. 그러나 충분조건은 아니다. 필요조건은 바라는 결과를 이루기 위해서 반드시 있어야 하는 조건이다. 그것 없이는 결과를 얻을 수 없다. 예를 들어 산소는 불을 붙이는 데 필요하다. 그러나 산소가 있는 것만으로 불이 붙는 것은 아니다. 만일 산소가 저절로 불을 일으킨다면 온 세상이 불바다가 될 것이다. 그렇지 않은 것이 다행이다. 산소는 불을 붙이기 위한 필요조건이지만 충분조건은 아닌 것처럼, 교리는 우리 마음에 불을 밝히는 필요조건이지 충분조건은 아니다. 성령께서 우리 마음속에서 은혜로 역사하시지 않는다면 교리만으로는, 비록 바른 교리라 할지라도 우리는 냉랭한 채로 남게 될 것이다.

하나님께서 부지런히 성경을 연구하라고 명하신다

신학 지식을 추구해야 할 두 번째 긍정적인 이유는 신학의 대상이신 하나님이 우리에게 교리 이해를 위해 노력하라고 명령하시기 때문이다. 사도바울은 "어린아이의 일을 버리라"(고전 13:11)고 훈계한다. 그러므로 우리는 '기독교를 이해'하는 목표를 향해 전진해야 한다. 악에는 어린아이가 되어야 하지만 지혜에는 장성한 사람이 되어야 한다(고전 14:20). 이것은 우리가 지식을 자랑하기 위해서가 아니라 하나님의 은혜 안에서 자라기 위함이다. 성숙한 이해는 성숙한 삶의 기초다.

하나님을 아는 지식이 자라가는 것은 큰 기쁨이자 특권이다. 그것은 우리를 즐겁게 하며 특권 이상의 의미를 지닌다. 즉 우리의 의무이기도 하다. 하나님은 우리에게 그리스도의 충만하심까지 자라라고 명하신다. 구약 이스라엘의 쉐마(Shema)를 생각해보라.

이스라엘아 들으라 우리 하나님 여호와는 오직 유일한 여호와이시니 너는 마음을 다하고 뜻을 다하고 힘을 다하여 네 하나님 여호와를 사랑하라 오늘 내가 네게 명하는 이 말씀을 너는 마음에 새기고 네 자녀에게 부지런히 가르치며 집에 앉았을 때에든지 길을 갈 때에든지 누워 있을 때에든지 일어날 때에든지 이 말씀을 강론할 것이며 너는 또 그것을 네 손목에 매어 기호를 삼으며 네 미간에 붙여 표로 삼고 또 네 집 문설주와 바깥문에 기록할지니라(신 6:4-9).

이 성스러운 명령의 핵심은 하나님의 법을 배우고 그분의 계시를 숙지해야 한다는 엄숙한 의무다. 이것은 결코 가볍게 여기거나 부주의할 일이 아니다. 즉 하나님의 말씀에 정통하려면 신학 연구에 깊이 빠져들어야 한다.

다시 말하지만, 바른 신학을 가지고도 바른 생활을 하지 않을 수 있다. 그러나 바른 신학이 없으면 바른 생활을 할 수 없다. 이런 점에서 신학을 추상적인 학문으로 여기면 안 된다. 이것은 삶과 죽음, 심지어 영원한 생명과 영원한 사망의 문제다. 이 책은 신학적 조망 위에서 그러한 삶과 죽음의 문제를 고찰하는 여행 안내서로 쓰였다.

1부

계시

Essential Truths
of the
Christian Faith

하나님의 계시

참조 성구 | 시 19:1-14, 엡 3:1-13, 딤후 3:14-17, 히 1:1-4

    기독교에 대해 우리가 아는 모든 것은 하나님께서 우리에게 계시하신 것들이다. "계시하다"(reveal)라는 말은 '베일을 벗긴다'(unveil)는 뜻이다. 즉 가려져 있는 어떤 것의 덮개를 여는 것을 말한다.

    나는 우리 아들이 자랄 때 매년 생일 축하 파티를 열어주는 전통을 만들었다. 그리고 평범하게 선물을 주는 대신, TV에서 하는 프로그램을 본따서 선물 전달 게임을 했다. 나는 서랍이나 소파 밑, 의자 뒤 같은 비밀 장소에 선물을 숨겨 두고 아들에게 선택을 하게 했다. "책상 서랍 속에 있는 것 아니면 내 주머니에 있는 것을 가질 수 있단다." 이 게임의 클라이맥스는 '오늘의 진짜 선물 찾기' 시간이었다. 나는 의자 세 개를 나란히 놓고 각각 담요로 덮어 두었다. 담요 아래에는 선물이 하나씩 있었다. 한 의자에는 작은 선물이, 또 다른 의자에는 큰 선물이, 그리고 세 번째 의자에는 그 아이가 일곱 살 때 다리가 부러져서 사용했던 목발이 있었다.

    아들은 삼 년 내내 목발을 고르고 말았다(끝날 때면 언제나 내가 진짜 선물로 바꾸어 주었다). 4년째 되었을 때 아이는 목발이 아닌 진짜 선물을 고르겠다고 벼르고 있었다. 나는 이번에는 목발 밑에 큰 선물을 숨기고 목발이 담요 밖으로 조금 보이게 해 놓았다. 아들은 목발 끝을 보고는 다른 의자를 선택했다. 내가 또 이겼다!

이 게임의 묘미는 보물이 어디 있는지 추측해 보는 것이었다. 하지만 그건 순전히 어림짐작이고 추측일 뿐이었다. 담요를 걷어내고 선물을 덮었던 덮개가 열려야만 진짜 보물을 발견할 수 있었다.

하나님을 아는 지식도 마찬가지다. 하나님에 대한 안일한 어림짐작은 어리석은 자의 행위다. 진정으로 하나님을 알기 원한다면, 하나님께서 자신에 대해 말씀하신 것을 의지해야 한다.

성경은 하나님께서 자신을 여러 방법으로 계시하심을 보여준다. 그분은 자연 안에서, 그리고 자연을 통해 그 영광을 드러내신다. 고대에는 꿈과 환상을 통해 자신을 계시하셨다. 하나님이 섭리하신 흔적은 역사 속에 나타나 있다. 하나님은 영감된 말씀으로 자신을 계시하신다. 하나님의 계시의 극치는 예수님이 인간이 되신 일(신학자들은 '성육신'이라 한다)에서 나타난다.

히브리서 기자는 다음과 같이 기록한다.

> 옛적에 선지자들을 통하여 여러 부분과 여러 모양으로 우리 조상들에게 말씀하신 하나님이 이 모든 날 마지막에는 아들을 통하여 우리에게 말씀하셨으니 이 아들을 만유의 상속자로 세우시고 또 그로 말미암아 모든 세계를 지으셨느니라(히 1:1-2).

성경은 하나님께서 자신을 "여러 모양"으로 계시하신다고 하지만, 우리는 그것을 일반계시와 특별계시라는 두 가지로 분류한다.

일반계시는 두 가지 이유 – 1)내용이 일반적이다, 2)일반인에게 계시되었다 – 에서 "일반적"이라고 한다.

일반적인 내용

우리는 일반계시를 통해 하나님이 존재하신다는 지식을 얻는다. 시편 기자는 "하늘이 하나님의 영광을 선포하고"(시 19:1)라고 말한다. 하나님의 영광은 하나님이 하신 일 속에 나타나 있다. 이러한 나타남은 너무도 명백하기 때문에 피조물 모두가 알 수 있다. 일반계시는 하나님의 영원한 능력과 신성을 드러낸다(롬 1:18-23). 자연 속에 나타난 계시는 하나님을 완전히 계시하진 않는다. 성경에서 볼 수 있는 구속자 하나님에 대한 지식은 제공하지 않는다. 그러나 자연 속에 계시된 하나님은 성경 속의 하나님과 동일한 하나님이다.

일반인에게 주어진 계시

세상 모든 사람이 성경을 읽거나 복음을 듣는 것은 아니다. 그러나 자연의 빛이 모든 시간, 모든 장소, 모든 사람에게 비치듯 하나님의 일반계시도 매일 주어진다. 하나님은 언제나 자신을 증거하신다. 눈에 보이는 세상은 그 세상을 지은 자의 영광을 반사하는 거울과 같다.

세상은 하나님을 위한 무대다. 하나님은 무대 앞 중앙에 나타나는 주인공이다. 따라서 커튼을 내려 그분의 모습을 가릴 수 없다. 이 피조된 세계를 언뜻 살펴보기만 해도 자연이 이 세상의 어머니가 아님을 알 수 있다. 어머니 같은 자연은 존재하지 않는다. 자연 자체는 생명을 만들어낼 능력이 없다. 생명을 만들어내는 능력은 자연을 지은 분, 하나님께 있다. 자연을 생명의 근원으로 여기는 것은 피조물과 창조자를 혼동하는 것이다. 따라서 자연 숭배는 그 형태를 불문하고 하나님께 가증한 것이다.

일반계시 덕분에 모든 인류는 하나님이 존재하신다는 것을 안다. 무신론은 사실로 알려진 것을 무조건 부정한다. 그래서 성경은 "어리석은 자는 그의 마음에 이르기를 하나님이 없다 하는도다"(시 14:1)라고 한다.

성경은 무신론자를 "어리석은 자"라고 책망하는데, 이는 그에 대한 도덕적 판단이다. 성경에서 말하는 "어리석은 자"란 바보나 지능이 떨어지는 자가 아니라 '부도덕하다'는 의미다. 하나님을 경외하는 것이 지식의 근본이므로 하나님을 부인하는 것은 어리석음의 극치다.

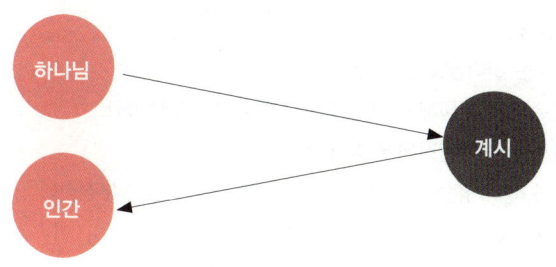

마찬가지로 불가지론자도 일반계시의 힘을 부정한다. 그들은 무신론자보다는 덜 뻔뻔하여 하나님의 존재를 완전히 부정하지는 않는다. 대신 신의 존재 가부를 증명할 만한 증거가 불충분하다는 입장을 취한다. 그들은 판단을 보류하고 신의 존재 여부를 미결의 문제로 남겨 둔다. 그러나 일반계시의 명백성에 비추어 볼 때 불가지론의 입장도 하나님이 보시기에는 철두철미한 무신론자의 입장 못지않게 가증한 것이다.

마음과 생각이 열린 자라면 누구에게나 하늘에 펼쳐진 무수한 우주에서부터 원자의 가장 작은 부분을 이루는 미립자까지 모든 것을 통해 놀라운 하나님의 영광이 보인다. 우리가 섬기는 하나님은 얼마나 엄청난 분인가!

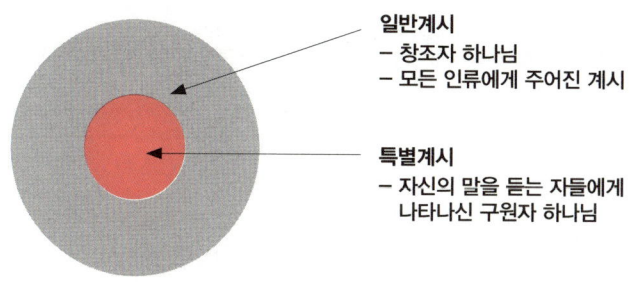

● 요약 ●

1. 기독교는 계시의 종교다.
2. 하나님의 계시는 자기 노출이다. 하나님은 우리가 하나님을 알 수 없게 하는 베일을 벗기신다.
3. 억측으로는 하나님을 알 수 없다.
4. 하나님은 역사를 통해 여러 방법으로 자신을 나타내셨다.
5. 일반계시는 모든 인간에게 주어진다.
6. 무신론과 불가지론은 사람들이 사실로 알고 있는 것을 부정한다.
7. 어리석음은 하나님을 부정하는 데서 시작된다.
8. 지혜는 하나님을 경외하는 데서 시작된다.

역설, 신비, 모순

참조 성구 | 마 13:11, 마 16:25, 롬 16:25-27, 고전 2:7, 고전 14:33

뉴에이지, 동양 종교, 비합리적 철학 등 우리의 문화 속에 침투해있는 다양한 운동의 영향으로 우리는 분별력의 위기를 맞고 있다. 비합리적인 것을 종교적 진리의 특징으로 앞세우는 새로운 형태의 신비주의가 나타났다. 이런 유형의 한 예로 선종의 가르침 "신은 한 손으로 손뼉을 친다"를 들 수 있을 것이다.

신은 한 손으로 손뼉을 친다는 말은 심오하게 들린다. 정상적인 사고방식을 거스르기 때문에 정상적인 지성을 당황하게 한다. 그러나 '깊이 있고' 흥미롭게 들리는 이 말을 주의 깊게 분석해보면 단순한 넌센스에 지나지 않음을 알게 된다.

비합리성은 지성적 혼돈의 한 형태다. 이것은 '혼동'에 기반을 두며 모든 진리의 창조자와 상충되는 것이다.

성경적 기독교는 성경 속에 있는 많은 *역설과 신비를 받아들이기 때문에 그러한 비합리성을 중시하는 생각에 취약하다. 역설, 신비, 모순은 서로 별 차이가 없는 것 같지만 실제로는 결정적인 차이가 있다. 그러므로 이 세 가지를 구별하는 것이 중요하다.

하나님의 깊은 것을 측정하려 할 때 우리는 금세 혼돈에 빠지게 된다. 유한한 인간은 결코 하나님을 완전히 이해할 수 없다. 성경은 하나님에 관한 것을 계시함으로써 우리 능력으로는 그것을 온전히 이해할 수 없지만 그것이 사실임을 알게 해준다. 예를 들어, 우리에게는 세 분이시면서 한 본질이신 존재(삼위일체 하나님)나, 인간과 신의 두 속성을 지니신 한 분(그리스도)을 이해할 수 있는 인간적 준거점이 없다. 이런 진리는 확실한 것이지만 우리가 꿰뚫어 보기에는 너무 '높다.'

자연 세계에서도 비슷한 문제에 부딪힌다. 우리는 중력의 존재는 이해하지만 중력 자체는 이해하지 못하며 또 그것을 비합리적이거나 모순되는 용어로 정의하려 하지도 않는다. 운동은 현실 세계의 필수적인 부분이라는 것은 거의 모든 사람이 동의한다. 그러나 운동의 본질 자체는 수천 년간 철학자들과 과학자들을 혼란에 빠뜨려 왔다. 현실에는 신비로운 부분이 많이 있으며 우리가 이해하지 못하는 것들도 많다. 그러나 그것이 부조리에 빠지는 구실이 될 수는 없다. 비합리성은 종교에도 과학에도 치명적이다. 이것은 어떤 진리에도 치명적이다.

기독교 철학자 고든 클라크(Gordon H. Clark)는 역설을 '두 귀 사이에서 일어나는 근육통'이라고 정의한 적이 있다. 이 재치 있는 말은 때로 역설이라는 것이 엉성한 생각에 지나지 않는다는 것을 나타낸다. 그러나 클라크는 역설이 갖는 합법적인 역할과 기능을 분명히 인식했다. 역설(paradox)이라는 말은 '보이다', '나타나다'라는 의미의 헬라어에서 유래했다. 역설은 첫눈에는 모순처럼 '보이기' 때문에 어렵다. 그러나 면밀히 살펴보면 해법이 나온다. 일례로 예수님은 "나를 위하여 자기 목숨을 잃는 자는 얻으리라" (마 10:39)고 말씀하셨다. 겉으로 보기에 이 말씀은 "신은 한 손으로 손뼉을 친다"는 말과 마찬가지로 자기모순처럼 보인다. 그러나 예수님이 의도하신 것은 한 가지 의미에서 목숨을 잃으면 또 다른 의미에서 목숨을 얻게 된다는 뜻이다. 즉 두 가지 다른 의미에서 잃고 얻기 때문에 모순이 없

*역설(paradox)
자기 모순적이고 부조리한 것처럼 보이지만 진실을 담고 있는 진술.
"나를 위하여 자기 목숨을 잃는 자는 얻으리라"(마 10:39)

다. 나는 아버지인 동시에 아들이다. 그러나 분명 동일한 관계에서는 그렇지 않다.

역설이라는 용어가 종종 모순과 동의어로 오해되어왔기 때문에 이제 영어 사전에서는 모순의 두 번째 의미로 역설이 나온다. 모순은 전통적인 비모순의 법칙에 어긋난다는 말이다. 비모순의 법칙에서는 "A는 A인 동시에 동일한 면에서 비(非)A일 수 없다"고 말한다. 즉 어떤 것이 '그것'인 동시에 동일한 면에서 '그것이 아닌 것'일 수 없다. 이는 모든 논리 법칙의 가장 기본적인 사항이다.

모순을 이해할 수 있는 사람은 없다. 모순은 본질적으로 이해할 수 없는 것이기 때문이다. 하나님도 모순을 이해하시지 못한다. 그러나 하나님은 모순의 실체, 곧 그것이 허위라는 것을 아신다.

모순(contradiction)이라는 말은 '반(反)하여 말하다'라는 라틴어에서 유래되었다. 따라서 '법칙에 반(反)하는 것'이라는 뜻으로 "이율배반"으로 불리기도 한다. 하나님께서 모순을 말씀하신다면 지성적으로 불법을 행하는 것이요 두 말을 하는 것이다. 진리를 지으신 분이 모순을 말한다고 생각하는 것 자체가 크나큰 모욕이며 신성 모독이다. 모순은 거짓말하는 자(진리를 무시하는 거짓의 아비)가 사용하는 도구다.

신비와 모순 사이에는 우리가 쉽게 혼동에 빠지게 만드는 관계가 있다. 우리는 신비를 이해하지 못한다. 모순은 이해 불가능하다. 두 개념 사이의 접촉점은 이해할 수 없다는 특성이다. 지금 우리가 신비를 알 수 없는 것은 그것을 이해할 정보나 관점이 없기 때문이다. 성경은 지금 이해할 수 없는 신비에 대해 장차 하늘나라에서 더 많은 빛을 주겠다고 약속한다. 더 많은 빛이 있으면 현재의 신비가 해결될 것이다. 그러나 모순을 명쾌하게 설명할 만한 충분한 빛은 하늘에도 땅에도 존재하지 않는다.

● 요약 ●

1. 역설은 모순같이 보이지만 면밀히 살펴보면 해답이 나온다.
2. 신비란 우리가 지금은 알 수 없지만 후에 알게 될 수도 있는 것이다.
3. 모순은 전통적인 비(非)모순의 법칙에 어긋난다. 모순은 인간도 하나님도 풀 수 없으며, 이 세상에서도 다음 세상에서도 풀리지 않는다.

직접 일반계시와 간접 일반계시

참조 성구 | 시 19:1-14, 행 14:8-18, 행 17:16-34, 롬 1:18-23, 롬 2:14-15

내가 어렸을 때 어머니는 어떤 일을 빨리하라고 시키실 때 '즉시'(immediately)라는 부사를 사용하셨다. "애야, 즉시 네 방으로 가거라." 시간을 끌지 않고 해야 할 일을 말씀하시기 위해 '즉시'라는 표현을 하신 것이다. 그런데 신학에서는 이 말이 다른 의미로 쓰인다. 어떤 일이 중개자나 수단 없이 일어나는 것, 즉 매개 없이 이루어지는 것을 의미한다.

성경 신학에서는 일반계시를 두 가지 유형으로 구분한다. 매개체를 통해 전해지는 계시와 직접 전달되는 계시다. 간접 일반계시는 뭔가를 통해서 전해지는 계시다. 하늘이 하나님을 드러낼 때 하늘은 하나님의 영광을 드러내는 매개체, 즉 수단이 된다. 이런 의미에서 전 우주는 하나님 계시의 매개체다. 피조물은 그 창조자를 증거한다.

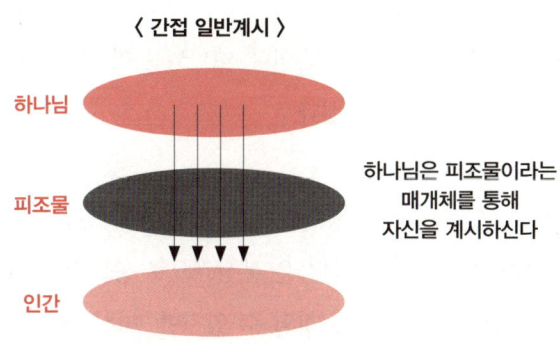

성경은 온 땅에 하나님의 영광이 가득하다고 말한다. 그러나 슬프게도 우리는 우리를 둘러싸고 있는 그 영광을 보지 못한다. 우리는 피상적으로 사는 경향이 있다. 하나님께서 그의 영광스런 피조물을 통해 주시는 기사와 경이에 대해 눈을 감고 있다. 우리는 거기에 조정되어 있지 않다. 접속하지 못하고 있다. 종교적 개념은 실제적인 것으로 표현되지 않으면 아무 가치가 없다.

하나님의 장엄한 임재가 우리를 둘러싸고 있다. 그럼에도 우리는 종종 장님이 되고 귀머거리가 된다. 그 언어를 이해하지 못한다. 단지 가던 길을 멈춰 꽃향기를 맡아보는 것만으로는 알 수 없다. 꽃에는 달콤한 향기 이상의 것이 들어 있다. 꽃은 그 지으신 자의 영광을 나타낸다. 자연에서 하나님의 영광을 인식할 때 우리는 하나님의 계시와 접촉하게 된다. 자연은 하나님이 아니다. 그러나 하나님의 영광이 자연에 가득하여 자연 속에서, 자연을 통해 나타난다.

하나님은 또한 사람의 마음에 직접 자신을 계시하신다. 이를 직접 일반계시라 한다. 사도바울은 우리 마음에 새겨진 하나님의 법을 이야기한다 (롬 2:12-16). 그리고 존 칼빈은 모든 사람의 마음속에 하나님께서 심어주신 신 의식을 말한다.

> 사람의 마음속에는 천부적 직관으로 분명하게 판단할 수 있는 신에 대한 의식이 존재하며, 그것은 하나님이 친히 …… 모든 인간에게 그의 하나님 되심에 대한 생각을 주셨기 때문이다. 하나님은 이 기억을 끊임없이 새롭게 하시며 때로는 커지게 하신다.[6]

모든 문화는 일종의 종교 행위를 가지고 있어서, 인간은 부정할 수 없는 종교적 존재임을 확증한다. 인간은 본성적으로 종교적이다. 물론 그 종교의 성격은 형편없이 미신적인 것일 수 있지만, 미신적인 것조차 하나님에 대한 우리의 내재적 지식이 왜곡될 수는 있어도 말살될 수는 없다는 것을 증명해준다.

우리는 하나님이 존재하시며 하나님이 우리에게 자신의 법을 주셨다는 사실을 영혼 깊은 곳에서부터 안다. 그러면서도 하나님의 명령에서 도망치기 위해 그 지식을 억누르려 한다. 하지만 아무리 애를 써도 이 내면의 소리를 잠재울 수는 없다. 억제할 수는 있어도 없애버릴 수는 없는 것이다.

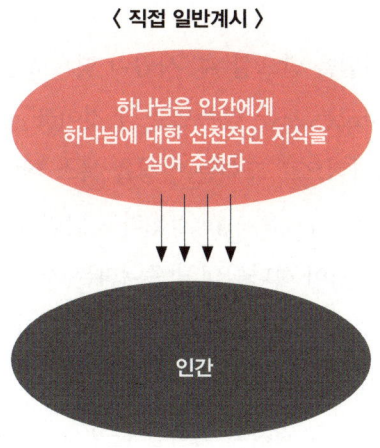

● 요약 ●

1. 하나님의 영광은 우리의 주위에 명백하게 드러나며, 하나님의 피조물을 통해 전해진다.
2. 인간은 선천적으로 종교적이다.
3. 하나님께서는 모든 인간에게 하나님을 아는 내재적 지식을 심어주셨다. 이것이 직접 일반계시다.

특별계시와 성경

참조 성구 | 시 119편, 요 17:17, 살전 2:13, 딤후 3:15-17, 벧후 1:20-21

예수님은 광야에서 시험을 받으실 때 "사람이 떡으로만 살 것이 아니요 하나님의 입으로부터 나오는 모든 말씀으로 살 것이라"(마 4:4) 말씀하시며 마귀를 꾸짖으셨다. 역사적으로 교회는 성경을 복스 데이(vox Dei, 하나님의 음성), 혹은 버붐 데이(verbum Dei, 하나님의 말씀)라고 단언하면서 예수님의 이 가르침을 반복해왔다. 성경이 하나님의 말씀이라는 것은 그것이 하나님의 신성한 손으로 직접 쓰였다거나 하늘에서 낙하산에 실려 내려왔다는 의미가 아니다. 의심할 여지없이 성경은 많은 인간 저자들에 의해 기록되었다. 성경을 자세히 연구해보면 각 저자의 독특한 문학 양식과 특별한 강조, 관점 등을 가지고 있음을 알 수 있다.

그렇다면 성경의 그런 점들이 인간의 특성을 포함하고 있는데 어떻게 그것을 하나님의 말씀으로 볼 수 있는가?

성경을 하나님의 말씀이라고 하는 것은 성경이 주장하고 교회가 믿는 내로 인간 저자가 단순히 자신의 의견을 기록한 것이 아니라 하나님에 의해 영감받은 것이기 때문이다. 사도바울은 "모든 성경은 하나님의 감동으로 된 것으로"(딤후 3:16)라고 썼다. 영감(inspiration)이라는 단어는 '하나님이 숨결을 불어넣으신'이라는 헬라어를 번역한 것이다. 즉 하나님께서 성경에 숨결을 불어넣으셨다. 우리가 입으로 말할 때 숨을 내쉬는 것처럼 궁극적으로 성경은 하나님이 말씀하시는 것이다.

성경은 인간 저자의 펜에서 나왔지만 그 궁극적 근원은 하나님이시다. 이것이 바로 선지자들이 "여호와께서 말씀하시되"라는 말로 메시지를 시작할 수 있는 이유다. 또한 이것이 바로 예수님께서 "아버지의 말씀은 진리니이다"(요 17:17) 하시고 "성경은 폐하지 못하나니"(요 10:35)라고 하신 이유다.

영감이라는 말에는 또한 성경이 만들어지는 과정을 성령께서 '감독하셨다'는 뜻이 포함된다. 성령께서는 인간 저자가 하나님의 말씀을 전하도록 인도하셨다. 성경의 원본을 하나님께서 어떻게 감독하셨는지는 알려지지 않았다. 그러나 '영감'이란 하나님께서 자신의 메시지를 성경 저자들에게 받아쓰게 하셨다는 의미가 아니다. 오히려 성령께서 인간 저자들을 통해 하나님의 말씀을 전달하신 것이다.

그리스도인들은 성경의 무류성과 무오성을 단언한다. 성경의 저자는 궁극적으로 하나님이시기 때문이다. 하나님은 틀린 것을 영감으로 주실 분이 아니기 때문에 그분의 말씀은 모두 진리이고 신뢰할 수 있는 것이다. 인간의 문학 작품은 어느 것이든 오류의 여지가 있다. 그러나 성경은 평범한 인간이 만든 것이 아니다. 성경이 하나님의 영감과 감독을 받았다면 오류가 있을 수 없다.

이 말은 오늘날 우리가 가지고 있는 성경의 번역본이 오류가 없다는 의미가 아니라 성경 원본이 절대적으로 정확하다는 의미다. 또한 성경에 있는 모든 말이 진실이라는 뜻도 아니다. 예를 들어 전도서의 저자는 "네가 장차 들어갈 스올에는 일도 없고 계획도 없고 지식도 없고 지혜도 없음이니라"(전 9:10)라고 했다. 저자는 지금 인간의 절망의 관점에서 말하고 있다. 그리고 우리는 이 말이 성경의 다른 부분에 비추어 볼 때 옳지 않다는 것을 안다. 절망한 사람의 잘못된 추론을 말하는 중에도 성경은 사실 그대로 말한다.

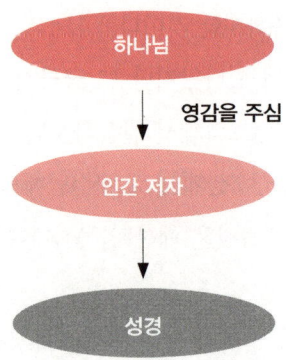

● 요약 ●

1. 영감은 하나님께서 자신의 말씀에 숨결을 불어넣으시는 과정이다.
2. 하나님은 성경의 궁극적인 근원이시다.
3. 하나님은 성경의 궁극적인 감독자이시다.
4. 오직 성경의 원본만 무오하다.

하나님의 법

참조 성구 | 출 20:1-17, 시 115:3, 마 5:17-20, 롬 7:7-25, 갈 3:23-29

하나님께서는 우주를 법으로 다스리시며, 자연 자체는 하나님의 섭리적 통치 아래 움직인다. 소위 자연의 법칙이란 우주를 다스리시는 하나님의 일반적 방법을 묘사하는 것에 불과하다. 이러한 '법칙들'은 하나님의 주권적 의지의 표현이다.

하나님은 자신 외의 어떤 법에도 구속받지 않으신다. 즉 하나님께서 복종해야 하는 독립적·우주적 법칙은 존재하지 않는다. 오히려 하나님이 자신에 대한 법이다. 쉽게 말하면 하나님은 자신의 도덕적인 성품에 따라 행하신다는 뜻이다. 하나님의 성품은 도덕적으로 완전할 뿐 아니라 완전함의 궁극적인 표준이다. 하나님의 행위는 완벽하다. 그의 본성이 완벽하기 때문이다. 또 하나님은 언제나 자신의 본성에 따라 행동하신다. 그러므로 하나님은 절대로 자의적이거나 독단적이거나 변덕스럽지 않으시다. 하나님은 언제나 바른 일을 하신다.

하나님의 피조물인 우리 또한 바르게 행해야 한다. 하나님은 우리에게 성경에서 드러내신 자신의 도덕법을 따라 살라고 명령하신다. 하나님의 법은 의의 궁극적인 기준이며 옳고 그름을 판단하는 최고의 규범이다. 하나님께는 우리를 다스리시는 통치자로서 우리에게 의무를 부과하시고, 순종을 명령하시고, 우리의 양심을 구속하실 권위가 있다. 또한 우리가 그의 법을 어긴 불순종을 벌하실 능력과 권리를 가지신다(죄는 하나님의 법에 불순종하는 것이라고 정의할 수 있다).

성경의 법 일부는 직접 하나님의 성품에 기초한다. 이러한 법은 하나님 및 인간의 관계가 가진 영속적·초문화적 요소를 반영한다. 다른 법은 사회의 일시적 상황을 위한 것이다. 이것은 어떤 법은 절대적이고 영원한 반면, 다른 법(이스라엘의 음식과 의식법 등)은 역사적인 이유 때문에 하나님께서 무효화하실 수도 있다는 뜻이다. 오직 하나님만이 그런 법을 파기하실 수 있다. 인간은 하나님의 법을 파기할 권위가 결코 없다.

우리는 자율적이지 않다. 다시 말해 우리는 우리 자신의 법에 따라 살 수 없다. 인류의 도덕 상태는 타율적이다. 즉 다른 존재의 법 아래서 산다. 우리가 살아가는 그 타율의 구체적인 형태는 신에 의한 통치, 즉 하나님의 법(신율)이다.

> 자율＝자신의 법
> 타율＝다른 사람의 법
> 신율(神律)＝하나님의 법

● 요약 ●

1. 하나님은 우주를 법으로 다스리신다. 중력은 자연에 대한 하나님의 법을 보여 준다. 하나님의 도덕법은 십계명에 나타나 있다.
2. 하나님은 그의 피조물에게 의무를 부과할 권위를 갖고 계신다.
3. 하나님은 자신의 성품의 법에 따라 행동하신다.
4. 하나님은 그의 도덕법을 우리 양심에 나타내시고 성경을 통해 보여주신다.
5. 오직 하나님만이 그의 법을 파기할 권위가 있다.

하나님의 선지자들

참조 성구 | 신 18:15-22, 사 6장, 욜 2:28-32, 마 7:15-20, 엡 4:11-16

구약의 선지자들은 독특하게 하나님의 부르심을 받고 초자연적으로 하나님의 메시지를 받아 우리에게 전한 사람들이었다. 하나님은 선지자의 말과 글을 통해서 말씀하셨다.

예언에는 장래 일을 미리 말하는 것(foretelling)과 하나님의 말씀을 현재 선포하고 권고하는 것(forthtelling), 이 두 가지가 모두 포함된다. 선지자들은 성령 부음을 받았으므로 그들의 말은 곧 하나님의 말씀이었다. 그래서 선지자의 메시지가 종종 "여호와께서 이같이 말씀하시되"라는 말로 시작된다.

선지자들은 이스라엘 종교의 개혁자였다. 그들은 하나님에 대한 순전한 예배와 순종으로 돌이킬 것을 요구했다. 그들은 이스라엘의 예배가 단순한 의식에 빠지는 것을 비판했지만 하나님께서 그들에게 주신 본래의 예배 형식을 정죄하거나 공격하지는 않았다. 선지자들은 혁명가나 종교적 무정부주의자가 아니었다. 그들의 임무는 파괴하는 것이 아니라 정결케 하는 것이었고, 이스라엘의 예배를 없애는 것이 아니라 개혁하는 것이었다.

선지자들은 사회적 공의와 의에도 깊은 관심을 가졌다. 그들은 백성이 회개하도록 촉구하는 이스라엘의 양심이었다. 그들은 하나님의 언약법으로 고소하는 자의 기능을 맡았다. 그래서 하나님과 맺은 언약 조항을 어긴 민족을 "소환하는 역할"을 했다.

선지자들은 하나님께서 특별히 대언자로 부르셨기 때문에 하나님의 권위를 가지고 말했다. 그 직책은 상속받은 것도 선출된 것도 아니었다. 하나님의 직접적인 부르심과 성령의 능력이 선지자의 자격 요건이었다.

반면 거짓 선지자는 이스라엘의 끊임없는 골칫거리였다. 그들은 하나님의 계시가 아니라, 자신의 몽상과 의견을 따라서 사람들이 듣기 좋아하는 말만 했다. 참 선지자들은 굽히지 않고 하나님의 모든 뜻을 선포함으로써 심하게 박해받고 거부당했다.

선지자들의 예언서는 '소선지서'와 '대선지서'로 분류된다. 이것은 선지자들의 중요도가 아닌 정경으로 인정된 글의 분량에 따른 것이다. 이사야, 예레미야, 에스겔, 다니엘의 글은 분량이 많으므로 대선지서라 불리는 반면, 아모스, 호세아, 미가, 요나 등의 글은 분량이 적으므로 소선지서라 불린다.

신약성경의 사도들은 구약 시대 선지자의 특성을 많이 가지고 있다. 따라서 사도들과 선지자들 모두 교회의 기초라 불린다.

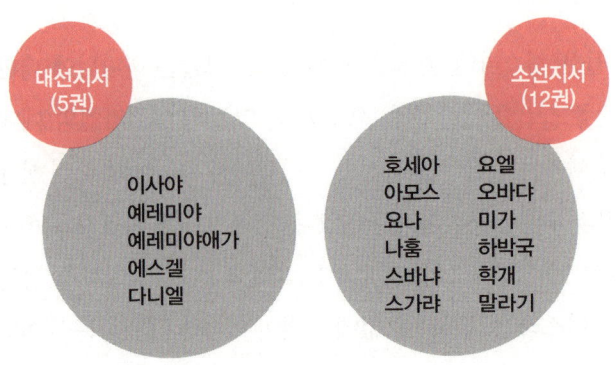

● 요약 ●

1. 구약의 선지자는 하나님의 계시를 전달하는 대언자였다.
2. 예언에는 장래 일을 미리 말하는 것(foretelling)과 하나님의 말씀을 현재 선포하고 권고하는 것(forthtelling), 이 두 가지가 모두 포함된다.
3. 선지자들은 이스라엘의 예배와 생활의 개혁자들이었다.
4. 하나님의 부르심을 직접 받은 사람만 선지자가 될 수 있었다.
5. 거짓 선지자들은 자기 생각을 말하거나 백성들이 듣고 싶어 하는 말만 했다.
6. 대선지서, 소선지서는 사역의 중요성에 따라 분류한 것이 아니라 선지서의 분량에 따라 분류한 것이다.

정경

참조 성구 | 눅 24:44-45, 고전 15:3-8, 딤후 3:16-17, 벧후 1:19-21, 벧후 3:14-16

우리는 성경을 한 권의 큰 책이라고 생각하지만 사실은 66권의 책을 묶어 놓은 전집이다. 이 66권의 책이 우리가 말하는 성경의 정경이다. "정경"(canon)이라는 용어는 '측정하는 잣대', '기준', 혹은 '표준'이라는 의미를 가진 헬라어에서 나왔다. 역사적으로 성경은 교회의 신앙과 실천을 위한 권위 있는 기준이 되어왔다.

신약성경의 정경에 관해서는 로마 가톨릭과 개신교가 완벽하게 일치한다. 그러나 구약성경에 어떤 책을 포함시킬 것인가에 관해서는 양측이 심한 불일치를 보이고 있다. 로마 가톨릭에서는 외경을 정경으로 간주하는 반면 개신교는 그렇게 생각하지 않는다(외경은 신구약 중간기에 기록되었다). 외경에 관한 논쟁은, 유대인 공동체에서 정경으로 간주한 책이 무엇인가에 대한 더 폭넓은 문제에 초점을 둔다. 외경이 유대인의 팔레스타인 정경에는 포함되지 않는다는 명백한 증거가 있지만, 반면에 이집트에 사는 유대인들은 외경(헬라어로 apocrypha)을 그들의 알렉산드리아 정경에 포함했던 것으로 보인다. 그러나 최근에 이에 대해 의심하게 하는 증거가 드러났다.

일부 성경 비평가들은 5세기 초까지 교회에 성경이 없었다고 주장한다. 그러나 이것은 전체적인 정경의 형성 과정을 왜곡한 것이다. 초대교회는 어떤 책을 정경에 포함시킬까에 대한 논쟁을 해결하기 위해 여러 차례 회의를 열었다. 최초의 공식적 신약 정경은 이단자 마르키온(Marcion)이 만들었다. 그는 자기 마음대로 삭제한 성경을 만들었고, 교회는 그와 싸우기 위해 신약의 정확한 정경을 선포해야 했다.

현재 신약에 포함된 책들 대부분이, 기록된 때부터 정경의 권위를 가지고 분명하게 기능을 해왔지만, 신약 정경에 포함된 책 중 몇 권은 논란이 있었다. 히브리서, 야고보서, 베드로후서, 요한이서, 요한삼서, 유다서, 요한계시록이 여기에 속한다.

몇 권은 정경의 후보였지만 결국 포함되지 않았다. 이 중 대부분이 2세기 영지주의 이단이 쓴 위조본이었다. 이 책들은 정경으로 진지하게 고려된 적이 없다(이는 2천 년 동안의 경쟁을 통해 신약성경 27권이 나왔다고 주장하는 비평가들이 간과한 점이다. 그러면서 그들은 "올바른 27권을 선택한 것이 뭐가 이상하냐"고 묻는다). 사실 신약성경에 포함되지 않은 책 중에서 두세 권만이 정말로 진지한 고려 대상이었다. 그 책들은 '클레멘트전서, 헤르마스 목자서, 디다케'다. 그러나 이 책들은 사도들이 기록한 것이 아니기 때문에 정경에 포함되지 않았다. 저자들 자신도 자신의 권위가 사도들보다 낮다는 점을 인정했다.

일부 그리스도인들은 역사적 선별 과정이 있었다는 사실 자체를 곤란해한다. 그들은 정경에 과연 타당한 책들이 포함되었는지 어떻게 아느냐는 질문으로 계속 골치를 앓는다. 그 질문에 대해 전통적인 로마 가톨릭 신학은 '교회의 무류성'이라는 답을 제시한다. 그들은 교회가 정경을 '창출해내는' 곳이라 본다. 교회가 성서 자체와 동등한 권위를 가진 것으로 보는 것이다. 반면 전통적인 개신교는 교회가 무류하다는 사실도, 교회가 정경을 '창출해냈다'는 사실도 인정하지 않는다. 로마 가톨릭과 개신교의 차이는 다음과 같다.

로마 가톨릭의 견해 : 정경은 무류한 책들의 무류한 모음집이다.
전통적 개신교의 견해 : 정경은 무류한 책들의 유류한 모음집이다.

자유주의의 비평적 견해 : 정경은 유류한 책들의 유류한 모음집이다.

개신교도들은 하나님께서 특별한 섭리적 돌보심으로 올바른 책이 포함되게 하셨다고 믿는다. 그렇다고 하나님께서 교회 자체가 무류하도록 하셨다는 것은 아니다. 또 개신교도들은 로마 가톨릭에게 교회가 정경을 '창출해내지'는 않았다는 사실을 환기시킨다. 교회는 성경의 정경을 인식하고, 인정하고, 받아들이고, 그것에 복종한다. 종교 회의에서 교회가 사용한 말은 레시피무스(recipimus), 즉 "우리는 받아들인다"는 말이었다.

정경의 평가 기준은 무엇이었을까?

이른바 정경성의 표시는 다음과 같다.

1. 사도의 저작이거나 승인이 있어야 한다.
2. 초대교회가 권위 있는 것으로 받아들여야 한다.
3. 확실하게 정경으로 받아들인 다른 책들과 조화를 이루어야 한다.

마르틴 루터는 한때 야고보서의 정경성을 의심했지만, 후에는 그러지 않았다. 현재 신약성경의 정경에 타당한 책들이 포함되었다는 사실에는 추호도 의심의 여지가 없다.

● **요약** ●

1. "정경"(canon)이라는 말은 헬라어에서 유래되었으며 '표준', '기준'이라는 뜻이다. 정경이란 교회가 성경으로 인정한 권위 있는 책의 모음을 말하는 것으로 신앙과 실천의 '기준'이 된다.
2. 개신교에서 인정하는 성경 66권에 덧붙여 로마 가톨릭에서는 외경도 권위 있는 **성경말씀으로 받아들이고 있다**.
3. 교회는 이단과 싸우기 위해서 어떤 책이 권위 있는 책으로 인정되어왔는지 선

포해야 했다.
4. 정경 중 몇 권은 약간의 논란이 있었다(히브리서, 야고보서, 베드로후서, 요한이서, 요한삼서, 유다서, 요한계시록). 또한 클레멘트전서, 헤르마스 목자서, 디다케는 정경으로 고려되었지만 인정되지 않았다.
5. 교회는 정경을 '창출해낸' 것이 아니라 단지 정경성을 가지고 있어서 교회 안에서 권위 있는 책들을 인정했을 뿐이다.
6. 정경성의 표시는 다음과 같다. (1)사도의 저작이나 승인, (2)초대교회 내에서의 권위, (3)기존 정경과의 조화.

성경 해석

참조 성구 | 행 15:15-16, 엡 4:11-16, 벧후 1:16-21, 벧후 3:14-18

기록된 문서는 해석해야 이해할 수 있다. 미합중국에는 헌법을 해석하는 임무를 가진 고도로 숙련된 사람 아홉 명이 있다. 그들이 미국의 대법원을 구성한다. 성경을 해석하는 일은 미국의 헌법을 해석하는 것보다 훨씬 더 엄숙한 일이다. 그래서 세심한 주의와 노력이 요구된다.

성경은 그 자체가 대법원이다. 따라서 성경 해석의 주된 규칙은 "성경은 자기 자신의 해석자다"라는 것이다. 성경은 성경으로 해석한다는 원리다. 애매했던 성경의 어떤 부분이 다른 부분에서 명확해진다. 성경을 성경으로 해석한다는 것은 성경의 한 본문을 다른 본문과 대립시켜서는 안 된다는 것이다. 모든 텍스트는 직접 접해 있는 컨텍스트(문맥)뿐 아니라 성경 전체의 컨텍스트(문맥)에 비추어 해석해야 한다.

덧붙여서, 유일하게 합법적이고 정당한 성경 해석 방법은 문자적 해석 방법이다. 그러나 문자적 해석 개념에 대해 많은 혼동이 있다. 엄격히 말해, 문자적 해석이란 성경을 쓰여진 그대로 해석한다는 의미다. 명사는 명사로 동사는 동사로 다룬다. 성경 기록에 사용된 모든 형태를 그 형태를 이끄는 정상적 원칙에 따라 해석해야 한다는 의미다. 시는 시로 다루어야 한다. 역사적 기사는 역사로 다루어야 한다. 비유는 비유로, 과장법은 과장법으로 다루어야 한다.

이런 점에서 성경은 다른 여느 책을 해석할 때 적용되는 규칙에 따라 해석되어야 한다. 물론 어떤 면에서 성경은 세상의 책들과 다르다. 그러나 해석에 있어서는 다른 책들처럼 다루어져야 한다.

성경은 우리 자신의 욕망이나 선입관에 따라 해석되어서는 안 된다. 우리는 성경이 실제로 말하는 것을 이해해야 하며, 우리 자신의 관점을 덧붙이지 않도록 경계해야 한다. 본문에 기초하지 않은 그릇된 교리를 성경으로 뒷받침하려는 것은 이단이 하는 짓이다. 사탄이 그리스도를 유혹할 때도 성경을 불합리하게 인용했다(마 4:1-11).

성경의 근본 메시지는 어린아이도 이해할 수 있을 만큼 단순명료하다. 그러나 성경의 "단단한 음식"까지 바르게 이해하려면 세심한 주의와 연구가 필요하다. 성경이 다루고 있는 일부 문제는 매우 복잡하고 심오해서 최고의 신학자들이 해석하는 노력을 계속해야 한다.

올바른 성경 연구의 기초가 되는 몇 가지 해석 원리로 다음과 같은 것이 있다.

1) 내러티브는 "교훈적" 본문에 비추어 해석해야 한다. 예를 들어 아브라함이 모리아산에서 이삭을 바치는 이야기는 아브라함이 참믿음을 가졌는지 하나님이 모르셨던 것으로 해석될 수 있다. 그러나 성경의 교훈적 본문에 비추어볼 때 하나님은 전지하시다는 것이 명백하다.
2) 암시적인 것은 명시적인 것에 비추어 해석해야 한다. 절대로 그 반대가 되어서는 안 된다. 이것은 특정 본문이 뭔가를 암시하는 것처럼 보이는데, 성경의 다른 부분이 명시적으로 언급한 것과 대립된다면 옳은 것으로 받아들여서는 안 된다는 뜻이다.
3) 성경 해석은 논리 법칙에 따른다. 예를 들어, 모든 고양이에게 꼬리가 있다는 사실을 안다면 어떤 고양이는 꼬리가 없다고 추론해서는 안 된다. 만일 어떤 고양이에게 꼬리가 없는 것이 참이라면, 모든 고양이

에게 꼬리가 있다는 것은 참일 수 없다. 이것은 단지 전문적인 추론의 법칙이 아니라 상식의 문제다. 그럼에도 잘못된 성경 해석 대부분은 성경으로부터 비합리적 추론을 하기 때문에 생긴다.

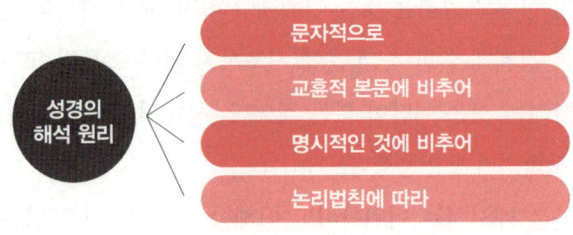

● 요약 ●

1. 성경은 그 자신의 해석자다.
2. 성경은 문자적으로 해석해야 한다.
3. 성경은 여느 책들을 해석할 때와 같은 방법으로 해석한다.
4. 애매한 부분은 더 명확한 부분에 비추어 해석해야 한다.
5. 암시적인 것은 명시적인 것에 비추어 해석해야 한다.
6. 논리법칙에 따라 성경으로부터 합리적 추론을 할 수 있다.

성경의 사적 해석

참조 성구 | 느 8:8, 딤후 2:15, 딤후 3:14-17, 히 1:1-4, 벧후 1:20-21

종교개혁이 남긴 위대한 유산 두 가지는 성경의 사적 해석 원리와 성경을 일반적인 언어로 번역한 것이다. 루터는 이 문제에 관심을 집중시켰다. 그는 *보름스 의회(루터를 이단으로 몰았던 종교 회의)에서 다음과 같이 말했다.

내가 성경과 상식에 비추어 잘못되지 않는 한-나는 교황과 종교 회의의 권위를 인정하지 않는다. 그 둘은 서로 모순되기 때문이다-나의 양심은 하나님의 말씀에 사로잡혀 있다. 나는 나의 주장을 철회할 수 없고 철회하지도 않을 것이다. 왜냐하면 양심에 반하는 행위는 옳지도 않고 안전하지도 않기 때문이다. 하나님, 나를 도우소서. 아멘.[7]

루터의 이 선언과, 그리고 뒤이어 그의 모국어로 성경을 번역한 일은 두 가지 기여를 했다.

첫째는 로마 교회가 독점하던 성경 해석의 권리를 되찾았다. 사람들은 더 이상 전통과 교회의 가르침을 하나님의 말씀과 동등한 권위로 받아들이게 하는 교리에 매달

> ***보름스 의회**
> 1521년 1월 27일, 마르틴 루터의 종교개혁운동을 탄압하기 위해 개최된 의회다.
> 이 회의에서 당시 독일 황제였던 카를 5세는 '보름스 칙령'을 발표하여 루터를 이단자로 선고하고 그의 저서 소각을 명하고 그에 대한 원조 등을 금지하였다.

리지 않게 되었다.

둘째는 성경 해석이 일반인에게 맡겨진 것이다. 이 둘째 변화가 보다 문제가 되어왔다. 그것은 로마의 가톨릭교회가 우려했던 극단, 즉 역사적 기독교 신앙에서 벗어나 성경 본문을 주관적으로 해석하는 것이었다.

주관성은 성경의 사적 해석에 큰 위험 요소가 되어왔다. 그러나 사적 해석의 원리는 하나님의 백성이 자기가 원하는 대로 성경을 해석할 권리를 가졌다는 뜻이 아니다. 성경 해석의 '권리'에는 성경을 바르게 해석해야 할 '의무'가 수반된다. 신자들은 성경의 진리를 발견할 자유가 있다. 그러나 자신의 진리를 꾸며낼 자유는 없다. 따라서 신자들은 성경 해석의 바른 원리를 이해하고 주관성의 위험을 피해야 한다.

또한 성경을 객관적으로 이해하려고 하면서, 성경을 냉랭하고, 추상적이고, 생명력 없는 것으로 격하시켜서는 안 된다. 우리는 먼저 말씀이 문맥 안에서 말하는 것을 찾아내야 하고, 다음으로 그것을 우리 삶에 적용하는 일 역시 반드시 해야 한다. 특정한 말씀을 개인적으로 적용하는 방법은 수없이 많을 수 있다. 그러나 그 말씀의 바른 의미는 한 가지밖에 없다. 성경을 해석할 권리에는 성경을 정확하게 해석해야 할 의무가 따른다. 즉 성경은 해석자의 관점에 맞추어 만들어지는 '고무찰흙' 같은 것이 아니다.

● 요약 ●

1. 종교개혁으로 교회는 일반 언어로 번역된 성경을 가지게 되었고 모든 신자들은 성경의 사적 해석의 권리와 책임을 갖게 되었다.
2. 교회 전통은 안내자의 역할일 뿐 성경과 동등한 권위를 갖지 않는다.
3. 사적 해석이 주관성을 허락하는 것은 아니다.
4. 사적 해석 원칙은 바른 해석을 추구할 의무를 수반한다.
5. 한 성경 본문을 여러 가지로 적용할 수 있지만, 정확한 의미는 오직 한 가지다.

2부

하나님의 본질과 속성

Essential Truths
of the
Christian Faith

하나님의 불가해성

참조 성구 | 욥 38:1-41:34, 시 139:1-18, 사 55:8-9, 롬 11:33-36, 고전 2:6-16

스위스의 신학자 칼 바르트는 어느 세미나에서 다음과 같은 질문을 받았다. "박사님, 지금까지 신학을 공부하시면서 가장 심오하다고 생각하신 것은 무엇입니까?" 그는 잠시 생각한 후 "'예수 사랑하심은 거룩하신 말일세. 날 사랑하심 날 사랑하심, 성경에 써 있네'입니다."라고 말했다. 처음에 학생들은 지나치게 단순한 그 대답에 키득키득 웃었지만 곧 그가 진지하게 한 말이었음을 알고 숙연해졌다.

바르트는 심오한 것을 묻는 질문에 단순하게 대답했다. 이렇게 함으로써 그는 매우 중요한 두 가지 개념에 주의를 집중시켰다. ① 가장 단순한 기독교의 진리 안에 가장 똑똑한 사람이 평생 생각할 심오함이 있다. ② 아무리 신학 공부를 많이 해도 우리는 결코 하나님 속성의 신비한 깊이와 풍부함을 이해하는 데 있어서 어린아이의 수준을 벗어날 수 없다.

존 칼빈은 다른 비유를 사용했다. 그는 하나님께서 우리에게 어린아이의 혀짤배기소리로 말씀하신다고 했다. 부모들이 어린아이가 알아듣도록 혀짤배기소리를 내는 것처럼, 하나님도 우리 같은 미천한 존재들과 소통하기 위해 우리 수준으로 내려와 말씀하신다는 것이다.

인간은 누구도 하나님을 제대로 이해할 수 없다. 하나님을 완전히 이해하지 못하게 하는 내재적 장애가 있다. 우리는 유한한 피조물이고 하나님은 무한한 존재라는 점이다. 여기에 문제가 있다. 유한한 존재가 어찌 무한한 존재를 이해하겠는가? 중세 신학자들은 이후 모든 신학 연구에 지배적 원리가 되는 말을 만들었는데 그것은 "무한한 것을 유한한 것이 파악할 (담을) 수 없다"는 것이다. 무한한 것을 유한한 공간에 우겨넣을 수 없는 것은 너무도 명백한 사실이다.

이 원리는 정통 기독교의 가장 중요한 교리 한 가지를 표현하고 있다. 그것은 '하나님의 불가해성'이라는 교리다. 이 말은 오해의 소지가 있다. 유한한 존재는 무한한 존재를 파악할 수 없으므로 우리는 하나님에 대하여 아무것도 알 수 없다는 식으로 잘못 이해될 수 있다. 하나님이 우리의 이해 너머에 계신 분이라면 우리가 하는 모든 종교적인 말이 신학적 헛소리일 뿐이며 우리는 알지도 못하는 신에게 제단을 쌓고 있다는 말이 아니겠는가?

그러나 전혀 그런 의미가 아니다. 하나님의 불가해성이란 우리가 하나님을 전혀 알 수 없다는 뜻이 아니라 우리의 지식은 부분적이고 제한적이어서 완전하거나 전체적인 지식에 못 미친다는 것이다. 하나님이 계시를 통하여 우리에게 주신 하나님 자신에 대한 지식은 실제적이며 유용하다. 우리는 하나님이 계시해주시는 만큼 하나님을 알 수 있다. 유한한 존재는 무한한 존재를 파악할 수 있지만 유한한 존재가 무한한 존재를 자신의 손 안에 붙들어 놓을 수는 없다. 하나님은 언제나 우리가 이해하는 것 이상이시다.

성경은 이것을 "감추어진 일은 우리 하나님 여호와께 속하였거니와 나타난 일은 영구히 우리와 우리 자손에게 속하였나니"(신 29:29)라고 말한다. 마르틴 루터는 '감춰진 면'과 '나타난 면'이라는 하나님의 두 가지 면을 언급했다. 신적 지식의 한 부분은 우리 시야로부터 감춰져 있다. 우리는 하나님이 계시해주신 빛 안에서 움직인다.

● 요약 ●

1. 기독교의 진리는 가장 단순한 것에도 심오한 의미가 있다.
2. 신학 지식이 깊어도 하나님의 본성과 성품은 그 이상의 것이 있어서 우리에게는 여전히 신비이다.
3. 어떤 인간도 하나님을 완전히 알 수 없다.
4. '하나님의 불가해성'이라는 교리는 우리가 하나님에 관해 아무것도 알 수 없다는 의미가 아니라 인성으로 인해 우리의 지식에 한계가 있다는 뜻이다.

삼위일체이신 하나님

참조 성구 | 신 6:4, 마 3:16-17, 마 28:19, 고후 13:13, 벧전 1:2

  삼위일체는 어렵고 까다로운 교리다. 때로 이 교리는 "기독교에서 가르치는 1+1+1=1이라는 말도 안 되는 개념"이라는 식으로 이해되기도 했다. 1+1+1=1은 당연히 등식이 성립되지 않는다. 삼위일체는 세 하나님의 관계를 나타내는 말이 아니라, 세 인격이신 한 하나님을 나타내는 말이다. 삼위일체는 삼신론, 즉 셋이 함께 하나님으로 존재한다는 의미가 아니다. 삼위일체는 그 일체성(unity)과 다양성(diversity)에서 하나님의 충만하심을 정의하려는 용어다.

  본질은 하나이고 위격은 셋이신 하나님이라는 것이 삼위일체의 역사적인 공식이다. 이 공식은 신비롭고 역설적이지만 절대로 모순이 아니다. 하나님의 통일성은 본질 또는 존재의 측면이고, 다양성은 위격의 측면을 표현한 것이다.

  성경에는 '삼위일체'라는 말이 나와 있지 않지만 개념은 명확하게 나타나 있다. 성경은 한편으로 하나님의 일체성을 확고하게 말한다(신 6:4). 다른 한편으로는 하나님의 세 위격의 충만한 신성을 분명하게 보여준다. 그 세 위격은 성부, 성자, 성령이시다. 교회는 양태론과 삼신론이라는 이단을 거부했다.

  *양태론(modalism)은 성부와 성자와 성령은 하나님이 자신을 표현하는

> ***양태론과 삼신론**
> 양태론은 하나님 한 분이 성부, 성자, 성령 각각의 모습으로 나타난다고 주장하여 그리스도와 성령의 위격을 부정하는 것이며, 삼신론은 하나님이 성부, 성자, 성령 이렇게 세 분이라고 주장하여 하나님이 한 분이심을 부정한다.
> 둘 다 기독교의 이단 이론이며 삼위일체 교리를 정면으로 반박한다.

방법에 불과하므로 하나님 안에 위격의 구별이 없다고 주장한다. 반면 *삼신론(tritheism)은 하나님을 구성하는 세 존재가 있다는 그릇된 주장을 한다.

'위격'이라는 용어는 하나님의 본질의 차이가 아니라 다른 실재를 의미한다. 하나님의 실재는 실제적 차이이지 존재의 차이가 있다는 의미의 본질적 차이를 말하는 것이 아니다. 각각의 위격은 신의 본질 "아래" 실재, 즉 존재한다. 실재는 이 존재 범위 안의 차이이지 본질이 구별된 것은 아니다. 하나님의 삼위는 모두 신의 속성을 가진다.

삼위의 각 위가 하시는 일에도 차이가 있다. 구원의 역사는 어떤 의미에서 삼위 모두가 공통으로 하시는 일이다. 그러나 활동 방법에 있어서 차이가 있는데, 성부는 창조와 구속을 시작하시고, 성자는 피조물을 구속하시고, 성령은 신자들에게 구속을 적용하여 중생시키고 성화시키신다.

삼위일체는 하나님의 여러 부분이나 역할을 말하는 것이 아니다. 삼위일체를 "아버지인 동시에 아들이며 남편인 어떤 사람" 등으로 비유하는 것은, 하나님의 신비로운 속성을 나타내지 못한다.

삼위일체 교리는 하나님의 신비로운 성격을 충분히 설명하지 못한다. 다만 우리가 발을 내디뎌서는 안 될 곳의 경계를 정해주는 것이다. 이 교리는 우리의 유한한 사고의 한계를 정해준다. 그리고 우리에게 어떤 의미에서는 하나이시고 다른 의미에서는 셋이신 하나님을 드러내는 성경의 계시를 신뢰할 것을 요구한다.

● **요약** ●

1. 삼위일체 교리는 하나님의 삼위가 일체임을 확언한다.
2. 삼위일체 교리는 모순이 아니다. 하나님은 본질이 하나이시고 위격에 있어서는 셋이시다.
3. 성경은 하나님의 하나이심 및 성부와 성자와 성령의 신성을 모두 확언한다.
4. 삼위는 성부, 성자, 성령이 하시는 일에 따라 구별된다.
5. 삼위일체 교리는 인간이 하나님의 속성에 관해 추측할 때 그 한계를 정해준다.

스스로 계시는 하나님

참조 성구 | 시 90:2, 요 1:1-5, 행 17:22-31, 골 1:15-20, 계 1:8

성경에서 하나님이 우주의 창조주라고 선포하는 것은 하나님 자신은 창조된 존재가 아님을 시사한다. 창조주와 피조물은 큰 차이가 있다. 피조물에는 창조주의 흔적과 그의 영광에 대한 증거가 있다. 그러나 피조물은 절대로 예배 대상이 될 수 없다. 지존자가 아니다.

그 누구도 자신을 창조할 수 없다. '자기 창조'는 모순이며 난센스다. 잠시 생각해보라. 그 무엇도 자기 자신을 창조할 수 없다. 하나님도 자신을 만들어낼 수 없다. 하나님이 자신을 창조하려면 그 이전에 이미 존재해야 한다. 하나님도 이 같은 일은 하실 수 없다.

모든 결과에는 원인이 있다. 맞는 말이다. 그러나 하나님은 결과가 아니시다. 하나님은 시작이 없기에 선행하는 원인도 없다. 하나님은 영원하시다. 하나님은 언제나 계셨고 지금도 계신다. 하나님은 자신 안에 존재 능력을 갖고 계신다. 하나님은 존재를 계속하기 위해 외부의 도움을 필요로 하지 않으신다. 이것이 *"스스로 계심"(자존, 自存)의 뜻이다. 당연히 이것은 고결하고 경이로운 개념이다. 이와 같은 것은 없다. 우리가 준거 기준으로 인식하는 모든 것은 종속되고 창조된 것이다. 우리는 자존하는 것을 이해할 수 없다.

> ***스스로 계시는 하나님**
> "나는 스스로 있는 자이니라"(출 3:14)라고 기록된 성경 본문은 모세가 호렙산 떨기나무 불꽃 가운데에서 하나님을 뵈었을 때 하나님 스스로 자신에 대해 설명하신 부분이다.

그러나 피조물이 스스로 존재하는 것이 불가능하다 해서 창조주도 스스로 존재하는 것이 불가능한 것은 아니다. 하나님은 우리와 마찬가지로 자신을 창조하실 수 없지만, 우리와 달리 스스로 존재하신다. 이것이 바로 창조주와 피조물의 본질적 차이다. 이것이 하나님을 지존자가 되게 하고 다른 모든 존재의 근원이 되게 한다.

스스로 존재한다는 자존의 개념은 이성의 법칙, 논리의 법칙, 혹은 과학의 법칙에 위배되지 않는다. 이것은 합리적이고 타당한 개념이다. 이와는 대조적으로 스스로를 창조한다는 자기 창조의 개념은 이성, 논리, 과학의 기본 법칙, 즉 비모순의 법칙에 어긋난다. 자존은 합리적이지만 자기 창조는 비합리적이다.

자존의 개념은 합리적으로 가능할 뿐 아니라 합리적으로 필요하다. 다시 말해 무엇이든 존재하려면 그 안에 존재하는 능력이 있어야 한다. 그렇지 않다면 존재할 수 없다. 무언가 스스로 존재하지 않는다면 그 무엇도 존재할 수 없다.

가장 오래되고 심오한 질문은 "왜 무언가가 존재하는가?"라는 것이다. 그 질문에 대한 가장 기본적인 대답은 "하나님이 계시기 때문이다."이다. 하나님은 영원히 스스로 존재하신다. 하나님이 모든 존재의 근원이시며 시작이시다. 오직 하나님만 그 안에 존재하는 능력을 가지고 계신다. 바울은 "우리가 그를 힘입어 살며 기동하며 존재하느니라"(행 17:28)라고 선포함으로써 우리의 존재가 하나님의 존재 능력에 의존함을 선언한다.

● 요약 ●

1. 모든 결과에는 원인이 있다.
2. 하나님은 결과가 아니다. 그분에게는 원인이 없다.
3. 스스로를 창조한다는 개념은 비합리적이다.
4. 스스로 존재한다는 것은 합리적 개념이다.
5. 스스로 존재하는 것은 합리적으로 가능할 뿐 아니라 필수적이다.

하나님의 전능하심

참조 성구 | 창 17:1, 시 115:3, 롬 11:36, 엡 1:11, 히 1:3

신학자라면 누구나 학생들로부터 대답할 수 없는 질문을 받기 마련이다. 그런 질문 가운데 하나는 이런 것이다. "하나님은 자신이 들어 옮길 수 없는 큰 바위를 만드실 수 있나요?" 이 질문은 언뜻 보기에 신학자들을 해결할 수 없는 딜레마에 잡아매는 것 같다. 만일 "그렇다."라고 대답하면 하나님이 하실 수 없는 일이 있다고 말하는 셈이 된다. 하나님이 바위를 옮기시지 못한다고 말이다. 반대로 "아니다."라고 대답한다면 하나님이 그런 바위를 만들지 못하신다는 말이 되어버린다. 어떻게 대답하든 하나님의 능력을 제한하게 된다.

이와 비슷한 또 한 가지 질문이 있다. '무엇이든 움직일 수 있는 힘'과 '절대로 옮길 수 없는 물체'가 만나면 어떤 일이 생길까? 우리는 무엇이든 움직일 수 있는 힘이나 절대로 옮길 수 없는 물체를 각각 마음속으로 상상해 볼 수 있다. 그러나 이 두 가지가 공존하는 것은 상상할 수 없다. 만일 무엇이든 움직일 수 있는 힘과 절대로 옮길 수 없는 물체가 만나서 그 물체가 움직였다면, 이제 더는 그 물체를 "절대로 옮길 수 없는 물체"라고 말할 수 없다. 반면에 그 물체가 움직이지 않았다면, 그 힘을 "무엇이든 움직일 수 있는 힘"이라고 말할 수 없다. 이와 같이 그 두 가지가 동시에 존재할 수는 없다.

옮길 수 없는 바위를 다시 생각해보자. 이것은 '무엇이든 움직일 수 있는 힘'의 경우처럼 그릇된 딜레마다. 이것이 그릇된 이유는 전제가 그릇되었기 때문이다. 하나님의 '전능하심'(Omnipotence)은 하나님이 무엇이든 하실 수 있다는 뜻으로 이해된다. 그러나 신학용어로서의 전능이란 하나님께서 무엇이든 하실 수 있다는 뜻이 아니다. 성경은 하나님이 하실 수 없는 일 몇 가지를 언급한다. 하나님은 거짓말하실 수 없다(히 6:18). 하나님은 죽을 수 없다. 하나님은 영원하면서 동시에 창조될 수 없다. 하나님은 자신의 본성을 거슬러 행할 수 없다. 하나님은 같은 시간, 같은 면에서 하나님인 동시에 하나님이 아닐 수 없다.

그러므로 전능이란 하나님께서 그의 피조물에 대해 모든 능력을 갖고 계시다는 뜻이다. 피조물의 어느 한 부분도 하나님의 주권적인 통치의 영역을 벗어나지 않는다. 따라서 바위의 딜레마에 관한 올바른 답이 있다. 정답은 "아니다."이다. 왜 그런가? 하나님이 그런 바위를 만드신다면, 그것은 곧 하나님이 자신의 힘을 능가하는 뭔가를 만드신다는 말이 된다. 그러나 하나님은 자신의 전능하심을 파괴할 수 없다. 하나님은 하나님이기를 멈추실 수 없다. 그는 결코 전능하시지 않을 수 없다.

천사 가브리엘이 동정녀 마리아에게 나타나 예수님을 잉태하리라는 놀라운 소식을 전할 때 "하나님의 모든 말씀은 능하지 못하심이 없느니라"(눅 1:37)라고 했다. 천사는 마리아에게 하나님의 전능하심을 상기시켰다. 나는 천사도 과장할 수 있다고 생각한다. 면밀하게 살펴보면 천사는 그릇된 신학을 말하고 있다. 그러나 더 넓은 성경적 관점으로 볼 때 그 말의 의미는 하나님의 능력이 피조물의 능력을 넘어선다는 뜻이다.

우리에게는 불가능한 것이 하나님께는 가능하다. 하나님께 불가능한 것이 없다는 말은 그분이 하고자 하는 일은 무엇이든 하실 수 있다는 뜻이다. 하나님의 능력은 유한한 것에 제한받지 않는다. 그 무엇도 하나님의 능력을 제한할 수 없다. 그러나 하나님의 능력은 하나님의 본질과 지위에 의해 제한을 받는다. 하나님께는 죄가 불가능하다. 죄짓고 싶어 하는 의지가 없으면 죄를 지을 수 없기 때문이다. 하나님은 죄를 지을 의지가 없기에 죄를 범하실 수 없다. 욥은 "주께서는 못하실 일이 없사오며 무슨 계획이든지 못 이루실 것이 없는 줄 아오니"(욥 42:2)라는 말로 이 문제의 정곡을 찔렀다.

그리스도인에게는 하나님의 전능하심이 엄청난 위로다. 우리는 하나님께서 세상을 창조하실 때 나타내신 능력을 우리의 구원에도 나타내셨음을 안다. 뿐만 아니라 하나님께서는 이스라엘 민족을 출애굽시키실 때도, 그리스도를 죽음에서 부활시키실 때도 그의 능력을 펼치셨다. 우리는 피조계의 그 어떤 것도 장래를 위한 하나님의 계획을 좌절시키지 못한다는 것을 알고 있다. 우주에는 하나님의 계획을 파기할 만한 그 어떤 것도 존재하지 않는다. 그러므로 이 세상의 능력과 권세가 우리를 위협할지라도 우리는 두려워하지 않는다. 그 어느 것도 하나님의 능력을 거역할 수 없다는 것을 알기에 우리는 안식할 수 있다. 오직 주님만이 전능하시다.

● 요약 ●

1. "하나님의 전능하심"은 하나님이 무엇이든 하실 수 있다는 뜻이 아니다. 하나님은 그의 본성을 거스르는 일은 하실 수 없다.
2. 전능은 하나님의 주권적 능력과 권위와 피조계에 대한 통치를 가리킨다.
3. 전능은 악한 자에게는 위험이 되지만 믿는 자에게는 위로의 원천이다.
4. 창조 때 나타난 하나님의 능력과 동일한 능력이 우리의 구속에도 나타난다.
5. 세상의 그 어떤 것도 하나님의 계획을 좌절시킬 수 없다.

하나님의 편재하심

참조 성구 | 왕상 8:27, 욥 11:7-9, 렘 23:23-24, 행 17:22-31

유체이탈은 환상이다. 사람들은 자기 몸을 떠나서 캘리포니아나 인도를 유람하고, 기차나 비행기나 배를 타지 않고도 되돌아올 수 있다고 주장할 수 있다. 그러나 이는 착각이나 기만에서 나온 것이다. 설사 한 사람의 영혼이나 정신이 그렇게 '투사되어' 땅 위를 돌아다닐 수 있다고 해도 그것은 어떤 제한된 시간 내에서만 이루어질 수 있다. 인간의 영은 유한하기 때문에 현재뿐 아니라 장래에도 동일한 시간에 한 곳 외에는 머물 수 없다. 오직 무한하신 성령만이 편재하실 수 있다.

'하나님의 편재'라고 하면 보통 하나님이 모든 장소에 계신다는 의미로 생각한다. 하나님이 계시지 않은 곳은 없다. 그러나 하나님은 영이시므로 물질이 공간을 차지하는 것처럼 공간을 차지하지 않는다. 이 역설을 이해하기 위해서는 다른 차원으로 생각해야 한다. 하나님과 우리 사이에 놓인 장벽은 공간이나 시간이 아니다. 하나님을 만나는 일은 '언제', '어디로' 가야 하는 일이 아니다. 하나님의 임재 안에 있기 위해서는 다른 차원으로 들어가야 한다.

하나님의 편재하심에서 간과하기 쉬운 두 번째 측면이 있다. '편'(遍, omni)이라는 말은 하나님이 어디에나 계신다는 의미뿐 아니라 주어진 장소에 하나님이 얼마나 '많이' 계신가의 의미도 담겨 있다. 하나님은 모든 장소에 계실 뿐 아니라 어느 곳에나 충만하게 임재하신다. 이것을 하나님의 광대하심이라고 한다. 모스크바에 있는 신자들이 하나님의 충만한 임재를 느낄 때 뉴욕에 있는 신자들도 동일한 하나님의 임재를 느낄 수 있다. 그러므로 하나님의 광대하심은 하나님의 크기를 이야기하는 것이 아니라 어디에나 충만히 거하실 수 있는 하나님의 능력을 이야기한다.

하나님의 편재하심은 경외감을 가지게 할 뿐 아니라 위로도 준다. 우리는 언제나 하나님께서 주목하고 계심을 확신할 수 있다. 우리는 하나님과 함께 있기 위해 줄을 서서 기다리거나 미리 약속 시간을 정할 필요가 없다. 우리가 하나님의 임재 가운데 있을 때, 하나님은 세상 저편의 일로 마음을 빼앗기시지 않는다. 사실 이 교리는 불신자들에게 전혀 위로가 되지 않는다. 하나님을 피해 숨을 곳은 없다. 온 우주에 하나님께서 계시지 않은 곳은 없다. 지옥의 악인도 하나님에게서 분리되는 것이 아니다. 다만 하나님의 자비에서 벗어난 것이다. 종종 하나님의 편재하심을 누렸던 다윗은 이 교리를 시로 요약해준다.

> 내가 주의 영을 떠나 어디로 가며 주의 앞에서 어디로 피하리이까 내가 하늘에 올라갈지라도 거기 계시며 스올에 내 자리를 펼지라도 거기 계시니이다 내가 새벽 날개를 치며 바다 끝에 가서 거주할지라도 거기서도 주의 손이 나를 인도하시며 주의 오른손이 나를 붙드시리이다 (시 139:7-10).

● 요약 ●

1. 오직 무한하신 하나님의 영만이 편재하신다.
2. 하나님은 시간이나 공간의 제한을 받지 않고 그것을 초월하신다.
3. 하나님의 편재에는 그분의 광대하심이 포함된다. 그 광대하심으로 인해 하나님은 모든 시간, 모든 공간에 충만하게 거하실 수 있다.
4. 하나님의 편재하심은 신자에게는 평안이지만 불신자에게는 공포다.

하나님의 전지하심

참조 성구 | 시 147:5, 겔 11:5, 행 15:18, 롬 11:33-36, 히 4:13

'전지'(全知)라는 개념을 내가 처음 접하게 된 것은 어렸을 때 산타클로스 이야기를 통해서였다. 당시 나는 산타클로스가 모든 아이들의 행실에 대해 다 알고 있다고 들었다. 또 부활절 토끼가 우리 다락방에 살면서 보이지 않게 나를 지켜본다고 생각했다.

'전지'(omniscience)라는 말은 '모든(omni) 지식(science)을 가졌다'는 뜻으로 하나님께만 적용되는 말이다. 오직 무한하고 영원한 존재만 모든 것을 알 수 있다. 유한한 피조물의 지식은 유한한 존재에 의해 제한받는다.

하나님은 무한하신 분으로, 모든 것을 아시며, 모든 것을 이해하시며, 모든 것을 파악하신다. 하나님은 무엇을 배우거나 새로운 지식을 얻을 필요가 없다. 하나님은 과거와 현재뿐 아니라 미래도 완벽하게 알고 계신다. 때문에 하나님은 그 무엇에도 놀라지 않으신다.

하나님의 지식이 우리의 지식을 초월하기 때문에, 어떤 그리스도인들은 하나님의 생각이 우리의 생각과 본질적으로 다르다고 생각한다. 가령 "하나님은 우리와 다른 논리로 일하신다"는 주장은 그리스도인들에게 이미 흔한 일이 되었다. 이것은 우리가 신학을 하다가 뜻하지 않은 장애물을 만날 때 편리하게 사용할 수 있는 개념이다. 특히 모순되는 두 가지 사항을 발견했을 때 우리는 우리와 다른 하나님의 논리 체계에 호소함으로써 긴장을 완화시킬 수 있다. 즉 "우리 보기에는 모순이지만 하나님이 보시기에는 그렇지 않아."라고 쉽게 이야기한다.

그러나 이런 식의 추론은 기독교에 치명적이다. 왜일까? 만일 하나님께서 우리와 다른 논리 체계를 가지셨기 때문에 우리가 보기에 모순되는 것이 하나님께는 논리적이라면, 우리는 성경을 신뢰할 수 없게 된다. 왜냐하면 성경의 어떤 구절이든 하나님께서는 우리가 이해하는 것과 정반대의 의미가 될 수 있고 그렇게 되면 선과 악도 하나님께는 우리의 생각과 반대가 되거나 적그리스도도 참그리스도로 이해될 수 있기 때문이다.

우리가 해결하지 못하는 신비를 하나님은 그분의 초월적인 지식으로 푸신다. 그러나 그것은 하나님의 지식의 '정도'가 우리와 다르기 때문이지 그 지식의 '본질'이 다르기 때문이 아니다. 하나님은 합리적이시다. 그러므로 모순은 해결하실 수 없다.

하나님의 전지하심 역시 그분의 전능하심에서 나온다. 하나님이 모든 것을 다 아시는 것은 초월적 지능으로 우주와 그 안에 있는 모든 것을 열심히 연구하셨기 때문이 아니다. 하나님이 모든 것을 아시는 것은 모든 것을 창조하시고 계획하셨기 때문이다. 하나님은 우주의 주권자로서 우주를 통치하신다. 어떤 신학자들은 이 두 가지를 따로 떼어 생각하지만, 하나님께서는 모든 것을 다스리지 않으면서 모든 것을 안다는 것은 불가능하며, 모든 것을 모른 채 모든 것을 다스린다는 것 역시 불가능하다. 즉 하나님의 다른 특성과 마찬가지로 그 두 가지는 상호 의존적으로 전체를 이룬다.

하나님의 전지하심은 전능 및 편재와 마찬가지로 시간과 관련된다. 모든 것을 영원히 아신다는 점에서 하나님의 지식은 절대적이다. 하나님은 컴퓨터가 파일을 검색하는 것처럼 정보를 '호출'하실 필요가 없다. 모든 지식은 언제나 하나님 앞에 있다.

하나님이 모든 것을 아신다는 것은 양날의 검과 같다. 이 개념은 신자들에게 안전을 준다. 모든 것을 하나님이 통치하시고 아시기 때문이다. 우리가 당혹해하는 문제들도 하나님은 당혹해하지 않으신다. 그러나 불신자들에게는 이 교리가 하나님으로부터 숨을 수 없다는 사실을 강조한다. 그들의 죄는 드러나 있다. 그들은 아담처럼 숨으려 하지만 그의 사랑 안에서든 그의 저주 아래서든, 이 우주에 하나님의 눈길이 닿지 않는 곳은 없다.

하나님의 전지하심은 세상에 공의를 실행하신다는 약속의 중요한 부분이다. 재판관이 완벽하게 공정한 판결을 내리려면 우선 모든 사실을 알아야 한다. 그 어떤 증거도 하나님 앞에서 숨겨질 수 없다. 정상 참작 사유는 하나님이 모두 아신다.

● 요약 ●

1. '전지'(全知)란 '모든 것을 안다'는 뜻이다.
2. 오직 무한한 존재만이 무한한 지식을 가질 수 있다.
3. 하나님은 피조물보다 더 높은 지식을 갖고 계시지만 그 논리적 체계는 같다.
4. 하나님이 우리와 다른 논리 체계를 갖고 계신다는 추론은 기독교에 치명적이다.
5. 하나님의 전지하심은 그의 무한하심과 전능하심을 배경으로 한다.
6. 하나님의 전지하심은 세상 심판자로서의 하나님 역할에서 중요한 부분이다.

하나님의 거룩하심

참조 성구 | 출 3:1-6, 삼상 2:2, 시 99:1-9, 사 6:1-13, 계 4:1-11

어릴 때 내가 처음으로 배운 기도는 "위대하신(great) 하나님, 선하신(good) 하나님, 음식(food)을 주셔서 감사합니다."라는 간단한 식사 기도였다. 이 기도문에는 운율이 느껴졌다. 우리 할머니께서 "선하신"(good)과 "음식"(food)을 발음할 때 운을 맞춰 기도하셨기 때문에 더 그렇게 보였다.

이 기도에서 말하는 하나님의 두 가지 덕(德), '위대하심'과 '선하심'은 '거룩하심'이라는 하나의 성경 단어로 표현할 수 있다. 하나님의 거룩하심이라고 하면 우리는 오로지 순결과 의만을 생각한다. 물론 '거룩'이라는 개념에는 그러한 덕목이 포함된다. 그러나 순결과 의가 거룩의 일차적 의미는 아니다.

성경에 나오는 "거룩"(holy)에는 두 가지 뜻이 있다.

일차적 의미는 '구별됨', 혹은 '다름'이다. "하나님은 거룩하다" 할 때 우리는 하나님과 피조물 사이의 크나큰 차이점에 주목한다. 즉 하나님의 초월적인 위엄을 말하며, 그로 인해 영광과 경외, 찬양, 예배를 받으시기에 합당한 분이 되신다. 하나님의 영광은 인간의 것과 다르다. 성경에서 거룩한 물건이나 거룩한 사람, 혹은 거룩한 시간이라고 할 때는 '구별된, 성별된, 혹은 하나님의 손길이 닿아 달라진' 것을 의미한다. 불타는 떨기나무 앞 모세가 서 있던 땅이 거룩했던 것은 그곳에 하나님께서 특별한 방식으로 임재하셨기 때문이다. 그 하나님의 임재로 갑자기 평범한 것이 비범하게, 일반적인 것이 특별한 것으로 바뀐 것이다.

두 번째로 거룩은 하나님의 순결하고 의로우심을 의미한다. 하나님은 옳은 일을 하신다. 하나님은 결코 그른 일을 하시지 않는다. 하나님은 본질이 거룩하시기 때문에 언제나 올바른 방식으로 행하신다. 이와 같이 우리는 하나님의 내적 의(하나님의 거룩한 본질)와 외적 의(하나님의 행하심)를 구별할 수 있어야 한다.

하나님은 거룩하시기 때문에 위대하시며 선하시다. 하나님의 선하심에는 어떠한 악도 섞이지 않는다. 우리를 향한, "거룩하라"는 부르심은 우리가 하나님의 신적 위엄을 공유한다는 뜻이 아니다. 그것은 통상적인 우리의 타락한 죄성으로부터 구별되어야 한다는 뜻이다. 우리는 하나님의 도덕적 성품과 행위를 반영하는 거울로 부르심 받았다. 우리는 하나님의 선하심을 본받아야 한다.

● 요약 ●

1. 거룩에는 두 가지 다른 의미가 있다.
   1) 다름, 구별됨
   2) 순결하고 의로운 행위

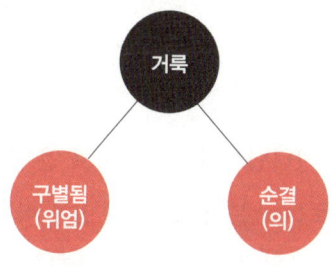

2. 우리는 거룩하여 하나님의 의로우심과 순결을 반영하라는 부르심을 받았다.

하나님의 선하심

참조 성구 ㅣ 출 34:6-7, 시 25:8-10, 시 100:1-5, 롬 8:28-39, 약 1:17

강아지나 새끼 고양이가 제 그림자를 잡으려는 모습을 보면 참 재미있다. 그림자를 잡으려고 애쓰지만 소용없는 일이다. 잡으려고 움직이면 그림자도 따라서 움직이기 때문이다. 그러나 하나님은 그렇지 않으시다. 야고보는 "온갖 좋은 은사와 온전한 선물이 다 위로부터 빛들의 아버지께로부터 내려오나니 그는 변함도 없으시고 회전하는 그림자도 없으시니라"(약 1:17)고 말한다.

하나님은 결코 변하지 않으신다. 또한 "회전하는 그림자"가 없다(약 1:17). 이것은 하나님이 영이시므로 그림자를 가지실 수 없다는 의미이기도 하지만, 하나님께는 '어두운 면'이 없다는 비유적인 표현, 혹은 도덕적 의미이기도 하다. 그림자란 어둠을 연상시키는 것이며 영적인 의미로 어둠이란 악을 암시한다. 하나님께는 악이 없으므로 어둠의 낌새도 없다. 하나님은 빛의 아버지시다.

그런데 이 야고보의 말을 단지 하나님께서 불변하시고 언제나 동일하시다는 관점에서만 이해하는 것으로는 충분치 않다. 이 말은 하나님의 성품을 나타낸 것이기도 하다. 하나님은 완전히, 시종일관 선하시다. 하나님은 선하시 않은 방식으로 존재하신 적이 없다.

하나님과 선하심은 너무도 가깝게 연결되어 있기 때문에 플라톤 같은 이

교도 철학자조차 신을 '최고 선'(善)과 동일시한다. 즉 하나님의 선하심은 하나님의 성품과 행하심 모두와 관련된다. 하나님의 행하심은 하나님의 존재에서부터 흘러나오기 때문이다. 즉 하나님은 자신의 성품을 따라 행하신다. 부패한 나무가 온전한 열매를 맺을 수 없는 것과 마찬가지로 온전한 하나님께서는 부패한 열매를 내실 수 없다.

하나님의 법은 하나님의 선하심을 반영한다. 하나님이 선하시다는 것은 자신 밖에서 자신을 판단하는 어떤 우주의 법을 따르기 때문이 아니다. 또한 하나님이 선의 정의를 내림으로 마음대로 행할 수 있고 그리하여 자신의 전적인 권위로 자신의 행위가 선하다고 선포하시기 때문도 아니다. 하나님의 선하심은 독단적이거나 변덕스럽지 않다. 하나님은 법에 순종하지만 그 법은 하나님 자신의 성품이다. 하나님은 늘 자신의 성품에 따라 행하신다. 그 성품은 영원히, 변함 없이, 본질적으로 선하다. 야고보는 각양 좋은 은사와 온전한 선물이 하나님으로부터 온다고 가르친다. 즉 하나님은 선의 궁극적인 기준일 뿐 아니라 모든 '좋은 것'(선)의 원천이시다.

신약성경에서 가장 유명한 말씀 중 하나는 "우리가 알거니와 하나님을 사랑하는 자 곧 그의 뜻대로 부르심을 입은 자들에게는 모든 것이 합력하여 선을 이루느니라"(롬 8:28)라는 구절이다. 하나님의 섭리에 대한 이 본문은 유명하지만 그만큼 이해하기도 어렵다. 만일 하나님께서 우리에게 일어나는 모든 일이 합력하여 선하게 하실 수 있다면, 우리에게 일어나는 일들은 궁극적으로 모두 선하다. 여기서 우리는 '궁극적'이라는 말에 주목하여야 한다. 사실 세상에서 우리에게 일어나는 일들은 악하다(선한 것을 악하다고 하거나 악한 것을 선하다고 하지 않아야 한다). 우리는 재난, 불행, 불의를 비롯하여 수많은 악을 만난다. 그러나 하나님은 그의 선하심으로 이 모든 것을 초월하여 결국 우리에게 선이 되게 하신다. 궁극적으로 그리스도인에게는 비극이 없다. 하나님의 섭리는 현재의 악을 우리에게 결국 유익이 되게 하신다.

마르틴 루터는 이러한 하나님의 선한 섭리를 이해하고 이런 말을 했다. "만일 하나님이 내게 길거리의 똥을 먹으라고 하신다면 나는 먹을 것이며 또한 그것이 결국 내게 유익한 것으로 알 것이다."

● 요약 ●

1. 피조물은 죄의 어둠으로 인해 그림자를 가진다.
2. 하나님께는 그림자가 없다.
3. 하나님은 법 아래 있지 않으시다.
4. 하나님은 법과 무관하지 않으시다.
5. 하나님은 스스로 법이 되신다.

하나님의 공의로우심

참조 성구 | 창 18:25, 출 34:6-7, 느 9:32-33, 시 145:17, 롬 9:14-33

우리는 매일 "공의"라는 말을 듣는다. 이 말은 개인관계와 사회, 법률 제정, 법정 판결 등에서 사용된다. 이처럼 널리 사용되지만, 철학자들은 이 말의 바른 정의를 내리는 데 어려움을 겪었다.

때로 우리는 공의를 획득한 것이나 마땅히 받아야 하는 것과 연결시키거나 동일시한다. 우리는 공정한 상이나 벌을 받아야 한다고 말한다. 그러나 상이라는 것이 반드시 공로에 근거하지는 않는다. 미인 대회를 생각해보라. 우리는 가장 아름다운 사람이 상을 받아야 한다고 말할 것이다. 그렇게 해서 최고의 '미인'이 상을 타게 된다면 그것은 아름다움에 대한 공로 때문이 아니다. 다만 가장 아름다운 후보자에게 상이 돌아가야 한다는 원칙을 지키는 데 공의라는 개념이 사용된 것이다. 심사위원이 만일 (뇌물을 받았다거나 정치적인 이유로) 별로 아름답지 않은 후보를 선택한다면 그 대회의 결과는 공의로운 것이 아닐 것이다.

이러한 이유로 아리스토텔레스는 공의를 "각 사람에게 합당한 것을 주는 것"이라고 정의했다. '합당한 것'이란 윤리적 의무나 이전의 합의 사항에 따라 결정될 수 있다. 만일 어떤 범인이 마땅한 분량보다 심한 벌을 받았다면 그 벌은

> ***하나님의 공의**
> 인간의 공의가 '정의'에 국한되는 것과 달리 하나님의 공의는 그분의 주권과 속성, 그리고 예수 그리스도와 그분의 뜻을 포함한다. 즉 하나님은 공의로우신 분이며 그의 모든 뜻과 사역이 공의롭다.

불공정하다. 또 쌓은 공로에 미치지 못하는 상을 받았다면 그 상도 공정하지 못하다.

그렇다면 자비와 공의(justice)는 어떤 관련이 있을까? 가끔 자비와 공의를 혼동하는 경우가 있지만 분명히 다르다. 자비란 잘못을 범한 자에게 마땅한 것보다 덜한 벌을 줄 때, 혹은 공로보다 더 큰 상을 줄 때 나타나는 것이다.

하나님은 자신의 공의를 자비로 누그러뜨리신다. 하나님의 은혜는 본질적으로 일종의 자비이다. 하나님은 우리에게 은혜를 베푸셔서, 우리가 마땅히 받아야 할 형벌을 거두시고, 우리가 하나님께 순종하지 않아서 상을 받을 공로가 없는데도 상을 주신다. 자비는 언제나 하나님께서 자발적으로 주시는 것이다. 하나님은 자비를 베푸셔야 할 의무가 없다. 오직 그의 선하시고 기뻐하시는 뜻을 따라 은혜를 베푸실 권리를 갖고 계신다. "내가 긍휼히 여길 자를 긍휼히 여기고 불쌍히 여길 자를 불쌍히 여기리라"(롬 9:15).

사람들은 하나님이 모든 사람에게 은혜를 고루 베푸시지 않으므로 공평하지 않다고 불평한다. 한 사람을 용서해 주셨다면 모든 사람을 용서해 줄 의무가 있다며 불평한다.

그러나 우리는 성경을 통하여 하나님은 모든 사람을 똑같이 다루시지 않는다는 것을 알 수 있다. 하나님은 고대의 어떤 이방인에게도 보이시지 않았던 방법으로 아브라함에게 자신을 나타내셨다. 또 가룟 유다와는 대조적으로 바울에게는 은혜로 나타나셨다. 바울은 은혜를 받았고 가룟 유다는 공의를 받았다. 자비와 은혜는 공의가 아닌 것 같은 형태를 가지지만 공의롭지 못한 행위는 아니다. 유다가 받은 형벌이 마땅히 받아야 할 형벌보다 심했다면 불평할 수 있을 것이다. 바울이 은혜를 입었다고 해서 유다도 은혜를 입어야 한다고 말할 수는 없다. 은혜가 하나님에게 요구되는 것이고 하나님이 은혜로우셔야 하는 의무를 갖고 계시다면, 우리는 이미 은혜가 아닌 공의를 말하고 있는 것이다.

성경적으로 공의란 의(義)에 기초하여 정의된다. 하나님이 공의로우시다는 것은 그가 옳은 행위를 하신다는 것이다. 아브라함은 다음과 같이 대답이 뻔한 질문을 했다. "세상을 심판하시는 이가 정의를 행하실 것이 아니니이까"(창 18:25). 사도바울도 동일하게 질문했다. "그런즉 우리가 무슨 말을 하리요 하나님께 불의가 있느냐 그럴 수 없느니라"(롬 9:14).

● 요약 ●
1. 공의는 합당한 것을 주는 것이다.
2. 성경의 공의는 올바른 것을 행하는 의(義)에 기초한다.
3. 불의는 공의의 범주에 들지 않으며 공의를 침해한다. 자비는 공의의 범주에 들지 않지만 공의를 침해하지는 않는다.

3부

하나님의 역사와 작정

Essential Truths
of the
Christian Faith

창조

참조 성구 | 창 1장, 시 33:1-9, 시 104:24-26, 렘 10:1-16, 히 11:3

시공간에 존재하는 모든 것에는 시작이 있다. 나에게도 시작이 있었고, 당신에게도 시작이 있었다. 우리가 살고 있는 집에도 시작이 있었고, 입고 있는 옷에도 시작이 있었다. 우리 집도, 우리 옷도, 차도, 세탁기도, 우리 자신도 존재하지 않은 때가 있었다. 전에는 존재하지 않았었다. 이보다 더 확실한 사실은 없다.

이처럼 분명하게 시작이 있는 사물과 사람에 둘러싸여 있기 때문에 우리는 성급하게 모든 것에 시작이 있다고 결론지으려 한다. 그러나 이러한 결론은 불합리의 깊은 심연으로 빠져들게 하는 치명적인 비약이다. 이것은 종교뿐 아니라 과학과 이성에도 치명적인 것이 될 수 있다.

왜 그런가? 분명히 시공간 속의 모든 것에는 시작이 있지 않은가? 그 말은 결국 모든 것에는 시작이 있다는 말과 같은가? 결코 그렇지 않다. 모든 것에 시작이 있다는 것은 논리적으로나 과학적으로 불가능한 말이다. 무슨 뜻인가? 만일 존재하는 모든 것에 시작이 있었다면, 아무것도 존재하지 않았던 때가 있어야 한다.

잠시 아무것도 존재하지 않는 상태를 생각해보라. 완전한 무(無)다. 그러나 우리는 완전한 무를 생각조차 할 수 없다. 무의 개념은 단지 어떤 것이 존재하지 않는다는 것이다.

만약 아무것도 존재하지 않았던 '때'가 있었다면 지금은 무엇이 있을까? 아무 것도 없다! 무라는 것이 존재했다면, 논리적 필연성에 의해 그 무는 언제나 있어야 한다. 그런데 아무것도 존재하지 않는 동안은 '언제나'라는 말도 있을 수 없다.

그때 무가 있었다면 지금도 무가 있어야 한다고 절대적으로 확신을 가질 수 있는 이유는 무엇인가? 그 대답은 놀라울 정도로 단순하다. 하지만 매우 똑똑한 사람들은 종종 뻔한 사실 앞에서는 머뭇거린다. 그 대답은 단순히 무에서 유를 끌어낼 수 없다는 것이다. 과학과 논리의 절대 법칙은 '엑스 니힐로 니힐 피트'(ex nihilo nihil fit, 아무 것도 없는 데서는 아무것도 나오지 않는다)이다. 무는 아무것도 만들어낼 수 없다. 무는 웃을 수도, 노래할 수도, 울 수도, 일할 수도, 춤출 수도, 숨 쉴 수도 없다. 무가 어떤 것을 창조할 수 없다는 사실도 분명하다. 무는 그 자체가 아무것(유)도 아니기 때문에 아무 것도 할 수 없다. 무는 존재할 수 없다. 무는 존재가 아니기에 아무런 능력도 없다.

무에서 유가 나오기 위해서는 자기 창조의 능력을 소유해야 한다. 자신을 만들어내거나 자신을 존재하게 하는 능력이 있어야 하는 것이다. 그러나 그것은 명백한 부조리이다. 무언가가 자신을 창조하거나 만들어내려면 그것이 존재하기 전에 존재해야 한다. 이미 뭔가가 존재한다면 그것은 창조될 필요가 없다. 자신을 창조하기 위해서는 같은 시간, 같은 면에서 존재하면서 동시에 존재하지 않아야 한다. 그것은 모순이다. 모든 합리성과 과학의 법칙 중에서 가장 중요한 비모순의 법칙을 깨뜨리는 것이 된다.

그러므로 현재 무엇인가가 존재하려면 어딘가에 그 시작을 갖지 않는 다른 무엇이 있어야 한다. 뛰어난 사상가인 버틀란드 러셀(Bertrand Russell)은 프레데릭 코펠스톤(Frederick Copelston)과의 유명한 논쟁에서, 현재의 우주는 "유한한 원인들의 무한한 연속"의 결과라고 주장했다. 이는 어떤 것의 원인이, 또 다른 것에서 기인하는 과정을 계속하여 영원까지 이르는 끝없는 연속이라는 것이다. 이 생각은 단순히 자기 창조라는 문제를 절충한 것에 불과하며 근본적으로 어리석은 개념이다. 지적인 사람이 한 말이라고 해서 그 어리석음이 경감되지는 않는다. 오히려 어리석은 것보다 더 나쁘다. 어리석은 일은 때로 사실일 수도 있지만, 이 개념은 논리적으로 불가능하다.

러셀은 무에서는 아무것도 나오지 않는다는 법칙을 부정할 수 있을 것이다. 그러나 그러려면 지적 자살을 해야 한다. 따라서 우리는 (논리적 확실성을 가지고) 현재 존재하는 것이 있으려면 그 자체로 시작을 갖지 않는 무엇인가가 있어야 한다는 것을 알 수 있다. 그러면 이제 문제는 그것이 '무엇', 혹은 '누구'냐다.

진지한 학자들 중 다수가 그 '무엇'에 대한 답이 우주에 있다고 믿는다. 그들은 (칼 세이건이 그랬던 것처럼) 시작을 갖지 않는 어떤 것, 그로부터 다른 모든 것이 나왔다고 보는 그 어떤 것을 우주 밖에서 찾을 필요가 없다고 주장한다. 즉 우주를 초월하는 '신'과 같은 존재를 가정할 필요 없이 우주, 혹은 우주 안에 있는 어떤 것이 스스로 역할을 잘 해낼 수 있다는 것이다.

이 시나리오에는 쉽게 잡아내기 힘든 오류가 숨어 있다. 그 오류는 '초월'이라는 용어에 있다. 철학과 신학에서 초월은 '신'이 다른 존재보다 높은 서열이라는 의미에서 신이 '우주 위와 너머에' 있다는 뜻으로 쓰인다. 우리는 신을 최고의 존재라 부른다.

그렇다면 최고의 존재(supreme being)를 인간(human being)과 다르게 만드는 것은 무엇인가? 여기서 존재(being)라는 단어가 공통으로 사용된 점에 주목하라. 하나님을 최고의 존재라고 하는 것은 하나님이 보통의 존재와 그 본질이 다르다는 의미다. 그 다름은 엄밀히 무엇을 의미하는가? 하나님은 시작을 갖지 않으시므로 최고의 존재라 불린다. 다른 모든 존재가 하나님으로부터 말미암았으며 하나님은 그 자신 외에 아무로부터 말미암지 않았다. 그러므로 하나님은 최고이시다. 영원한 창조자이시다. 다른 모든 것은 하나님이 창조하신 작품이다.

칼 세이건 등의 학자들은 우주 위나 너머가 아니라 우주 안에 창조되지 않은 것이 존재한다고 말함으로써 창조주의 좌표를 모호하게 한다. 그들은 창조되지 않은 무엇이 "저기"(우주 위, 즉 초월하여)가 아니라 여기(우주 안)에 존재한다고 말한다. 그러나 그들의 말은 여전히 최고의 존재를 필요로 한다. 모든 피조물의 근원이 되는 우주의 신비한 부분은 여전히 존재의 관점에서 다른 모든 피조물 위와 너머에 존재한다. 즉 여전히 초월적인 존재가 필요하다.

'우주 안에 있는 창조자'를 연구할수록 그것이 곧 하나님에 대한 것으로 들리기 시작한다. 그는 창조되지 않았다. 그가 다른 모든 것을 창조했다. 또한 자체에 존재하는 능력을 갖고 있다.

분명한 것은, 현재 무언가가 존재한다면 반드시 다른 모든 존재의 근원이 되는 최고의 존재가 있어야 한다는 것이다. 성경의 첫 구절은 "태초에(In the beginning) 하나님이 천지를 창조하시니라"이다. 이 말씀은 모든 기독교 사상의 근원이 된다. 이것은 종교적인 말일 뿐 아니라 합리적으로도 필요한 개념이다.

● 요약 ●

1. 시공간 안에 있는 모든 것에는 시작이 있다.
2. 아무것도 없는 데서 무언가가 나올 수는 없다. 무(無)는 아무것도 할 수 없다.
3. 만약 이전에 아무것도 없었다면 지금도 아무것도 존재할 수 없을 것이다.
4. 현재 무언가가 존재한다면 시작을 갖지 않는 무언가가 존재해야만 한다.
5. 사물은 자신을 창조할 수 없다. 창조 전에 그 자신이 있어야 하기 때문이다.
6. 우주의 어떤 '부분'은 창조되지 않았다고 한다면, 그 부분은 시작을 가진 부분보다 높은 차원의 초월적인 부분일 것이다.
7. 창조되지 않은 존재는 어디에 사느냐에 관계없이 피조물보다 우월하다.
8. 초월이란 존재의 수준을 말하는 것이지 지리적 위치를 말하는 것이 아니다.

섭리

참조 성구 | 욥 38:1-41:34, 단 4:34-35, 행 2:22-24, 롬 11:33-36

로드아일랜드에는 '프로비던스'(Providence, 섭리)라는 큰 도시가 있다. 그 도시의 이름에는 뭔가 특별한 것이 있다. 이전 세대와 현세대의 사고방식에 큰 차이가 있음을 알게 하는 것이다. 오늘날 누가 도시 이름을 '섭리'라고 짓겠는가? 섭리라는 단어 자체가 시대에 뒤처진 구식이라는 느낌을 자아낸다.

나는 이전 세기의 기독교 서적을 읽으면서 '하나님의 섭리'라는 말이 수없이 등장하는 것을 보고 놀랐다. 20세기 이전의 그리스도인들은 우리보다 더 민감하게 하나님의 섭리대로 살아가려고 애를 썼던 것 같다. 우리 세대에는 자연에서 일어나는 모든 일은 자연의 독립적인 힘이 지배한다는 자연주의의 영향이 크다.

섭리라는 말의 어원적 의미는 '미리 또는 앞서 보다', 혹은 '공급하다'이다. 이처럼 이 단어는 섭리 교리의 깊은 의미를 전달하지는 못한다. 이 교리는 하나님이 단순히 인간사를 지켜보는 이가 아니라는 의미다. 여기에는 하나님의 예지에 대한 단순한 언급을 뛰어넘는 그 무엇이 담겨 있다.

17세기 '웨스트민스터 신앙 고백'에서는 섭리를 다음과 같이 정의한다.

만물의 위대한 창조주 하나님은 그의 무오한 예지와 자유롭고 변함없는 그의 계획에 따라, 그의 가장 지혜롭고 거룩한 섭리로써, 그의 지혜와 능력, 공의, 선하심, 자비의 영광을 찬양하도록, 가장 큰 것에서 가장 작은 것까지 모든 피조물과 움직임과 사건을 붙드시고 이끄시고 배치하시고 지배하신다.[8]

하나님께서 창조하신 것은 하나님께서 보존하신다. 그분은 우주를 조성하셨을 뿐 아니라 유지하신다. 우주는 그 기원뿐 아니라 그 존재의 지속도 하나님을 의지한다. 우주는 자신의 능력으로 존재할 수도 작동할 수도 없다. 하나님께서 그 능력으로 만물을 붙들고 계신다. 우리는 하나님 안에서 살고 움직이고 존재한다.

이와 같이 하나님이 우주를 통치하신다는 것이 섭리 교리의 핵심이다. 하나님은 피조물을 절대 주권과 권위로 다스리신다. 하나님은 가장 큰 것에서 가장 미미한 것까지 일어나는 모든 일을 다스리신다. 그 무엇도 하나님의 주권적 섭리의 통치 범위 밖에서 일어나는 일은 없다. 하나님은 비가 내리게 하시고 해가 비치게 하신다. 나라를 일으키시고 멸하신다. 우리의 머리카락 수를 세시며 우리 생의 날을 세신다.

하나님의 섭리와 운명, 숙명, 운수는 전혀 다르다. 그 차이는 하나님의 인격적인 성품에서 분명하게 알 수 있다. 운명은 맹목적이지만 하나님은 모든 것을 보신다. 숙명에는 인격이 없지만 하나님은 인격적인 아버지시다. 운수는 말을 못하지만 하나님은 말씀하실 수 있다. 인류 역사상 보지 못하는, 비인격적인 힘이 역사한 일이 없다. 모든 것이 보이지 않는 섭리에 의해 일어난다.

하나님께서 통치하시는 우주에 우연한 사건이란 없다. 우연은 없다. 우연이란 수학에서 확률을 설명하기 위해 사용하는 말일 뿐이다. 우연 자체는 존재하는 것이 아니므로 아무 힘도 없으며 실재에 영향을 끼칠 수 없다. 우연은 사물이 아니다. 우연은 아무것도 아니다.

섭리의 또 다른 면은 협력(Concurrence; 대부분 '협력'으로 번역하지만 '병행'[竝行]이 더 가까운 표현인 듯하다 – 편집자 주)이다. 협력은 하나님께서 하시는 일과 사람이 하는 일이 거의 동일한 것을 말한다. 우리는 의지가 있는 피조물이다. 우리는 일을 한다. 그러나 우리가 사용하는 인과적 힘은 부차적이다. 우리의 행동 위에 하나님의 주권적 섭리가 있다. 하나님은 인간의 자유를 침범하지 않고, 인간 의지의 행동을 통하여 자신의 의지를 실행하신다. 우리가 성경에서 볼 수 있는 가장 분명한 예는 요셉과 그 형제들의 경우다. 요셉의 형제들은 그를 배신하고 죄를 범했지만 하나님의 섭리는 그들의 죄를 통해서까지 역사했다. 요셉은 형제들에게 다음과 같이 말했다. "당신들은 나를 해하려 하였으나 하나님은 그것을 선으로 바꾸사 오늘과 같이 많은 백성의 생명을 구원하게 하시려 하셨나니"(창 50:20).

하나님의 구속의 섭리는 가장 사악한 행동을 통해서도 이루어질 수 있다. 인간이 범한 가장 극악한 범죄는 유다가 그리스도를 배반한 것이다. 그러나 그리스도의 죽음은 역사의 우연한 사고가 아니었다. 이것은 하나님의 확고한 계획이었다. 유다의 사악한 행동은 역사상 가장 놀라운 일, 곧 속죄를 이루도록 도왔다. 우리가 이 날을 "성 금요일"(Good Friday)이라고 부르는 것도 우연이 아니다.

● 요약 ●

1. 우리 세대는 하나님의 섭리라는 개념을 잘 믿지 않는다.
2. 섭리에는 하나님께서 피조물을 보존하시는 일이 포함된다.
3. 섭리는 주로 하나님의 피조계 통치를 말한다.
4. 하나님의 섭리에 비추어 볼 때, 운명, 숙명, 운수 등의 비인격적 힘은 존재하지 않는다.
5. 섭리에는 하나님께서 피조물의 뜻을 통해 그의 뜻을 이루시는 협력이 포함된다.

기적 / 이적

참조 성구 | 출 4:1-9, 왕상 17:21-24, 요 2:11, 히 2:1-4

때때로 나는 친구와 (워터 해저드가 많기로 유명한) 골프장에서 골프를 칠 때, 공을 잘못 쳐서 호수로 날려 보냈는데 그 공이 수면에 튕겨 건너편 육지에 안전하게 떨어지는 경험을 하곤 한다. 목사인 나는 그런 묘기가 연출될 때면 눈썹을 치켜뜨고 "이건 기적이야!" 하고 환호성을 지른다. 그러나 돌멩이가 물 표면에 튕겨 날아가는 것이 기적까지 필요한 일이 아니라는 건 어린아이들도 안다. 골프공이 물 위를 스쳐 지나가는 것도 마찬가지다. 공에 알맞은 스핀이 가해지고 각도가 맞기만 하면 간단하게 일어날 수 있는 하나의 현상이다.

오늘날 기적(miracle)이라는 말은 막연하게 사용되는 경향이 있다. 축구 게임의 터치다운, 아슬아슬하게 어떤 일을 모면한 것, 저녁 노을의 아름다움 같은 것을 일상적으로 기적이라고 부르곤 한다. 그러나 기적은 다음의 세 가지 경우에 사용될 수 있는 말이다.

첫째, 현상 자체는 일상이지만 몹시 감동적일 때 사용한다. 예를 들어 우리는 아기의 출생을 기적이라고 말한다. 그럼으로써 우리는 하나님의 창조의 오묘함과 아름다움을 찬양한다. 또 우리는 우주의 장엄함에서 하나님이 창조하신 자연법칙이라는 이차적 수단을 통하여 역사하시는 모습을 보고 경이감을 느낀다. 여기서 기적이라는 말은 하나님의 비상한 능력을 지칭하는 일상의 일을 언급할 때 사용된다.

둘째는 첫 번째와 비슷하다. 우리는 종종 성경에서 하나님이 이차적 수단을 통해 가장 적절한 시간과 장소에서 역사하시는 것을 본다. 예를 들어 베들레헴의 별이 밝게 빛난 데는 아마도 자연적이고 과학적인 원인이 있었을 것이다. 엄청난 별 무리의 출현이라든가 초신성(超新星)이라는 것으로 그 광채를 설명할 수 있을 것이다. 그러나 이러한 가능성을 인정하는 것만으로도 이 사건은 기적이 될 수 있다. 그 빛은 예수님의 탄생 때 가장 밝게 빛났다. 그리고 동방박사를 베들레헴으로 인도했다. 그러므로 그 별이 나타난 시간과 위치는 하나의 기적이다. 우리는 그러한 기적적인 방법으로 사건을 일으키시며 역사의 양탄자를 엮어가시는 하나님께 영광을 돌린다.

세 번째로 기적은 자연법칙에 반(反)하는 하나님의 역사를 가리킨다. 이것이 이 용어의 더 전문적 용법이다. 예수님께서 물을 포도주로 만드신 일이나 죽은 나사로를 살리신 일은 하나님이 자연법칙과 상반되게 역사하신 것이다. 이러한 일들을 모두 자연의 법칙으로 설명할 수 없다. 이런 것은 그리스도가 하나님의 아들이심을 입증하는 역할을 한다.

성경은 기적이라는 한 단어에 담긴 개념을 표현하기 위해 여러 단어를 사용한다. 즉 표적, 기사, 능력을 이야기한다. 가장 좁은 의미에서의 기적을 성경에서 말하는 '표적'이라 할 수 있다. 표적이라 하는 이유는 그 기적들이 표적과 같이 기적 이상의 중요한 무언가를 나타내기 때문이다. 하나님은 계시를 대언하는 대리자들을 증거하고 확증하시기 위해 기적을 사용하셨다(히 2:3-4). 즉 모세를 보낸 이가 자신임을 나타내시기 위해 모세에게 기적을 행하는 능력을

> *하나님께서 기적을 일으키시는 이유
> - 하나님 자신을 계시하시기 위해(출 7:5; 10:2)
> - 하나님을 믿게 하시기 위해(출 14:31; 민 14:11)
> - 하나님을 경외하게 하시기 위해(출 14:31; 삼상 12:17-18)
> - 하나님께 순종하게 하시기 위해(출 19:4-5)
> - 하나님이 함께하심을 보여주시기 위해(출 4:2-5)
> - 의로운 자를 지키고 보호하시기 위해(단 3:28-29)
> - 하나님의 거룩하신 뜻을 보여주시기 위해(행 10:10-16)
> - 특별한 사명을 부여하시기 위해(출 3:2; 행 9:3-9)

주셨고, 아들이신 예수 그리스도의 표적을 통해 그가 자신의 아들임을 확증하셨다.

오늘날에는 기적을 바라보는 세 가지 견해가 있다. 첫 번째는 기적을 부인하는 회의적 견해다. 두 번째는 성경에 일어난 기적이 오늘날에도 계속된다고 주장하는 견해다. 그리고 세 번째는 성경 시대에는 참된 기적이 일어났으나 성경으로 계시가 완성된 이상 이제 기적이 멈췄다고 보는 견해다. 이 견해는 지금도 하나님께서 세상 가운데서 초자연적으로 역사하시지만 더 이상 인간에게 기적을 행하는 능력은 주시지 않는다고 주장한다.

● 요약 ●

1. 성경은 표적, 능력, 기사에 대해 언급한다.
2. 성경은 기적의 여러 형태를 이야기한다.
3. 모든 기적이 초자연적인 일이지만 초자연적인 일이 모두 기적은 아니다.

하나님의 뜻

참조 성구 | 요 19:11, 롬 9:14-18, 엡 1:11, 골 1:9-14, 히 6:13-18, 벧후 3:9

도리스 데이(Doris Day)는 "케 세라 세라"(Que Sera, Sera), 즉 "될 대로 되라"는 의미의 유행가를 불렀다. 한눈에 보기에도 이 노래의 가사가 전달하는 주제는 사람을 우울하게 만드는 운명론의 일종이다. 이슬람 신학에서는 특정한 사건에 관해 "이것은 알라의 뜻이다."라는 말을 자주 사용한다.

성경은 하나님의 뜻, 즉 그의 창조 세계와 그 안에 있는 모든 것에 대한 하나님의 주권적 권위를 깊이 있게 다루고 있다. 우리가 하나님의 뜻에 대하여 말할 때는 적어도 세 가지 방식으로 말하게 된다.

첫째, 가장 넓은 개념은 하나님의 작정이나 주권적인, 혹은 숨겨진 뜻이다. 신학자들은 이것을 일컬어 "모든 일을 주권적으로 정하시는 하나님의 뜻"이라고 한다. 하나님은 주권자시며 그의 뜻은 결코 좌절될 수 없기 때문에 하나님이 통제하지 않는 일이 일어날 수 없음을 확신할 수 있다. 어떤 일이든 최소한 하나님이 '허용'하셔야 일어날 수 있다. 그러나 소극적으로 허용하실 때에도, 하나님께서는 세상의 모든 행위와 사건을 개입하시고 막으실 권리와 능력이 있으시기에 그 일들을 허용하기로 택하신 것이다. 그리고 하나님께서 허용하신 이상, 어떤 의미에서 그 일은 하나님의 '뜻'이라 할 수 있다.

둘째, 하나님의 주권적인 뜻은 실제로 발생하기 전까지 숨겨져 있지만,

한 가지 측면은 이미 우리에게 명확하게 알려져 있다. 이것을 하나님의 교훈적인 뜻이라 한다. 곧 하나님의 거룩한 법을 통하여 드러내시는 하나님의 뜻이다. 예를 들어 도둑질하지 않는 것, 원수를 사랑하는 것, 회개하는 것, 거룩할 것 등은 하나님의 뜻이다. 하나님 뜻의 이러한 측면은 말씀뿐 아니라 양심을 통해서도 드러나는데, 하나님이 양심을 통해 우리 마음에 그의 도덕법을 새겨 놓으셨기 때문이다.

말씀에 있든 마음에 있든, 하나님의 법은 구속력을 가진다. 우리는 이 뜻을 어길 권리가 없다. 우리에게 하나님의 교훈적인 뜻을 어길 힘과 능력은 있지만 그렇게 할 권리는 없다. 또한 "될 대로 되라"는 말로 자신의 죄에 대한 책임을 핑계할 수도 없다. 죄를 짓도록 '허용'하시는 것은 하나님의 숨겨진 혹은 주권적인 뜻일 수 있다. 인간의 죄악된 행동조차도 수단으로 사용하셔서 자신의 주권적인 뜻을 행하시기 때문이다.

하나님은 유다의 배신을 도구로 사용하셔서 예수님이 배반당하게 하셨다. 그러나 이 사실이 유다의 죄를 덜 악하게 만들지는 못한다. 하나님이 우리가 그의 교훈적인 뜻을 거스르도록 '허용'하시는 것을, 우리에게 도덕적 권리를 주시며 도덕적 의미에서 허용하신 것이라고 이해해서는 안 된다. 하나님의 허용은 우리에게 죄를 범할 능력을 주지만 권리는 주지 않는다.

셋째, 성경이 하나님의 뜻을 말하는 또 한 방식은 그분의 성향적인 뜻이다. 이것은 하나님의 태도를 말하는 것으로, 하나님이 기뻐하시는 것을 보여준다. 가령 하나님은 사악한 자의 죽음을 기뻐하시지 않지만 그들의 죽음을 의도하시고 정해 놓으셨다. 하나님의 궁극적 기쁨은 그분의 거룩함과 의에 있다. 세상을 심판하실 때 하나님은 자신의 의와 공의가 입증되는 것을 기뻐하신다. 그러나 그 심판을 받는 사람들에게 보복하는 의미에서 기뻐하시는 것이 아니다. 하나님은 우리가 순종을 기뻐할 때 기뻐하신다. 반면 우리가 불순종할 때는 몹시 싫어하신다.

많은 그리스도인이 자신의 삶을 향한 하나님의 '뜻'을 찾는 데 집착한다.

> ***하나님의 세 가지 뜻**
> ① 주권적인 뜻
> ② 교훈적인 뜻
> ③ 성향적인 뜻

그러나 만일 우리가 찾는 그 뜻이 하나님의 비밀스럽고 숨겨진 뜻이라면, 우리의 노력은 헛수고가 된다. 하나님의 은밀한 계획은 그분의 비밀이다. 하나님은 그것을 우리에게 알리기를 기뻐하지 않으신다. 하나님의 은밀한 뜻을 알려고 하는 것은 영성의 표시가 아니라 하나님께만 속한 것을 허락 없이 침범하는 일이다. 하나님의 은밀한 뜻은 우리가 개입할 일이 아니다. 이것이 성경이 점치는 일, 강신술 등의 금지된 행위를 부정적으로 보는 이유이기도 하다.

그러므로 "하나님께서 그 거룩하신 입술을 닫으실 때는 나도 질문을 멈추겠다."라고 말한 존 칼빈의 권고를 따르는 것이 현명할 것이다. 영성의 진정한 표시는 하나님의 교훈적인 뜻으로 드러난 하나님의 뜻을 찾는 사람들에게서 볼 수 있다. 경건한 사람은 하나님의 법을 주야로 묵상한다. 성령의 인도하심을 받으려면, 먼저 성령은 우리를 의로 인도하신다는 것을 기억하는 것이 중요하다. 우리는 하나님의 입에서 나오는 모든 말씀으로 살도록 부르심 받았다. 이것이 계시된 하나님의 뜻으로, 우리가 할 일, 아니 우리 삶에서 가장 중요한 일이다.

● 요약 ●

1. 하나님 뜻의 세 가지 의미
   1) 주권적이고 작정적인 뜻: 하나님께서 작정하신 일이 반드시 이루어지게 하는 뜻으로 실제로 일어날 때까지 우리에게는 숨겨진다.
   2) 교훈적인 뜻: 하나님의 계시된 법 또는 명령으로, 우리에게는 이를 어길 능력은 있지만 권리는 없다.
   3) 하나님의 성향적 뜻: 하나님의 마음과 성향을 말하며 하나님이 기뻐하시는 것이 무엇인지 보여준다.
2. 인간의 죄에 대한 하나님의 주권적 '허용'은 하나님의 도덕적 승인이 아니다.

언약

참조 성구 | 창 15장, 출 20장, 렘 31:31-34, 눅 22:20, 히 8장, 히 13:20-21

하나님께서 자기 백성과 맺으신 관계의 기본 구조는 언약이다. 언약은 보통 계약으로 이해된다. 계약과 언약 사이에는 분명한 공통점도 있지만, 중요한 차이점도 있다. 두 가지 모두 구속력을 가진 합의다. 계약은 다소 평등한 위치에 있는 쌍방이 체결하는 것이며 양측은 계약서에 서명하지 않을 자유가 있다.

언약도 마찬가지로 합의다. 그러나 성경에서 언약은 동등한 관계에서 이루어지는 것이 아니다. 오히려 고대 근동의 종주-봉신 조약에서 흔히 볼 수 있는 방식과 같다. 종주-봉신(宗主-封臣) 조약(힛타이트 왕들에게서 볼 수 있음)은 정복한 왕과 정복당한 자 사이에 맺어진다. 쌍방 간 협상 같은 것은 없다.

이러한 언약의 첫 번째 요소는 언약의 전문(前文)으로 쌍방을 열거한다. 출애굽기 20장은 "나는 …… 네 하나님 여호와니라"(2절)라는 말로 시작한다. 즉 하나님이 종주이시고 이스라엘 민족이 봉신이다.

두 번째 요소는 역사적 서문이다. 이 부분에서는 종주(왕)가 한 일, 즉 충성을 받을 자격이 있는 일을 열거한다. 애굽에서 이스라엘 민족을 이끌어 낸 일과 같은 것이다. 신학적으로는 은혜의 부분이다.

다음 부분에서는 왕이 피통치자에게 요구하는 것을 열거한다. 출애굽기

> ***축복과 저주**
> 성경에는 축복과 저주의 말씀이 공존한다. 특히 신명기 26-30장에서는 하나님께서 언약을 지키는 자에게 축복을, 그것을 어기는 자에게는 저주를 내리신다고 자세히 말씀한다.

20장에서는 십계명이다. 각각의 계명은 언약 공동체 전체에 대해 도덕적 구속력을 가지는 것으로 간주되었다.

이 유형의 언약 마지막 부분은 *축복과 저주다. 왕은 그의 봉신이 언약의 조건을 따를 때 내릴 축복을 나열한다. 이에 대한 예는 다섯 번째 계명에서 찾아볼 수 있다. 하나님은 이스라엘 백성이 부모를 공경하면 약속의 땅에서 장수하리라고 약속하신다. 또한 백성들이 자신의 책임을 수행하지 않을 때 받을 저주를 말씀하신다. 하나님은 이스라엘이 하나님의 이름을 높이지 않으면 죄 없다 하지 않으실 것이라고 경고하신다. 이런 기본적인 방식이 하나님이 아담, 노아, 아브라함, 모세와 맺은 언약, 그리고 예수님과 그의 교회 사이의 언약에 분명하게 나타난다.

성경 시대에는 언약이 피로써 인준되었다. 언약을 맺는 쌍방이 쪼개놓은 동물 사이로 지나감으로써 언약 조건에 합의했음을 표명했다(렘 34:18). 창세기 15장 7-21절에서도 이런 예를 볼 수 있다. 하나님이 아브라함과 약속하셨고, 그 약속은 동물을 제물로 드림으로써 인준되었다. 이때는 오직 하나님만 동물 사이를 지나가셨는데, 이것은 언약을 지키시겠다는 엄숙한 맹세로 자신을 속박하심을 나타내는 것이었다.

반면 새 언약, 즉 은혜 언약은 그리스도께서 십자가에서 흘리신 피로 인준되었다. 이 언약의 핵심은 하나님의 구속 약속이다. 하나님은 그리스도를 믿는 자 모두를 구속하신다고 약속하실 뿐 아니라 그 약속을 가장 거룩한 맹세로 인치시고 확증하셨다. 우리는 자신을 담보로 우리를 완전히 구속하신 하나님을 섬기고 예배하는 것이다.

● 요약 ●

〈언약의 요소〉
1. 전문: 주권자를 밝힘
2. 역사적 서문: 쌍방의 관계의 역사를 되짚음
3. 언약 조항: 언약 조건의 개요
4. 맹세 / 서약: 쌍방을 언약의 조건에 구속시키는 약속
5. 제재: 언약을 지키거나 어길 때의 축복과 저주(상과 벌)
6. 인준: 피(동물 제물, 혹은 그리스도의 죽음)로써 언약을 인침

행위 언약

참조 성구 | 창 2:17, 롬 3:20-26, 롬 10:5-13, 갈 3:10-14

아담과 하와가 창조되었을 때 그들은 창조주와 도덕적 관계 속에 있었다. 그들은 하나님께 순종해야 할 의무를 지니고 있었고, 본질적으로 순종에 대한 상이나 축복을 요구할 권리가 없었다. 그러나 하나님은 그의 사랑과 자비와 은혜로 자발적으로 피조물과의 언약을 맺고 그의 법에 순종할 경우 축복하시겠다는 약속을 첨가하셨다. 이것은 대등한 쌍방 간의 언약이 아니라 하나님의 주도권과 신적 권위에 근거한 언약이었다.

하나님과 인간 사이의 원래 언약은 행위 언약이다. 이 언약에서 하나님은 그의 통치에 완전하게 순종할 것을 요구하셨다. 하나님은 그의 법을 순종하는 자들에게 영생을 약속하셨지만 불순종하면 죽으리라고 경고하셨다. 아담으로부터 현재에 이르기까지 모든 인류는 필연적으로 이 언약 아래 있다. 물론 사람들은 이 언약에 순종하지 않거나 심지어 이 언약의 존재조차 인정하지 않을 수도 있다. 그러나 언약을 어기든 지키든, 모든 인류는 하나님과 언약 관계 안에 있다. 행위 언약으로 인해 우리는 구속을 필요로 하게 되었고(그 언약을 어겼으므로), 또한 구원을 소망하게 되었다(그리스도가 그 언약의 요구를 모두 만족시켰으므로).

우리는 한 가지 죄만 지어도 행위 언약을 범하는 것으로, 하나님께 갚을 수 없는 빚을 진 빚진 자가 된다. 그래서 우리가 죄짓고 난 후에도 구원의 소망을 가질 수 있는 것은 하나님의 은혜, 오로지 하나님의 은혜 때문이다.

천국에서 우리가 하나님께 상을 받게 되는 것 또한 하나님의 은혜다. 아담이 하나님의 행위 언약에 순종했다면 하나님과의 언약 합의를 성취한 것 때문에 공로를 세웠을 것이다. 그러나 아담이 죄에 빠졌기 때문에 하나님은 그 자비하심을 좇아 새로운 은혜 언약을 더하셨고, 그로 인해 우리의 구원이 가능해지고 실현되었다.

오로지 한 분만이 행위 언약을 지켰는데, 바로 예수님이다. *둘째 아담, 또는 새 아담으로서 그가 하신 일은 처음 언약의 모든 조건을 충족시키신 것이다. 이를 성취한 예수님의 공로는 그를 믿는 모든 사람에게 주어진다.

> ***둘째 아담, 예수 그리스도**
> 최초의 사람 아담과 대칭되는 표현으로 예수님을 '둘째 아담'이라고도 표현한다.
> 첫 사람 아담이 세상에 죄를 들어오게 한 실패자였지만 둘째 아담 예수 그리스도는 죄에서 인류를 구원한 승리자다(고전 15:47).

예수님은 선행으로 하늘나라에 간 첫 번째 사람이다. 우리 역시 선행, 즉 예수님의 선행으로 하늘나라에 갈 수 있다. 우리가 믿음으로 예수님을 영접할 때 예수님의 선행이 우리의 것이 된다. 우리가 그리스도를 믿을 때 하나님은 그리스도의 선행을 우리의 것으로 여기시는 것이다. 은혜 언약이 행위 언약을 성취하는 이유는 하나님이 은혜로 그리스도의 공로를 우리에게 돌리시기 때문이다. 이와 같이 우리는 은혜로 말미암아 행위 언약의 조건을 만족시킨다.

● **요약** ●

1. 하나님은 아담, 하와와 행위 언약을 맺으셨다.
2. 모든 인간은 하나님과의 행위 언약 관계에서 벗어날 수 없다.
3. 모든 인류는 행위 언약을 어겼다.
4. 예수님은 행위 언약을 성취하셨다.
5. 은혜 언약은 그리스도의 공로를 우리에게 줌으로써 행위 언약의 조건이 충족된다.

4부

예수 그리스도

**Essential Truths
of the
Christian Faith**

025

그리스도의 신성

참조 성구 | 막 2:28, 요 1:1-14, 요 8:58, 요 20:28, 빌 2:9-11, 골 2:9

그리스도의 신성을 믿는 믿음은 그리스도인에게 필수적인 것일 뿐 아니라 신약의 그리스도 복음에서 핵심적인 부분이다. 이러한 사실에도 불구하고 교회는 그리스도의 신성을 부인하거나 왜곡하면서 자신이 그리스도인이라고 주장하는 사람들과 끊임없이 직면해왔다.

교회사를 살펴보면, 교회 내부에서 그리스도의 신성을 고백하는 일이 어렵고 위태로웠던 네 세기가 있었음을 알 수 있다. 바로 4, 5, 19, 20세기다. 지금 우리도 이단이 교회를 공격하는 세기에 살고 있으므로 그리스도의 신성에 대한 교회의 고백을 지켜가는 일이 시급하다.

주후 325년, *니케아 공의회에서 교회는 이단 아리우스파에 맞서 예수님이 독생하셨으며 피조되지 않으셨고 그 신적 속성은 아버지와 동일한 본질(homo ousios)이라고 선언했다. 이러한 확언은 삼위의 제2위이신 분이 성부 하나님과 본질상 하나임을 선언하는 것이었다. 즉 그리스도라는 '존재'는 바로 하나님이신 것이다. 단순히 하나님과 비슷한 것이 아니라 자신이 하나님이신 것이다.

그리스도의 신성에 대한 고백은 신약

> ***니케아 공의회**
> 325년, 예수 그리스도의 신성을 부정하는 아리우스파를 이단으로 규정하고 교리를 정리하기 위해 비티니아(오늘날의 터키) 니케아에서 동서 교회들이 모인 의회다.
> 이 회의로 4명의 아리우스파가 파문당했고 부활절의 시기, 이단자에 대한 세례, 속죄 및 사제제도 등도 제정했다.

성경에 나타난 복수의 증거로부터 유추된 것이다. 성육신한 말씀이신 그리스도는 창조 이전에 존재(선재, 先在)하실 뿐 아니라 영원하시다. 그는 태초에 하나님과 함께 계셨고 그가 곧 하나님이시다(요 1:1-3). 그가 하나님과 함께 계셨다는 사실은 하나님 안에서 위격의 구별을 요구하며, 그가 곧 하나님이시라는 사실은 그가 하나님에 포함됨을 요구한다.

신약성경의 또 다른 곳에서도, 예수님을 일컬을 때 하나님에 대한 용어와 호칭을 사용한다. 하나님은 그에게 "주"(Lord)라는 하나님의 이름을 주셨다(빌 2:9-11). 인자이신 예수님은 자신이 안식일의 주인이라고 선언하셨으며(막 2:28), 죄를 사할 권세를 갖고 계시다고 말씀하셨다(막 2:1-12). 또 "영광의 주"(약 2:1)로 불리셨으며, 도마가 "나의 주님이시요 나의 하나님이시니이다"(요 20:28)라고 고백한 것처럼 기꺼이 경배를 받으신다.

또한 바울은 그리스도 안에 "신성의 모든 충만이 육체로 거한다"고 말하였으며(골 2:9), 예수님이 천사보다 높으신 분이라는 것은 히브리서에서 반복되는 주제다. 천사나 다른 피조물을 경배하는 일은 대상이 아무리 높더라도 성경이 우상숭배로 금지하는 행위다. 요한복음에 나오는 "나는 ······이다"라는 말씀도 그리스도가 하나님이심을 증거한다.

5세기, 칼케돈 공의회(A.D. 451)에서는 예수님이 참사람이시며 참하나님이시라고 선언했다. 인간이시며 신이신 예수님의 두 가지 속성은 혼합, 혼동, 분리, 불일치가 없다.

● 요약 ●

1. 그리스도의 신성은 기독교의 핵심 교리다.
2. 교회는 4, 5, 19, 20세기에 그리스도의 신성에 대한 이단으로 인해 위기를 겪었다.
3. 니케아 공의회(A.D. 325)는 그리스도가 하나님 아버지와 같은 속성과 본질을 가지셨고 피조된 존재가 아니라는 선언으로 그리스도의 신성을 확언했다.
4. 신약성경은 그리스도의 신성을 분명하게 말한다.
5. 칼케돈 공의회(A.D. 451)는 그리스도가 참하나님임을 선언했다.

그리스도의 복종

참조 성구 | 요 4:34, 요 5:30, 빌 2:5-8, 히 5:8-10, 히 10:5-10

'복종하는 자'(subordinate)는 어떤 사람인가? 누구에게 복종한다는 것은 그 대상의 권위 '아래' 있음이 분명하다. 즉 복종하는 자는 복종을 받는 자(superordinate)와 대등하지 않으며, 같은 수준의 권위를 갖지 않는다. 접두사 '서브'(sub)는 '아래에'라는 의미이며, '수퍼'(super)는 '위에', '상위의'라는 뜻이다.

따라서 그리스도의 복종을 이야기하려면 세심한 주의를 기울여야 한다. 우리 문화에서는 복종을 불평등과 동일시한다. 그러나 삼위 하나님은 그 본성과 명예와 영광이 동등하다. 삼위 모두가 영원하며 스스로 계시며 신의 모든 속성을 가지신다.

그러나 하나님의 구속 계획에서 성자는 자발적으로 성부께 복종하신다. 성자를 세상에 보내신 이는 성부시다. 그리고 성자는 성부의 뜻을 행하기 위한 순종으로 이 땅에 오셨다. 그러나 마지못해 억지로 순종하지 않았다는 점에 주목해야 한다. 성부와 성자는 영광이 같은 것처럼 뜻도 같다. 성부와 마찬가지로 성자도 구속 사역을 원하셨다. 성부께서 성자가 구원의 역사를 이루기를 간절히 원하신 것처럼 성자도 이를 간절히 원하신다. 예수님은 "주의 전을 사모하는 열심이 나를 삼키리라"(요 2:17)고 선포하셨고 먹든 마시든 아버지의 뜻을 행하셨다.

마지막으로 그리스도의 복종과 순종은 고난에만 이른 것이 아님을 주목해야 한다. 그 계획에는 우리를 위한 그리스도의 사역은 물론 궁극적으로 영광을 입으실 일이 포함되어 있었다. 웨스트민스터 신앙고백서는 아버지의 뜻과 그리스도의 사역이 서로 연결되어 있음을 설명한다.

하나님은 그 영원한 뜻을 따라 독생자 주 예수를 하나님과 사람 사이의 중보로 삼으시고, 선지자요 제사장이요 왕이요 그의 교회의 머리와 구주요 만물의 상속자요 세상의 심판주로 삼으시고, 그에게 영원 전부터 한 백성을 주사 그의 씨가 되게 하시고, 때가 되매 그로 말미암아 구속받고 부르심을 받고 의롭다 하심과 거룩하게 하심과 영화롭게 하시기를 기뻐하셨다.[9]

예수님은 아버지의 완전하신 뜻에 자신을 복종시키심으로써 우리는 원하지도 않고 할 수도 없는 일을 우리를 위해 해주셨다. 예수님은 하나님의 뜻에 온전히 순종하셨다. 그분은 세례 받으실 때 요한에게 "우리가 이와 같이 하여 모든 의를 이루는 것이 합당하니라"(마 3:15)고 말씀하셨다. 예수님의 전 생애와 사역은 이 완전한 순종을 보여준다.

예수님은 법을 완전하게 순종하심으로 극히 중요한 두 가지 일을 이루셨다. 첫째는 흠 없는 어린 양, 우리의 구속자가 되신 것이다. 예수님이 범죄하셨다면 그는 우리의 죄는 고사하고 자신의 죄도 속하지 못하셨을 것이다. 둘째는 예수님의 완전한 순종으로 말미암아 언약을 지키는 모든 자에게 하나님이 약속하신 상을 얻으신 것이다. 예수님은 공로로 하늘의 상을 얻어 그것을 우리에게 주신다. 예수님은 복종하는 자로서 복종하지 않는 백성을 구원하셨다.

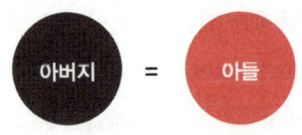
존재와 영원 불변의 속성에서 동등하심

구속 사업을 위해
아들이 아버지께 복종하심

● 요약 ●

1. 그리스도는 신성에서 아버지와 동등하심에도 불구하고 구속 사역의 역할에서 아버지께 복종하셨다.
2. 복종이란 "열등함"을 의미하는 것이 아니다.
3. 그리스도의 복종은 자발적인 것이다.
4. 완전한 순종으로 말미암아 그리스도는 자기 백성의 죄를 담당할 자격을 갖게 되셨고 구속받은 자에게 약속된 하늘의 상을 얻으셨다.

그리스도의 인성

참조 성구 | 요 1:1-14, 갈 4:4, 빌 2:5-11, 히 2:14-18, 히 4:15

성자 하나님이 인간의 본성을 입으셨다는 사실은 역사적 기독교의 중요한 교리다. 451년, 전 세계적 교회 회의인 칼케돈 공의회에서는 예수님이 참사람이시며 참하나님이시라는 것과, 그리스도의 이 두 가지 본성은 혼합, 혼동, 분리, 불일치가 없이 연합되어, 각각의 본성이 그분의 속성을 가지신다고 확언했다.

그리스도의 참 인성은 주로 두 가지 방법으로 공격받아 왔다. 초대교회는 예수님이 실제 육체 또는 진정한 인간의 본성을 갖지 않았다고 가르치는 *가현설(假現說) 이단과 맞서 싸웠다. 그들은 예수님이 육체를 가지신 것처럼 "보이는 것"일 뿐 실제는 환영에 지나지 않는다고 주장했다. 이에 대해 요한은 예수님이 참으로 육신을 입고 오신 사실을 부인하는 자는 적그리스도에게 속한 자라고 강력하게 선언했다.

교회가 물리친 또 하나의 이단은 그리스도 단성론자(monophysite)다. 이 이단은 예수님이 두 가지 본성이 아닌 한 가지 본성을 가지셨다고 주장했다. 이 단일한 본성은 참된 신성도 참된 인성도 아닌 두 가지의 혼합이다. 이것을 '신인 양성'의 본성이라고 한다. 단성론 이단은 인성을 신격화하거나 신성을 인간화하는 요소를 갖고 있다.

교묘한 형태의 단성론이 세대마다 교회를 위협했다. 이 이단은 인성이 신성에 삼켜지도록 하여 예수님의 인성에서 진정한 한계를 제거하는 경향이 있다.

우리는 예수님의 두 가지 본성을 구분하되 분리하지 않아야 한다. 가령 예수님이 배고프셨을 때 우리는 그분에게서 하나님의 본성이 아닌 인간의 본성을 보게 된다. 그의 신성이나 인성에 관해 이야기된 것들은 인격이신 예수님을 확증한다. 예를 들어 그리스도, 즉 신인이신 분이 십자가 위에서 죽으셨다. 그러나 이것은 십자가에서 하나님이 죽었음을 말하는 것이 아니다. 그리스도가 승천하신 후에도 이 두 본성은 연합해 있지만, 우리는 우리와 함께하시는 그의 임재 방식을 고려하면서 그 두 가지의 본성을 구분해야 한다. 인성면에서, 그는 이제 우리와 함께 계시지 않는다. 그러나 신성으로는 결코 우리를 떠나지 않으신다.

> ***가현설**
> 예수 그리스도의 신성을 너무 강조한 나머지 말씀이 육신이 된 성 육신을 부정하고 하나님의 아들이 아닌 인간 예수가 십자가에서 죽었다고 생각하는 이단이다.

그리스도가 지니신 인성은 우리와 같은 것이었다. 그는 우리를 위하여 인간이 되셨다. 우리의 구속자가 되기 위하여 우리 가운데 들어오셨다. 우리 대신 고난받기 위해 우리 죄를 지심으로 우리의 대리자가 되셨다. 또한 우리를 위해 하나님의 법을 성취하심으로 우리의 대변자가 되셨다.

구속에서 이중적 교환이 이루어진다. 즉 우리의 죄는 예수님께 전가되고 그의 의는 우리에게 전가되는 것이다. 그는 우리의 불완전한 인성으로 인해 심판을 받으시고 우리는 그의 완전한 인성으로 인해 축복을 받는다. 인성면에서 예수님은 죄가 없다는 사실을 제외하고는 모든 인간이 갖고 있는 한계가 있었다. 인성면에서 예수님은 전지하시지 않았다. 그의 지식은 참되고 정확했지만 무한하지는 않았다. 예수님 자신의 재림 날짜와 시간 같이 알지 못하는 것이 있었다. 물론 신성면에서는 예수님은 전지하셨고 그의 지식에는 한계가 없었다.

인간으로서의 예수님은 시공간의 제한을 받으셨다. 모든 인간과 같이 동시에 한 곳 이상 있을 수 없으셨다. 그는 땀을 흘리고, 배고픔을 느끼고, 울고, 고통을 느끼셨다. 그는 죽을 수밖에 없는 유한한 존재였다. 이 모든 면에서 예수님은 우리와 같은 인간이셨다.

● 요약 ●

1. 예수님은 그의 신적 본성과 연합된 참인간의 본성을 갖고 계셨다.
2. 가현설은 예수님이 실제 인간의 육체를 갖지 않으셨다고 주장했다.
3. 단성론 이단은 그리스도의 인성을 그의 신성으로 가림으로써 인성을 신성화했다.
4. 그리스도의 인성은 그가 우리와 동일시할 수 있는 기초다.
5. 예수님은 우리 죄를 지셨고 자신의 의를 우리에게 전가하셨다.
6. 예수님은 죄가 없다는 사실을 제외하고는 보통의 인간이 가진 한계들을 가지셨다.

그리스도의 죄 없으심

참조 성구 | 마 3:15, 롬 5:18-21, 고후 5:21, 히 7:26, 벧전 3:18

그리스도의 죄 없으심을 말할 때 우리는 보통 그의 인성과 연관짓는다. 정의상 하나님은 죄를 지을 수도 없고 짓지도 않기 때문에, 그리스도의 신성에서 죄 없으심은 언급할 필요가 없다. 그리스도의 죄 없으심의 교리는 중요한 논쟁 대상이 되지 않았다. 역사상 가장 형편없는 이단들조차도 그리스도의 죄 없으심의 교리는 부정하지 않았다.

그리스도께 죄가 없으심은 단순히 우리에게 본이 되는 역할만 하는 것이 아니다. 우리의 구원을 위한 기초적이고 필수적인 부분이다. 그리스도가 *"흠 없는 어린 양"이 아니었다면 그 누구도 구원할 수 없을뿐더러 자신도 구원자를 필요로 하기 때문이다. 그리스도께서 십자가에서 지신 많은 죄는 완전한 제물을 요구했다. 그래서 그 제물은 죄가 없는 자여야 했다.

그리스도의 죄 없으심은 두 가지 면이 있다. 소극적인 면은 그리스도께서 모든 허물로부터 완전히 자유로웠다는 것이다. 그는 하나님의 거룩한 법을 한 번도 어기지 않으셨다. 그는 하나님이 명령한 것은 무엇이든 신중하게 순종하셨다. 죄가 없으심에도 할례를 받고 세례를 받고 (아마도) 동물 제사까지 행하는 등 유대의 율법에 복종하셨다. 한편 적극적인 면은 그리스도께서 율법에 복종하기 원하여, 아버지의 뜻을 행하는 데 헌신하셨다는 것이다. "주의 전을 사모하는 열심이 나(예수님)를 삼키리라"(요 2:17)는 말씀과 "나(예수님)의 양식은 나를 보내신 이의 뜻을 행하며 그의 일을 온전히 이루는 이것이니라"(요 4:34)는 말씀이 그것을 증언한다.

그리스도의 죄 없으심에서 한 가지 어려운 점은 히브리서 4장 15절과 관련된 것이다. "우리에게 있는 대제사장은 우리의 연약함을 동정하지 못하실 이가 아니요 모든 일에 우리와 똑같이 시험을 받으신 이로되 죄는 없으시니라." 그리스도가 우리처럼 유혹을 받으셨다면 어떻게 죄가 없을 수 있을까? 야고보서 1장 14-15절을 보면 문제가 더욱 커진다. "오직 각 사람이 시험을 받는 것은 자기 욕심에 끌려 미혹됨이니 욕심이 잉태한즉 죄를 낳고 죄가 장성한즉 사망을 낳느니라."

> ***흠 없는 어린 양**
> 예수님은 흠과 티가 없는 성결한 분이요(벧전 1:29), 온유하시고 거짓과 허물이 없으신 분으로서(사 53:9; 눅 23:25; 벧전 2:21-23) 만민의 죄를 지시고 자신을 희생제물로 드리신 하나님의 어린 양이시다(요 1:36).

야고보는 우리 안에 있는 악한 욕심으로부터 일어나는 시험을 묘사한다. 이러한 욕망은 본질상 이미 죄다. 만일 예수님께서도 우리처럼 시험을 받으셨다면 이는 예수님도 악한 욕망을 갖고 계셨음을 암시하는 것으로 보인다. 그러나 히브리서의 한정하는 구절 "……죄는 없으시니라"는 말이 이 점을 정리한다. 예수님은 욕망을 갖고 계셨다. 그러나 악한 욕망은 갖고 계시지 않았다. 그가 사탄에게 시험받으셨을 때 공격은 바깥에서부터 온 것이었다. 외적인 시험이었다.

사탄은 예수님이 금식하실 때 돌을 떡이 되게 해서 먹으라고 유혹했다. 예수님은 분명히 육체적인 허기를 느끼셨다. 그는 음식에 대한 욕망을 갖고 계셨다. 그러나 배고프다는 것은 죄가 아니다. 육체적으로 모든 것이 우리와 같으셨으니 예수님은 드시고 싶으셨을 것이다. 그러나 예수님은 모든 면에서 우리와 같지는 않으셨다. 예수님은 아버지의 뜻에 완전히 순종하셨다. 그에게는 죄에 대한 욕망이 없었다.

이와 같이 예수님이 우리 죄를 위한 희생 제물의 자격을 갖게 되신 이유는 바로 죄가 없으시기 때문이다. 우리의 구원은 구속의 두 가지 측면을 요구한다. 즉 예수님이 우리의 대리인이 되셔서 우리 죄에 대한 형벌을 받으셔야 할 뿐 아니라, 하나님의 율법을 성취하셔서 우리가 하나님이 약속하신 축복을 받는 데 필요한 의를 보장해주셔야 했다. 따라서 예수님은 완전한 자로서 불완전한 자를 위해, 죄 없는 자로서 죄인을 위해 죽으셨을 뿐 아니라 우리의 구원에 필요했던, 완전한 순종의 삶을 사셨다.

● 요약 ●

1. 그리스도의 죄 없으심은 우리의 구원을 위해 꼭 필요한 것이다.
2. 예수님은 흠 없는 양으로서 속죄를 이루셨다.
3. 그리스도는 죄악된 욕망으로 인한 시험을 받지 않으셨다.
4. 예수님은 완전한 순종으로 우리의 구원에 필요한 의를 공급해주셨다.

동정녀 탄생

참조 성구 | 사 7:10-16, 마 1:23, 롬 1:3-4, 고전 15:45-49, 갈 4:4

　동정녀 탄생이란 예수님의 탄생이 동정녀 마리아가 인간 아버지 없이 성령의 능력으로 잉태한 기적적 수태의 결과라는 것이다. 그리스도의 기적적 탄생은 그의 본성에 대해 많은 것을 말해준다. 여자에게서 났다는 것은 그가 참으로 인간이며 우리 중 하나같이 되셨다는 것을 의미한다. 그러나 그리스도의 인성은 우리와 정확하게 같지는 않다. 즉 우리는 원죄를 가지고 태어나지만 그리스도는 그렇지 않다.

　또한 동정녀 탄생은 그리스도의 신성과도 관계된다. 하나님이 다른 방법으로 세상에 오시는 것이 분명 가능함에도 불구하고 이 기적적인 방법으로 탄생하신 것은 그분의 신성을 보여준다. 마리아와 천사 *가브리엘의 대화가 이 점을 뒷받침한다. 아기를 낳으리라는 천사의 말에 마리아는 "나는 남자를 알지 못하니 어찌 이 일이 있으리이까"(눅 1:34)라며 당황했다. 그리고 이에 대한 가브리엘의 대답은 우리가 동정녀 탄생을 이해하는 데 결정적이고도 중요한 역할을 한다. "성령이 네게 임하시고 지극히 높으신 이의 능력이 너를 덮으시리니 이러므로 나실 바 거룩한 이는 하나님의 아들이라 일컬어지리라"(눅 1:35). 이어서 "대저 하

> ***가브리엘**
> '하나님의 사람'이란 뜻으로 동정녀 마리아에게 예수 그리스도의 탄생을 예고한 천사다(눅 1:26-38). 성경에는 총 4번(단 8:16, 9:21; 눅 1:11-20, 26-38) 언급되었고 주로 하나님의 거룩하신 뜻을 전달하고 계시하는 사명을 감당했다.

나님의 모든 말씀은 능하지 못하심이 없느니라"(눅 1:37)라고 말한다.

현대에 이루어지는 인공 수정을 이용한 변형된 방식의 임신을 제외하면, 정상적인 부부 관계보다 더 일상적이고 흔한 임신 방법은 없다. 남자와 성 관계 없이 여자가 임신한다는 것은 생물학적으로도 이상할 뿐 아니라 명백하게 자연의 법칙에 반(反)한다.

그러나 마리아의 아기는 마리아 자신에 의해 생기지 않았다. 그 아기의 아버지는 "성령"이시다. 성령이 마리아에게 임하시고 그를 "덮으시리라"는 말은 태초에 세상을 창조하시던 성령의 역사를 되풀이해서 말하는 것이다. 또한 이것은 그 아기가 그의 아버지, 바로 하나님과 함께 특별한 창조를 하실 것을 나타낸다.

동정녀 탄생을 믿지 않는 자들은 대체로 예수님이 하나님의 아들이라는 것도 믿지 않는다. 이와 같이 동정녀 탄생 교리는 부활과 속죄를 믿지 않는 자들과 정통 그리스도인을 구별하는 분수령이 된다.

● 요약 ●

1. 성경은 분명하고도 명확하게 동정녀 탄생을 말한다.
2. 예수님이 여자로부터 난 것은 예수님의 인성과 새 아담, 즉 두 번째 아담으로 오심을 나타낸다.
3. 예수님이 육신의 아버지에게서 나시지 않았다는 사실은 하나님의 아들인 그의 신성을 나타낸다.
4. 동정녀 탄생을 부정하는 것은 대체로 성경의 초자연적이고 기적적인 요소를 부인하는 것과 맞물려 있다.

독생자 예수

참조 성구 | 요 1:1-18, 골 1:15-19, 히 1:1-14

성경에 예수님을 "아버지의 독생자"(요 1:14)라고 언급한 부분은 교회사에 큰 논쟁을 불러일으켰다. 또 예수님은 "모든 피조물보다 먼저 나신 이"(골 1:15)라고 불리므로, 예수님은 하나님이 아니라 다만 높임받은 피조물이라는 주장이 제기되었다.

여호와의 증인과 *몰몬교도 이러한 개념에 호소하면서 그리스도의 신성을 부정한다. 그들이 이단 종파로 분류되는 이유는 주로 그들이 그리스도의 신성을 부정하는 데 원인이 있다. 이단인 아리우스파가 삼위일체를 부인했던 4세기에는 그리스도의 신성이 중요한 현안이었다. 당시 그리스도의 신성에 반대했던 아리우스의 주요 주장은 현대 여호와의 증인과 몰몬교의 주장을 예고하는 것이었다. 결국 아리우스는 325년, 니케아 공의회에서 이단으로 정죄받았다.

아리우스는 "독생하다"에 포함된 헬라어가 '발생하다', '되다', '시작하다'의 의미라고 주장했다. 독생한 존재는 시간적으로 시작이 있어야 하므로, 이는 시간의 관점에서 유한한 것이며, 따라서 피조물이라는 표시라고 보았다. "모든 피조물보다 먼저 나신 이"라는 것도 피조물 가운데 으뜸으로

> ***몰몬교(Mormons)**
> 이단 중 하나로 1830년 스미스(Joseph Smith)에 의해서 창립된 '말일 성도 예수 그리스도 교회'(Church of Jesus Christ of Latter-Day Saints)를 말한다. 스미스가 발견했다는 '몰몬경'(Book of Mormon)을 경전으로 하며 하나님의 나라가 아메리카에 수립된다고 믿는다.

서 천사들보다 뛰어나다는 것을 암시하지만, 피조물의 수준을 넘어서는 것은 아니라는 주장이다. 그는 피조물을 예배하는 것은 우상 숭배를 범하는 것이며, 어떤 천사나 피조물도 예배를 받을 가치는 없다고 말한다. 즉 아리우스는 예수님이 신성을 가지셨다는 것이 성경의 유일신 사상에 대한 모독적인 거부라고 보았다. 그는 하나님이 존재 면에서나 위격 면에서 '하나'여야 한다고 주장했다.

니케아 신조는 아리우스 이단에 대한 교회의 반응을 보여준다. 니케아 신조는 예수님이 "피조되지 않고 나셨다"고 고백한다. 이 간단한 신조를 가지고 교회는 "나셨다"라는 용어가 피조성을 의미하거나 암시한다는 해석에 반대하기 위해 많은 애를 썼다.

어떤 역사가들은 니케아 공의회가 헬라어의 "나셨다"라는 단어와 "모든 피조물보다 먼저 나신 이"라는 어구에 특별한 변론과 정신적 노고를 들여서 그 평이하고 단순한 의미를 교묘히 피하고 있다고 비난했다. 그러나 교회는 결코 독단적인 방식으로 이 용어들의 단순한 의미를 저버린 것이 아니다. "나셨다"라는 단어에 "피조되지 않고"라는 한정어를 붙인 것에는 정당한 근거가 있었다.

첫째, 교회는 이 용어들을 그리스도의 본성에 관한 성경의 전체 문맥 속에서 이해하려 했다. 신약성경이 분명히 그리스도의 신성을 말하므로 교회는 성경의 한 부분이 다른 부분과 어긋나게 되는 것에 반대 입장을 취했던 것이다.

둘째, 신약성경이 헬라어로 기록되었지만, 대부분의 사고 형식과 개념에는 히브리적 의미가 담겨 있다. 즉 히브리 개념들이 헬라어를 통해 표현된 것이다. 이 사실은 헬라어의 고정된 뉘앙스를 지나치게 신뢰하지 않도록 경고한다. 가령 요한이 예수님을 가리켜 "말씀"(logos)이라고 말한 것으로, 그 용어를 전적으로 헬라어의 "말"(word)이라는 단어와 연관 지어 이해하는 것은 잘못된 것이다.

셋째, "나셨다"라는 용어는 신약성경에서 제한적으로 사용된다. 요한복음 1장 14절에서는 "아버지의 독생자"(only begotten)라고 언급된다. 그러나 요한복음 1장 18절에서는 "독생하신 하나님"(only begotten God)이라고 표현했다. 헬라어 원문은 "독생하신 하나님"으로 읽었음을 보여주는 중요한 사본적 증거가 있다. 그 본문을 받아들이면, 논쟁은 끝이 날 것이다. 혹시 본문을 "독생한 아들"로 읽은 것으로 본다 해도, 중요한 한정어가 있다.

예수님은 "독"(only)생자(monogenais)로 불린다. 헬라어의 접두사 'mono'는 영어의 'only'보다 더 강하다. 즉 예수님은 나심에 있어 전적으로 유일하시다. 그리고 유일하게 나셨다. 그 누구도, 다른 어떤 것도 예수님이 나신 것처럼 나지 않았다. 교회가 그리스도의 영원한 나심에 대해 말하는 것은 이것을 제대로 다루려는 시도다. 아들은 영원히 아버지로부터 나온다. 피조물로서가 아니라 삼위 중 제2위로서다.

예수님에 관해 "내가 너를 낳았다"(begotten)(히 1:5)고 이야기하는 히브리서는 신약에서 가장 뛰어난 기독론이 들어 있는 서신서다. 이러한 관점에서 히브리서와 견줄 만한 신약성경의 유일한 책은 요한복음이다. 요한은 예수님을 분명하게 "하나님"이라고 불렀다. 그리스도를 "독생자"라고 부른 사람 역시 요한이다.

마지막으로 "모든 피조물보다 먼저 나신 이"라는 말은 1세기 유대 문화적 배경과 관련지어 이해해야 한다. 이런 관점에서 보면 "가장 먼저 나다"라는 말이 아버지의 상속자로서 그리스도의 높아진 상태를 의미한다는 것을 알 수 있다. 대체로 맏아들이 열조의 유산을 상속받았듯이 예수님도 하나님의 아들로서 하나님의 나라를 그의 유업으로 받으신다.

● 요약 ●

1. 예수님이 "아버지의 독생자", 그리고 "모든 피조물보다 먼저 나신 이"라고 불리는 사실은 교회사에서 그리스도의 신성에 관한 논쟁을 불러일으켰다.
2. 여호와의 증인과 몰몬교는 이 본문을 사용해서 그리스도의 신성을 부정한다.
3. 니케아 신조는 예수님이 "피조되지 않고, 나셨다"고 분명하게 밝혔다. 이러한 조심스러운 구별은 그리스도의 신성에 관한 신약의 확증을 반영하는 것이다.
4. 예수님은 아버지의 독생자이시다. 피조물로서가 아니라 하나님의 영원한 아들, 즉 삼위 중 제2위로서다.
5. 먼저 나셨다는 말은 1세기 유대 문화의 배경을 생각하며 이해해야 한다. 예수님은 아버지께 속한 모든 것을 상속받을 자라는 의미에서 "모든 피조물보다 먼저 나신 이"이다.

그리스도의 세례

참조 성구 | 사 40:3, 마 3:13-17, 막 1:1-5, 고후 5:21

　세례요한이 행했던 물세례는 새 언약의 표시로 예수님이 제정하신 세례 의식과 밀접한 관련이 있다. 그러나 두 세례 사이에 연속성이 있다고 해서 이 둘을 같은 것으로 보면 안 된다.
　엄밀히 말해 요한의 세례는 구약에 속한다. 이것이 신약에 기록되어 있지만 요한의 사역이 끝나기까지는 새 언약이 시작되지 않았기 때문이다. 요한의 세례는 하나님이 그의 백성 이스라엘에게 요구하신, 예비하는 세례였다. 요한은 하나님 나라가 가까이 왔다고 이야기했다. 그는 메시아가 오실 것을 전하는 사자였다. 다가오는 하나님 나라가 가까이 왔다는 것은 임박한 그리스도의 출현에서 볼 수 있었다. *메시아이신 왕이 세상에 알려지기 직전이었지만 이스라엘 백성은 그를 만날 준비가 되어 있지 않았다. 그들은 깨끗하지 못했다.

> ***메시아(Messiah)**
> '기름 부음 받은 자'란 뜻으로 하나님이 친히 선택하시고 구별하여 세운 자들 곧 '제사장', '선지자', '왕'을 지칭하는 용어였다.
> 그러나 다윗 시대를 지나면서 구세주로서의 개념이 구체화되었고 신약시대에 이르러 예수 그리스도를 가리키는 고유명사로 자리 잡게 되었다.

　또한 요한의 세례는 급진적인 쇄신이었다. 요한이 오기 전에는 유대교로 개종한 이방인들에게 깨끗케 하는 정결 의식이 필요했다. 그러나 세례요한의 출현과 함께 하나님께서는 유대인도 회개하고 정결케 되라고 명령하셨다. 유대인 성직자들은 요한의 이러한 요구를 이단적이며 모욕적인 것으로 간주했다. 유대인들을 이방인과 마찬가지로 부정하게 취급했기 때문이다.

예수님은 요한의 만류에도 불구하고 기꺼이 복종하셔서 요한에게 세례를 받으셨다. 메시아의 역할을 위하여 이스라엘 민족에게 주신 하나님의 모든 법에 복종해야 했기 때문이다. 이렇게 예수님은 자신을 백성들과 동일시하여 세례를 받음으로 모든 의를 이루셨다.

예수님이 요한의 세례를 받으려고 요단강에 들어가신 것은 지상 사역의 시작을 알리는 사건이다. 여기서 예수님은 자신을 백성들의 죄와 결부시키셨을 뿐 아니라 사역을 위하여 성령의 기름부으심을 받았다. 어떤 의미에서 이것은 예수님의 안수식이었다. 여기에서부터 그리스도로서 예수님의 사역이 시작되었다.

'그리스도'라는 말은 '기름부음 받은 자'라는 뜻이다. 예수님은 세례 받으실 때 성령의 기름부으심을 받았고 "주 여호와의 영이 내게 내리셨으니 이는 여호와께서 내게 기름을 부으사 가난한 자에게 아름다운 소식을 전하게 하려 하심이라"(사 61:1)라는 이사야의 기록대로 메시아의 사역을 이행하기 시작하셨다.

● 요약 ●

1. 요한의 세례는 메시아의 오심을 준비하는 것이었다.
2. 요한의 세례는 유대 관료들에게는 모욕적인 일이었다. 그들이 "부정하다"는 뜻이었기 때문이다.
3. 예수님이 세례 받으신 것은 죄가 있었기 때문이 아니라 자신이 구원하실 죄인들과 동일시되기 위해서였다.
4. 예수님은 세례 받으실 때 안수 받고 기름부음 받으셨다.

그리스도의 영광

참조 성구 | 마 17:1-9, 막 13:24-27, 히 1:1-3, 계 22:4-5

우리는 영광을 특별한 운동 경기의 승리나 사업상의 성취, 아니면 개인적인 명성을 통해 얻는 것이라고 생각하는 경향이 있다. 그러나 성경에서 영광은 하나님의 초월적인 위엄이 빛을 발하는 것과 연관된다. 결정적인 순간에 예수님의 신성의 광채가 불쑥 그의 인성의 외투를 뚫고 드러나는 것이다.

그리스도의 영광이 변화산에서보다 더 명백하게 나타난 적은 없을 것이다. '변화'(transfiguration)에 해당하는 헬라어는 '메타모르푸마이'(metamorphoomai)이며, 여기에서 '변형'(metamorphosis)이라는 말이 나왔다. 그것은 모습의 변화를 나타내는 것으로, 가령 애벌레가 나비가 될 때 일어나는 변화 같은 것이다. 접두사 'trans-'는 문자 그대로 '넘는'(across)이라는 뜻이다. 변화할 때는 한계, 즉 장애물을 뛰어넘는다. 우리는 이것을 자연과 초자연 사이, 인간과 하나님 사이에 있는 선을 넘는 것이라 부를 수 있다. 이것은 하나님의 영역으로 들어가는 차원의 한계를 넘어선다.

변화되실 때, 예수님에게서 빛나는 광채가 비쳤다. 이 광채는 참으로 장애를 넘어 눈에 보이도록 드러난 것이었다. 이 드러난 모습은 모세가 시내산에서 십계명을 가지고 돌아왔을 때 그 얼굴에 빛나던 빛과 약간의 공통점을 가지고 있다. 그러나 둘 사이에 중요한 차이가 있다. 모세의 얼굴에

> *헤르몬(Hermon)
> 마태복음 17장과 누가복음 9장에서 예수님이 영광스러운 모습으로 변화하신 곳, 즉 '변화산'으로 추정되는 곳이다.
> '거룩한 산'의 뜻을 가지고 있으며 1년 내내 만년설이 뒤덮여 있어 '백발산'으로도 불린다. 이곳의 만년설이 녹아내려 갈릴리와 요단강의 근원이 된다.

비친 빛은 영광이 반사된 것이었다. 반면 그리스도의 빛은 하나님의 영광의 빛이 반사된 것이 아니라, 바로 하나님의 영광의 빛이었다. 이러한 점에서 그리스도의 영광은 분명히 모세의 얼굴에 있던 반사된 영광을 초월하는 것이다.

즉 그리스도는 빛을 반사하시는 분이 아니라 빛의 근원이셨다. 그 변화는 그리스도인들이 새 예루살렘에서 경험하게 될 변화와 동일하다. 요한계시록 21장 23절에서 요한은 새 예루살렘에서는 하나님의 영광이 비치고 어린 양이 그 등불이 되기 때문에 해나 달의 비침이 쓸데없다고 설명한다. "그의 얼굴을 볼 터이요 그의 이름도 그들의 이마에 있으리라 다시 밤이 없겠고 등불과 햇빛이 쓸데없으니 이는 주 하나님이 그들에게 비치심이라 그들이 세세토록 왕노릇하리로다"(계 22:4-5).

그리스도가 변화되셨을 때 그 영광이 비쳤다는 것은 놀라운 일이 아니다. 참으로 놀라운 일은 그리스도께서 그의 자녀들을 위하여 그의 영광을 기꺼이 감추셨다는 것이다.

● 요약 ●

1. 그리스도의 영광은 그의 모습이 변화되셨을 때 나타났다.
2. 그리스도의 변형은 그 모습의 변화로서 자연을 넘어 초자연으로 들어간 것이었다.
3. 그리스도의 영광은 단순히 하나님 영광의 반사가 아니라 바로 하나님 자신의 영광이다.

그리스도의 승귀

참조 성구 | 눅 24:50-53, 롬 8:34, 롬 14:9-10, 엡 4:7-8, 히 9:23-28

현대 교회는 종종 그리스도의 승귀(높아지심)의 중요성을 간과한다. 우리는 그리스도의 탄생(성탄절), 죽음(성 금요일), 부활(부활절)을 기념하기 위해 특별한 행사를 하지만 그리스도의 승귀에 대해서는 거의 언급하지 않는다. 그러나 그리스도의 승귀는 큰 중요성을 갖는 구속 사건의 하나다. 그것은 재림에 앞서서 그리스도께서 가장 높아지신 순간을 나타낸다. 즉 그리스도께서 그의 영광으로 들어가신 때였다.

예수님은 그가 우리와 함께 계시는 것보다 이 땅을 떠나시는 것이 우리를 위해 더 좋다고 하셨다. 예수님께서 떠나실 것을 처음으로 밝히셨을 때 제자들은 슬퍼했다. 그러나 그들은 후에 이 위대한 사건의 중요성을 알게 되었다. 누가는 그리스도의 승귀를 이렇게 설명한다.

이 말씀을 마치시고 그들이 보는데 올려져 가시니 구름이 그를 가리어 보이지 않게 하더라 올라가실 때에 제자들이 자세히 하늘을 쳐다보고 있는데 흰 옷 입은 두 사람이 그들 곁에 서서 이르되 갈릴리 사람들아 어찌하여 서서 하늘을 쳐다보느냐 너희 가운데서 하늘로 올려지신 이 예수는 하늘로 가심을 본 그대로 오시리라 하였느니라(행 1:9-11).

우리는 예수님이 구름 속에서 떠나가셨다는 것을 알 수 있다. 이것은 아마도 하나님의 영광의 구름, 하나님의 거룩한 임재(셰키나)를 가리킬 것이다. 셰키나(shekhinah)는 일반적인 구름의 광채를 능가한다. 이것은 하나님의 빛나는 영광의 현현이다. 그러므로 예수님이 떠나신 방식은 예사롭지 않았다. 그것은 놀랍고 웅대한 순간이었다.

"승귀하다"(ascend)라는 말은 '올라가다', 혹은 '솟아오르다'라는 뜻이다. 그러나 이 용어가 그리스도와 관련되어 사용될 때 더 깊고 풍성하고 특별한 의미가 된다. 그리스도의 승귀는 유일한 사건이다. 에녹이 하늘로 들려 올라간 것이나 엘리야가 불병거를 타고 하늘로 올라간 차원을 넘어선다.

예수님의 승귀는 특별한 장소에 특별한 목적을 위해 가신 것을 의미한다. 예수님은 아버지의 우편으로 가셨다. 우주적 권세의 자리로 올라가셨다. 대관식을 위해, 만왕의 왕이신 것을 확증하기 위해 하늘로 가셨다.

또한 예수님은 우리의 대제사장 일을 계속하시기 위해 하늘 지성소로 올라가셨다. 하늘에서 예수님은 왕노릇하시며 대제사장으로서 우리를 위해 중보하신다. 그는 올리우신 그 권위의 자리로부터 성령을 교회에 부어주신다. 존 칼빈은 이렇게 말했다.

예수님이 하늘로 올리우시고 우리 시야에서 그의 모습을 감추신 것은 아직 이 땅에서 순례의 길을 가는 그의 제자들과 함께하시기를 그만두시려 함이 아니라 하늘과 땅에서 그의 능력으로 직접 다스리시기 위함이다.[10]

예수님께서 왕 중의 왕으로서 대관식을 위해 하늘로 올리우셨을 때, 그는 하나님 우편 보좌에 앉으셨다. 하나님의 우편은 권세의 자리다. 이 자리에서 예수님은 그의 나라를 다스리고 관리하시며 하늘과 땅의 심판자가 되신다.

하나님 우편에서 예수님은 몸 된 교회의 머리로 좌정하신다. 그러나 이 위치에서 예수님의 권위와 통치상의 심판권과 행정권은 교회의 범위를 넘어 온 세상에 미친다. 예수님의 통치 영역 안에서 교회와 국가는 구별될 수 있겠지만 그 둘이 결코 분리되거나 나누어지는 것은 아니다. 예수님의 권위는 두 영역에 모두 미친다. 예수님은 세상의 모든 통치자에게 책임을 물으실 것이고 만왕의 왕, 만주의 주로서 그들을 심판하실 것이다.

하늘과 땅의 모든 자는 예수님의 위엄을 경외하고 그분의 통치를 받고 그분께 합당한 영광을 돌리며 그분의 능력에 복종하라는 하나님의 부르심을 받았다. 마침내 모든 사람이 예수님이 앉아 계신 마지막 심판대 앞에 서게 될 것이다.

또한 예수님은 교회 위에 성령을 부어주실 권세를 가지고 계신다. 그러나 예수님은 하나님의 우편 보좌에 앉기 전에는 성령을 부어주시지 않았다. 예수님이 하나님의 우편 보좌에 앉으신 후 아버지와 아들은 믿는 자들에게 그리스도의 구원의 역사를 입혀주시기 위해 성령을 보내셨다.

예수님은 하나님 우편에 앉아 계시면서 만왕의 왕으로서의 역할을 하실 뿐 아니라 우주의 심판자로서도 일하신다. 그는 모든 나라, 모든 백성의 심판자시다. 또한 예수님은 아버지의 뜻에 따라 우리의 대언자로 임명되셨다. 그는 우리를 옹호해주는 변호자시다. 마지막 심판 때 법정에서 우리의 변호자가 되실 분은 바로 수석 재판관이신 그분이다. 스데반이 순교하는 장면에서 성도들을 위해 예수님께서 중재하시는 모습을 볼 수 있다.

> 스데반이 성령 충만하여 하늘을 우러러 주목하여 하나님의 영광과 및 예수께서 하나님 우편에 서신 것을 보고 말하되 보라 하늘이 열리고 인자가 하나님 우편에 서신 것을 보노라 한대(행 7:55-56).

● 요약 ●

1. 현대 교회는 그리스도의 승귀에 관한 관심이 부족하다.
2. 그리스도의 승귀는 구속사에서 그리스도가 높아지신 가장 중요한 시점이다.
3. 그리스도는 영광의 구름 속으로 올리우셨다.
4. 그리스도는 특별한 목적 즉, 만왕의 왕으로서의 대관식을 위해 특별한 장소로 오르셨다.
5. 그리스도는 승귀와 함께 우리의 대제사장 역할을 시작하셨고 무한한 권세의 자리인 하나님 우편에 앉으셨다.
6. 예수님은 하나님의 우편 보좌에서 오순절의 성령 강림을 인가하셨다.
7. 그 권세의 자리에서 예수님은 만유의 심판자가 되신다.
8. 예수님은 그의 백성의 대언자이자 변호자시다.

중보자 예수 그리스도

참조 성구 | 롬 8:33-34, 딤전 2:5, 히 7:20-25, 히 9:11-22

중보자란 중간에 서는 사람을 말한다. 그는 다툼이 있는 두 사람 이상의 사람이나 집단 사이에 서서 그들을 화해시키려는 사람이다. 성경에서는 인류를 하나님과 적대관계에 있는 존재로 묘사한다. 우리는 반역하고, 반란을 일으키고, 하나님의 법에 복종하기를 거부한다. 그 결과 하나님의 진노가 우리 위에 있다. 그러므로 이러한 비극적인 상황을 변화시키기 위해서는, 즉 구속하기 위해서는 하나님과 화목해야 한다.

우리의 화목을 위해 하나님은 그의 아들을 우리의 중보자로 보내셨다. 그리스도는 성육신하신 하나님이시다. 그러나 그는 인간의 본성을 입고 기꺼이 하나님의 법의 요구에 복종하셨다.

그리스도는 아버지 하나님이 진노를 거두시도록 설득해서 화목을 이루려고 하신 것이 아니었다. 오히려 하나님의 영원한 뜻 가운데, 성자께서 중보자로 와야 한다는 것에 성부와 성자 사이에 완전한 합의가 있으셨다. 어떤 천사도 우리에게 하나님을 충분하게 나타낼 수 없으며 오직 하나님 자신만이 그렇게 하실 수 있기 때문이다.

성육신을 통해 성자께서는 타락한 아담의 후손을 구속하기 위해 인간의 본성을 입으셨다. 그리고 완전한 순종으로 하나님의 법의 요구를 충족함으로써 우리를 위해 영생을 얻으셨다. 그는 십자가에서 대속의 죽음으로 우리를 향한 하나님의 진노의 요구를 만족시키셨다. 적극적으로나 소극적으로 그리스도는 화목을 위한 하나님의 요구를 만족시키셨다. 그는 우리를 위해 그의 피로 하나님과 새 언약을 맺으셨고 대제사장으로서 지금도 매일 우리를 위해 중보하신다.

능력 있는 중보자는 갈등하거나 틀어진 쌍방을 화해시킨다. 이것이 우리의 완벽한 중보자이신 예수님께서 행하신 역할이다. 바울은 그리스도의 화목케 하시는 역사를 통해 우리가 하나님과 화평케 되었다고 선언한다. "그러므로 우리가 믿음으로 의롭다 하심을 받았으니 우리 주 예수 그리스도로 말미암아 하나님과 화평을 누리자"(롬 5:1).

또한 그리스도의 중보 사역은 다른 어떤 중보자보다 뛰어나다. 모세는 옛 언약의 중보자로서 이스라엘 민족에게 율법을 전달하는 역할을 했다. 그러나 그리스도는 모세보다 뛰어나시다. 히브리서 기자는 이렇게 선포한다.

> 저는 모세보다 더욱 영광을 받을 만한 것이 마치 집 지은 자가 그 집보다 더욱 존귀함 같으니라 집마다 지은 이가 있으니 만물을 지으신 이는 하나님이시라 또한 모세는 장래에 말할 것을 증언하기 위하여 하나님의 온 집에서 종으로서 신실하였고 그리스도는 하나님의 집을 맡은 아들로 그와 같이 하셨으니 우리가 소망의 확신과 자랑을 끝까지 굳게 잡고 있으면 우리는 그의 집이라(히 3:3-6).

● 요약 ●

1. 중보자는 틀어진 쌍방을 화해시키는 일을 한다.
2. 신인(神人)이신 그리스도는 우리를 아버지 하나님과 화목케 하신다.
3. 그리스도와 아버지는 그리스도가 우리의 중보자가 되시는 것에 영원 전에 합의하셨다.
4. 그리스도의 중보 사역은 선지자들, 천사들, 그리고 모세보다 뛰어나다.

그리스도의 세 가지 직분

참조 성구 | 시 110편, 사 42:1-4, 눅 1:26-38, 행 3:17-26, 히 5:5-6

그리스도의 세 가지 직분, 즉 선지자, 제사장, 그리고 왕의 직분에 대한 존 칼빈의 설명은 그리스도의 사역을 이해하는 데 큰 공헌을 했다.[11]

하나님의 선지자로서 그리스도는 예언의 대상이고 주체이셨다. 그의 위격과 사역은 구약 예언의 초점이지만 그분 자신이 선지자이기도 하셨다. 예수님의 예언자적 말씀에는 하나님의 나라와, 다가올 하나님 나라에서의 자신의 역할이 주된 주제였다. 또 선지자로서의 중요한 활동은 하나님의 말씀을 선포하는 것이었다. 예수님은 하나님의 말씀을 선포하셨을 뿐 아니라 그 자신이 하나님의 말씀이셨다. 즉 육신이 되신 하나님의 말씀, 하나님의 최고의 선지자이셨다.

구약의 선지자는 하나님과 이스라엘 백성 사이의 일종의 중보자였다. 제사장은 백성을 위하여 하나님께 이야기했다. 예수님은 위대한 대제사장의 역할도 수행하셨다. 구약의 제사장은 정기적으로 제물을 바쳤지만 예수님은 단번에 영원히 유효한 제물을 바치셨다. 아버지께 바친 예수님의 제물은 자기 자신이었다. 즉 예수님은 제물인 동시에 제물을 바치는 분이셨다.

구약에서는 선지자, 제사장, 왕의 중재 사역이 각기 다른 개인에게 분리되어 있었던 반면, 신약에서는 세 가지 직분 모두가 예수님 한 분에게 맡겨져 있다. 예수님은 시편 110편의 메시아 예언을 성취하셨다. 그는 다윗의 자손인 동시에 다윗의 주이시다. 또한 그는 제사장이시며 왕이시고, 죽임을 당한 양이시며 유다의 사자이시다. 그리스도의 사역을 온전하게 이해하려면 그를 선지자나 제사장, 혹은 왕으로만 보아서는 안 된다. 세 가지 사역 모두가 완벽하게 그리스도 안에서 성취되었다.

그리스도의 세 가지 중재 사역

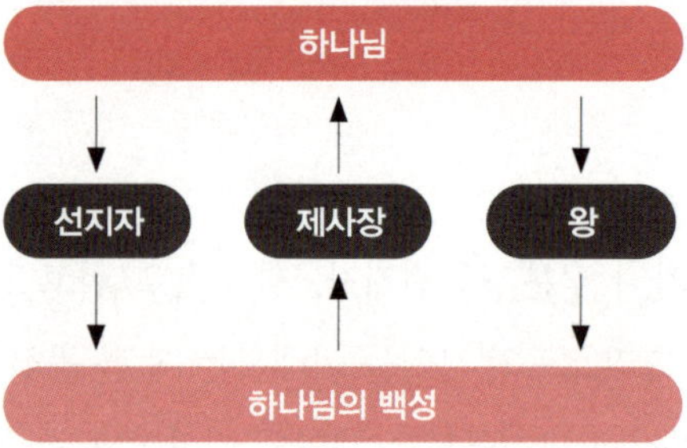

하나님 → 선지자 / 제사장 / 왕 → 하나님의 백성

● 요약 ●

1. 예수님은 구약 예언의 성취이며 그 자신이 선지자이셨다.
2. 예수님은 제사장이신 동시에 제물이셨다. 제사장으로서 그는 자신을 죄에 대한 완벽한 제물로 드리셨다.
3. 예수님은 기름부음 받은 만왕의 왕이시며 만유의 주이시다.

예수님의 호칭

참조 성구 | 창 1:1-2:3, 마 9:1-8, 마 16:13-21, 요 1:1-18, 계 19:11-16

나사렛 예수는 역사상 그 어떤 인물보다도 많은 호칭으로 불리셨으며 대략 정리하면 다음과 같다.

그리스도 / 주 / 인자 / 구주 / 다윗의 자손 / 대제사장
하나님의 아들 / 알파와 오메가 / 주인 / 선생 / 의 / 선지자
샤론의 장미 / 골짜기의 백합화 / 대언자 / 유다의 사자
하나님의 어린양 / 둘째 아담

예수님의 주요 호칭들은 다음과 같다.

1) 그리스도

그리스도라는 호칭이 매우 자주 붙기 때문에 사람들은 이것이 예수님의 성이 아닐까 착각한다. 그러나 이것은 메시아로서 예수님의 지위와 사역을 의미하는 호칭이다. "그리스도"라는 용어는 헬라어 '크리스토스'(Christos)에서 나온 말이며 히브리어로는 '메시아'로 번역된다. 따라서 그리스도와 메시아 모두 기름부음 받은 자라는 의미다.

구약에서 약속된 메시아의 개념은 독특하게 성령의 기름부음을 받을 자

로서, 다면적이고도 복합적인 의미를 지니고 있다. 유대인들은 메시아에 대해 동일한 개념을 갖고 있지 않았다. 그중 하나는 메시아가 왕이 되실 것이라는 개념이다. 그는 기름부음 받은 다윗의 자손, 유다의 사자로서 몰락한 다윗의 왕국을 다시 세우실 것이다(이러한 관점은 자신들을 로마의 압제로부터 해방시킬 정치적 지도자가 올 것이라는 소망에 불을 붙이고 유대인들을 크게 흥분시켰다).

그러나 메시아는 하나님의 종으로도 불렸다. 이사야의 예언대로 참으로 고통받는 종이었다. 이 두 가지 개념은 분명히 둘 다 예수님 안에 존재하는 것이었지만 한 사람 안에 결합하기에는 사실상 불가능해 보였다.

또한 메시아는 하늘의 존재(사람의 아들)이며 하나님 아버지와 유일하게 관련되어 있다(하나님의 아들). 아울러 그는 제사장이며 선지자이기도 하다. 이와 같이 메시아의 개념이 얼마나 복잡했는지 알아갈수록 우리는 이 사슬이 예수님의 위격과 사역 속에 얽혀 있는 모습을 보고 놀라게 될 것이다.

2) 주

신약에서 두 번째로 자주 사용되는 예수님의 호칭은 "주"다. 이것은 신약의 예수님을 이해할 때 가장 중요한 호칭이다. "주"는 신약에서 세 가지로 사용된다. 첫째는 "○○씨"와 같은 일상적인 존칭이다. 둘째는 노예의 주인을 부르는 말로서 '주인님'이라는 의미다. 이것은 예수님이 우리의 주인이시라는 비유적 의미에서 적용된다. 셋째는 황제에게 쓰는 말이다. 여기서는 주권자를 가리킨다. 1세기, 로마의 황제들은 신하들에게 충성을 맹세하는 말로 "시저(Caesar)는 주"라고 고백할 것을 요구했다. 그리고 당시의 그리스도인들은 이것을 따르지 않았다는 이유로 죽음을 당했다. 그들은 기독교의 제1강령 "예수는 주"를 외쳤다.

예수님을 "주"로 부르는 것은 로마의 관점에서도 급진적인 것이었지만 유대인들의 관점에서는 더욱 과격한 것이었다. 구약에서는 "주"라는 호칭을 하나님 한 분께만 사용했기 때문이다. 그러나 "주"라는 호칭은 하나님 아버지께서 예수님께 부여하신 것이다. 바울은 빌립보서 2장 9절에서 "모든 이름 위에 뛰어난 이름"에 대해 이야기하고 있다.

3) 인자

이것은 예수님의 호칭 가운데 가장 흥미진진하고도 자주 오해되는 것이다. 교회가 고백하는 예수님의 두 가지 본성에 따라 예수님은 참사람이시며 참하나님이시다. 또한 성경이 예수님을 인자와 하나님의 아들로 묘사하기 때문에 "인자"는 예수님의 인성을 말하는 것으로, "하나님의 아들"은 예수님의 신성을 말하는 것으로 보기 쉽다.

그러나 인자라는 호칭이 인성의 요소를 포함하는 것은 사실이지만 그것은 우선적으로 예수님의 신성과 관련된다. 하나님의 아들이라는 호칭 역시 신성과 관련되지만 그보다는 아들로서의 예수님의 순종에 초점을 둔 것이다.

인자라는 호칭은 신약에서 사용된 빈도로 세 번째지만('그리스도', '주' 다음으로) 예수님이 자신을 일컬을 때는 가장 많이 사용하셨다. 즉 인자는 예수님께서 유독 좋아하셨던 호칭이다.

이 호칭의 중요성은 구약에서 다니엘이 사용했다는 점과 관련이 있다(단 7장 참조). 여기서 인자란 우주의 심판자 역할을 하는 하늘의 존재를 나타낸다. 따라서 예수님이 이 용어를 사용하신 것은 오류가 있는 인성과 관련 있는 것이 아니라 분명한 신적 권위를 선포하신 것이었다. 다시 말해 예수님은 인자에게 죄 사하는 권세가 있다고 말씀하셨고(막 2:10), 자신이 안식일의 주인이라고 말씀하셨다(막 2:28).

4) 말씀

주후 3세기 동안 로고스(Logos, 말씀)라는 호칭보다 더 집중적으로 철학적·신학적 관심을 끌었던 용어는 없었다. 로고스는 초대교회 기독론에서 매우 중요한 용어였으며 요한복음의 서문이 이것을 뒷받침한다. "태초에 말씀(로고스)이 계시니라 이 말씀(로고스)이 하나님과 함께 계셨으니 이 말씀(로고스)은 곧 하나님이시니라"(요 1:1).

이 놀라운 말씀에서 로고스는 하나님과 구분되기도 하며("하나님과 함께 계셨으니") 하나님과 동일시되기도 한다("이 말씀은 곧 하나님이시니라"). 이 역설은 삼위일체 교리에 큰 영향을 미쳤다. 이 구절에 의하면 말씀은 삼위 중 제2위로 보인다. 그는 위격으로 아버지와 다르지만 본질에서는 같다.

예수님의 호칭으로서의 로고스에서 나온 기독교 철학은 이해하기 쉽다. 로고스라는 말은 단순히 "말씀"으로 번역될 수 있음에도 불구하고 보다 풍성한 의미를 주는 철학적 용례의 역사를 가진다. 고대 헬라인들은 우주에 관심이 많았기 때문에 '궁극적 실재'에 의문을 제기했다(형이상학). 헬라 철학자들은 연합시키는 요소, 즉 피조된 영역의 광범위한 다양성에 질서와 조화를 부여하는 능력을 찾으려 했다(우주론). 만물의 질서를 부여하는 원천이라고 말할 수 있는 누스(nous, 정신)를 찾으려 했다. 그리고 이를 연합시키는 궁극적 실재에 로고스라는 이름을 붙였다. 이것은 일관성, 즉 실재의 법칙을 제공했다. 이 개념은 헤라클레이토스가 사용했고 스토아 철학에서는 우주의 추상적 법칙으로 사용되었다.

이와 같이 이 용어가 헬라의 철학적 개념으로 채워져 있음에도 불구하고 성경에서 사용하는 로고스의 용례는 헬라 철학에서의 용례 수준을 훨씬 넘어선다.

창세기 1장 3절은 "하나님이 이르시되 ……있으라 하시니 ……있었고"라고 말한다. 이와 같이 창조는 하나님의 말씀이었다. 로고스의 개념이 헬라 철학과 구별되는 가장 중대한 점은 신약에서의 로고스가 인격이시라는 점이다. 즉 말씀(로고스)은 사람이 되셔서 이 세상에서 사셨고 죽으셨다.

● 요약 ●

1. 메시아란 '기름부음 받은 자'라는 뜻으로, 왕이시며 고통받으시는 종으로서의 예수님의 역할을 나타내기 위한 호칭이다. 예수님에게 가장 자주 사용되었다.
2. 주는 우주의 주권자로서 예수님의 지고한 권세를 나타낸다.
3. 인자는 예수님이 가장 자주 사용하신 호칭으로 온 우주의 심판자로서의 역할을 나타낸다.
4. 로고스는 히브리와 헬라의 문화유산을 가진 용어다. 예수님은 우주의 창조자이신 로고스이시며 우주의 배후에 계신 궁극적 실재이시며, 지속적으로 우주를 보존하시는 분이다.

5부

성령

**Essential Truths
of the
Christian Faith**

성령의 신성

참조 성구 | 창 1:1-2, 행 5:3-4, 롬 8:9-17, 고전 6:19-20, 엡 2:19-22

교회에서 예배드릴 때 우리는 "성부와 성자와 성령의 이름으로, 아멘."이라는 말을 자주 듣는다. 이것은 삼위 하나님 모두에게 신성이 있음을 나타내는 표현이다.

마찬가지로 우리는 "성부 성자 성령께"라고 찬송한다.

성부 성자 성령께 찬송과 영광 돌려보내세.
태초로 지금까지 또 영원 무궁토록
성 삼위께 영광 영광. 아멘.

이 찬송은 삼위 모두에게 영원한 영광을 돌린다. 즉 성령은 성부, 성자와 함께 영원한 영광을 받는다.

그리스도의 신성이 수 세기 동안, 그리고 오늘날까지도 논란의 대상이 되는 것과 달리 성령의 신성은 널리 교회에 받아들여졌다. 성령의 신성이 그다지 논란을 불러일으키지 않은 이유는 아마도 성령께서 인간의 모습을 입지 않으셨기 때문일 것이다.

성경은 성령이 신적 속성을 가지셨으며 신적 권위를 행사하시는 것으로 분명히 표현한다. 4세기 이후로 성령의 인격성에 동의하는 사람들은 모두 그의 신성에도 동의했다.

구약에는 하나님이 말씀하신 것은 곧 성령이 말씀하신 것이라고 기록되어 있다. 즉 "하나님께서 말씀하시되"와 "하나님의 영이 가라사대"라는 표현이 반복적으로 번갈아가며 쓰인다. 신약에서도 이러한 양식은 계속 이어진다. 아마도 사도행전 5장 3-4절만큼 강하게 사용된 예는 없을 것이다. "베드로가 이르되 아나니아야 어찌하여 사탄이 네 마음에 가득하여 네가 성령을 속이고 땅 값 얼마를 감추었느냐 …… 사람에게 거짓말한 것이 아니요 하나님께로다." 간단히 말해 "성령"께 거짓말한 것이 "하나님"께 거짓말한 것이다.

성경은 또한 성령에게 *하나님의 속성이 있다고 말한다. 바울은 고린도전서 2장 10-11절에서 성령의 전지성에 대해 말하고 있다. "오직 하나님이 성령으로 이것을 우리에게 보이셨으니 성령은 모든 것 곧 하나님의 깊은 것까지도 통달하시느니라 사람의 일을 사람의 속에 있는 영 외에 누가 알리요 이와 같이 하나님의 일도 하나님의 영 외에는 아무도 알지 못하느니라." 시편 기자는 시편 139편 7-8절에서 성령의 편재성을 입증하고 있다. "내가 주의 영을 떠나 어디로 가며 주의 앞에서 어디로 피하리이까 내가 하늘에 올라갈지라도 거기 계시며 스올에 내 자리를 펼지라도 거기 계시니이다." 또한 하나님의 신은 수면에 운행하시면서 창조 사역을 하셨다(창 1:1-2).

성령의 신성에 대한 결론으로 고린도후서에 있는 바울의 축복의 말을 인용하겠다. "주 예수 그리스도의 은혜와 하나님의 사랑과 성령의 교통하심이 너희 무리와 함께 있을지어다"(고후 13:13).

> ***하나님의 속성**
>
> **공유적 속성** – 거룩하심, 의, 공의, 선, 진실하심, 사랑, 노하기를 더디 하심 등
>
> **비공유적 속성** – 전지전능, 무소부재, 영원성, 자존하심, 유일성, 온전하심, 무한하심 등
>
> **인격적 속성** – 웃음, 휴식, 질투, 노하심, 기억, 후회, 이상히 여기심, 염려, 근심, 뜻을 돌이키심 등

● 요약 ●

1. 예배 중에 우리는 성령의 신성을 고백한다.
2. 구약에서는 하나님의 속성과 권세를 성령에게 돌렸다.
3. 신약에서는 하나님의 속성을 성령에게 돌린다.

성령의 인격

참조 성구 | 요 16:13, 고후 13:13, 딤전 4:1, 약 4:5, 요일 5:6

아내가 회심하던 날, 아내는 나에게 이렇게 말했다. "이제 성령이 어떤 분인지 알겠어요." 그전까지 아내는 성령을 인격인 '누구'로 알기보다 비인격인 '그것'으로 생각했었다.

*성령의 인격성에 대해 이야기할 때 그 의미는 삼위의 제3위가 영향력이 아니라 인격이라는 것이다. 이것은 성경에 분명하게 나타난다. 성령을 말할 때 인칭대명사를 쓰기 때문이다. 요한복음 16장 13절에서 예수님은 "그러나 진리의 성령이 오시면 그가 너희를 모든 진리 가운데로 인도하시리니 그가 스스로 말하지 않고 오직 들은 것을 말하며 장래 일을 너희에게 알리시리라"고 말씀하신다.

성령이 비인격적인 영향력이 아니라 실재하는 분명한 인격이기에 우리는 성령과 인격적 관계를 맺을 수 있다. 바울은 고린도교회에 보내는 두 번째 편지에서 "주 예수 그리스도의 은혜와 하나님의 사랑과 성령의 교통하심이 너희 무리와 함께 있을지어다"(고후 13:13)라는 축복으로 마무리한다. 누군가와 교제를 나누려면 인격적인 관계로 들어가야 한다. 이에 더하여 우리는 성령을 대적하여 죄를 짓거나 성령을 훼방하거나 성령을 슬프시게 하지 말라

> *성령의 인격적 속성
> - 의지(고전 12:11)
> - 마음(롬 8:26)
> - 생각, 지식, 말(고전 2:10-13)
> - 사랑(롬 15:30)

는 명령을 받았다. 비인격적인 영향력이라면 슬퍼하지 못한다. 슬픔은 인격적 존재만 경험할 수 있다.

또한 성령은 인격이시므로 그에게 기도하는 것이 합당하다. 기도에서 성령이 하시는 일은 우리가 하나님께 자신을 올바로 표현하도록 도우시는 것이다. 예수님께서 대제사장으로서 우리를 위해 중보하시는 것처럼 성령도 기도 중에 우리를 위해 중보하신다.

마지막으로 성령은 인격자만이 할 수 있는 일을 수행하신다. 성령은 택함받은 자들을 "위로하시고", "인도하시고", "가르치신다"(요 16장). 이러한 활동은 지성과 의지, 감정, 힘이 있어야 한다. 성령은 살피시고 선택하시고 계시하시고 위로하시고 깨닫게 하시고 권고하신다. 인격자만이 이러한 일을 하실 수 있다. 그러므로 그리스도인들은 이러한 존재를 단지 인정하는 것뿐 아니라 삼위 중 한 분이신 성령께 순종하고 그분을 사랑하고 섬겨야 한다.

● 요약 ●

1. 성령은 비인격적 영향력이 아니라 인격이시다.
2. 성경은 성령을 지칭할 때 인칭대명사를 사용한다.
3. 성령의 사역은 인격성을 요구할 뿐 아니라 그것을 나타낸다.
4. 그리스도인은 성령과 인격적 관계를 누린다.
5. 그리스도인은 성령께 경배하고 순종한다.

성령의 내적 증거

참조 성구 | 요 15:13, 행 5:32, 행 15:28, 롬 8:16, 갈 5:16-18

    법정 드라마에서 증인의 증언은 사건에 매우 중요한 역할을 한다. 증언은 우리가 그 사건의 진상을 알 수 있게 도와주기 때문이다. 어떤 재판에서는 증인의 성품이 의심스럽다는 이유로 그 증언의 정당성이 의심받는다. 정신 이상자의 증언은 아무런 가치가 없다. 증언이 믿을 만한 것이 되려면 그 증인이 믿을 만한 사람이어야 한다.

    하나님께서 어떤 것이 진리라고 증언하실 때, 그 증언은 확실하다. 그분의 증언은 의심의 여지가 없다. 그 자신이 저자이신 하나님의 증언이므로 전적으로 오류가 없다. 그것은 최고의 성품으로부터, 가장 깊은 지식의 샘으로부터, 최고의 권위로부터 비롯된 것이다. 하나님의 증언이 가진 신뢰성으로 인해 루터는 "성령은 의심할 수 없다."[12] 라고 했다. 즉 성령이 계시하는 증거는 생명보다도 더 확실하다.

    존 칼빈은 성경이 신적 권위의 분명하고 합리적인 증거들을 나타내고 신적 기원의 충분한 증거를 제시한다 할지라도, 그 증거들이 성령의 내적 증거를 통해 우리 마음에 인 쳐지기 전에는 우리를 완전하게 확신시키지 못한다고 했다.[13]

    칼빈은 증거와 확신의 차이를 인식했다. 우리가 성경 속 진리에 대한 물증을 들이대고 거부하기 힘든 증거들을 제공한다 해도 그것으로 사람들이 믿는다거나 굴복한다거나 깨닫는다고 보장할 수 없다. 말씀의 진리들을 확신하기 위해서는 성령의 내적 증거가 필요하다. 성령은 우리를 말씀의 확실한 증거에 순응하고 굴복하게 만든다.

내적 증거를 통해, 성령이 우리에게 숨겨졌던 새로운 정보, 혹은 다른 방법으로는 알 수 없는 독창적인 논거를 제공해주는 것이 아니다. 오히려 우리의 영에 작용하셔서 하나님의 진리에 반항하는 우리를 무너뜨리고 정복하신다. 그는 우리를 움직여 하나님 말씀의 명백한 가르침에 굴복하게 하여 완전한 확신으로 받아들이게 하신다.

성령의 내적 증거는 개인의 감정이 절대적인 권위를 갖는 신비주의나 주관주의로 비약하는 것이 아니다. 성령이 우리 영에 증거하시는 것과 우리 자신의 영이 하는 인간적 증거 사이에는 결정적 차이가 있다. 성령의 증거는 말씀을 증거하는 것이다. 그것은 말씀과 함께 그리고 말씀을 통해서 우리에게 온다. 결코 말씀을 떠나거나 말씀과 상관없이 오지 않는다.

성령이 우리가 하나님의 자녀임을 우리 영에 증거하시고 그의 말씀을 우리에게 확신시키는 것처럼, 성경이 하나님의 말씀이라는 사실도 우리에게 내적으로 확증하신다.

● 요약 ●

1. 하나님의 증언은 완벽하게 신뢰할 수 있다.
2. 성경은 그것이 하나님의 말씀이라는 객관적 증거를 제공한다.
3. 성령의 증거하심 없이는 성경의 진리를 완전히 확신할 수 없다.
4. 성령의 내적 증거는 우리 마음에 새로운 논거를 제공하는 것이 아니라, 우리의 마음과 영에 역사하여 이미 있는 증거에 굴복하게 한다.
5. 성령의 내적 증거 교리는 우리가 진리라고 느끼는 것은 무엇이든 믿어도 된다는 허가가 아니다.

성령의 조명

참조 성구 | 요 16:13-15, 고전 2:9-16, 벧후 1:21

현대의 발명품 중 가장 유용한 것 하나는 손전등이다. 정전으로 집안이 어둠에 싸였을 때 손전등이 해결사가 된다. 손전등의 기능은 어둠 속에 빛을 비추어 무엇이 있는지 볼 수 있게 하는 것이다. 즉 현장을 조명하는 일을 한다.

성경은 어둠의 책이 아니다. 오히려 많은 빛의 원천이다. 시편 기자는 "주의 말씀은 내 발에 등이요 내 길에 빛이니이다"(시 119:105)라고 말한다.

그러나 우리가 성경 말씀 모두를 분명하게 이해할 수 있는 것은 아니다. 어떤 본문은 의미를 파악하기가 어렵다. 때문에 우리는 때로 본문의 의미에 대한 통찰을 얻기 위해 애를 쓴다. 죄의 영향력으로 우리의 지성이 어두워졌다. 우리는 타락한 본성을 가지고 있기에 빛을 절실히 필요로 하는 어둠 속의 피조물인 것이다.

성경 자체가 우리에게 빛이 되는 것은 사실이지만 그 빛을 분명하게 인식하기 위해서는 별도의 조명이 필요하다. 감사하게도 성경에 영감을 불어넣으신 성령께서 우리를 위해 성경을 조명하는 사역을 하신다. 그는 본래 있던 빛에 빛을 더하신다. 조명은 성령의 사역이다. 그는 우리가 하나님의 말씀이 주시는 메시지를 듣고 받아들이고 정확하게 이해하도록 도우신다. 사도바울은 다음과 같이 말했다.

기록된 바 하나님이 자기를 사랑하는 자들을 위하여 예비하신 모든 것은 눈으로 보지 못하고 귀로 듣지 못하고 사람의 마음으로 생각하지도 못하였다 함과 같으니라 오직 하나님이 성령으로 이것을 우리에게 보이셨으니 성령은 모든 것 곧 하나님의 깊은 것까지도 통달하시느니라 사람의 일을 사람의 속에 있는 영 외에 누가 알리요 이와 같이 하나님의 일도 하나님의 영 외에는 아무도 알지 못하느니라(고전 2:9-11).

바울은 사람의 경험으로부터 유추하고 있다. 누군가 나를 관찰하거나 나에 관한 소문을 듣는다면 나에 대해 많은 것을 알게 될 것이다. 그러나 내가 내 속에 있는 말을 하지 않는다면 내 마음과 생각 속에 무엇이 있는지 알 수 없을 것이다. 오직 나 자신만이 내가 생각하는 것을 알 수 있다(물론 때로 아내가 내 마음을 정확하게 읽어 내기는 하지만 말이다!).

이와 같이 하나님의 가장 깊은 생각을 아시는 분은 성령이시다. 바울은 성령이 하나님의 가장 깊은 것을 "통달하신다"고 했다. 이것은 성령께서 하나님의 마음을 조사하고 탐구해야 한다는 뜻이 아니다. 그는 애써 정보를 구하러 다니시지 않는다. 그는 마치 서치라이트처럼, 빛을 비추지 않으면 어둠 속에 숨어 있게 될 것들을 빛 가운데로 드러내신다.

조명을 계시와 혼동하면 안 된다. 오늘날에는 사람들이 하나님으로부터 받았다고 주장하는 개인적 계시에 대해 종종 듣게 된다. 성령의 조명은 성경에 있는 내용을 넘어 새로운 정보나 참신한 계시를 주시는 일이 아니다.

개혁주의 기독교는 하나님이 오늘날 새로운 규범적 계시를 주신다는 것을 강하게 부정한다. 성령은 성경에 계시된 것을 조명하는 사역을 지금도 하신다. 성령은 우리가 성경을 이해하고 성경의 진리를 깨닫고, 그 진리를 우리 삶에 적용하도록 도우신다. 또 성령은 말씀을 가지고, 말씀을 통해 역사하신다. 성령의 가르침은 결코 말씀에 위배되지 않는다. 그러므로 우리는 들은 것을 성경의 가르침으로 테스트해 보는 것이 필요하다. 성경은 성령의 책이다.

● 요약 ●

1. 성령의 조명이란 우리가 성경을 이해하고 적용하는 것을 돕는 성령의 사역을 말한다.
2. 성령의 조명과 계시를 혼동하면 안 된다.

성령세례

참조 성구 | 욜 2:28-29, 요 7:37-39, 행 2:1-11, 고전 12장, 고전 14:26-33

"성령세례 받으셨나요?" 우리 시대의 그리스도인들은 종종 이런 질문을 받는다. 이런 질문은 성령 체험에 열성적인 은사주의 신자들이 자주 던진다. 한때 '하나님의 성회' 같은 오순절파 교회에서만 퍼졌던 교리가 이제는 많은 신자들에게 중요하게 되었다. 신오순절 운동이 거의 모든 기독교 교파에 퍼졌다. 성령의 임재와 능력에 대한 이 새로운 발견에는 보통 흥분감과 영적 재각성이 수반된다.

신오순절파는 체험에 기반을 둔 성령세례의 교리를 정립하려고 노력해 왔으며, 이 교리는 널리 논쟁이 되어왔다.

늘 그렇지는 않지만 대체로, 은사주의 그리스도인은 성령세례가 두 번째 은혜의 역사로서, 중생과 회심에 따른 것과는 다르다고 여기며, 모든 그리스도인이 가능하지만 모두가 받지는 않는 성령의 역사라고 본다. 은사주의는 방언이 세례의 필수적인 표시인가, 세례의 증거인가를 놓고 분열되어 있다.

오순절파는 (오순절 전에 성령의 거듭나게 하시는 사역을 분명히 체험했던) 신자들이 성령 충만하여 방언을 말했던 사도행전의 패턴을 지적한다. 성경에 나타나는 이 패턴에는 회심과 성령세례 사이의 간격이 있으므로 이것이 모든 세대에 적용되는 표준이라는 것이다.

그들이 성령의 거듭나게 하심과 성령의 세례를 구별하는 점은 옳다. 중생은 성령이 신자에게 새 생명을 주셔서 죄로 죽었던 자를 살리는 것이며, 성령세례는 하나님께서 그의 백성에게 사역을 위해 능력을 부어주시는 것이다.

이와 같이 중생과 성령세례를 구분하는 것은 맞지만, 이 둘 사이의 시간 간격을 모든 세대의 표준으로 삼는 것은 타당하지 않다. 사도들의 시대 이후 정상적인 패턴은 그리스도인이 중생과 함께 성령의 능력을 받는 것이다. 즉 신자가 회심 이후에 성령세례라는 특별한 두 번째 역사하심을 구하는 것은 필수가 아니다. 모든 그리스도인은 성령에 복종하는 정도에 따라 다소간 성령 충만을 받는다.

오순절파 교리의 또 다른 문제점은 *오순절에 대한 부적절한 견해다. 오순절은 신약 역사에서 분수령이 되는 순간이다. 구약에서는 오직 선택받은 소수만이 사역을 위해 은사를 받았다(민수기 11장 참조). 그러나 오순절에 그 패턴이 바뀌었다. 오순절에 그곳에 있던 모든 신자들(전부 유대인)이 세례를 받은 것이다. 이와 마찬가지로

> ***오순절(Pentecost)**
> 구약의 3대 절기(유월절, 칠칠절, 수장절, 출 23:14-17) 중 하나인 칠칠절의 헬라식 표현이며 무교병을 먹는 무교절로부터 50일째 되는 날이다(레 23:17). 예수님께서 승천하신 후 이날 성령이 강림하시어 사람들에게 성령의 은사를 부어주셨고 많은 사람이 회심하고 사도들이 힘 있게 복음을 전하는 등 초대교회가 태동하게 되었다(행 2:1-41).

이후에 회심한 사마리아인들(행 8장), 고넬료의 집안사람들(행 10장), 에베소에 사는 요한의 이방인 제자들(행 19장)은 모두 성령세례를 받았다.

초기 그리스도인들은 사마리아인들과 하나님을 경외하는 이방인들, 요한의 이방인 제자들이 그리스도인이 될 수 없다고 생각했다. 때문에 성령세례는 그들이 교회에 속한 자임을 확증하는 것이었다. 그들은 모두 오순절에 유대인들이 체험한 것과 똑같은 방식으로 성령세례를 받았다. 따라서 그들이 교회에 속하는 것을 부정할 수 없었다. 베드로는 이것을 직접 경험했다. 그는 성령이 고넬료 집안의 이방인들에게 임하는 것을 보고, 그

들을 교회의 온전한 구성원이 되지 못하게 할 이유가 없다고 결론 내렸다. "이 사람들이 우리와 같이 성령을 받았으니 누가 능히 물로 세례 베풂을 금하리요"(행 10:47).

오순절 이후에 이어진 성령세례의 이야기들은 그리스도의 몸 전체가 사역을 위하여 성령의 은사를 받는 오순절의 확장으로 이해되어야 한다. 신약 교회의 모든 신자들이 방언을 말한 것은 아니지만 모두가 성령을 선물로 받은 것은 사실이다. 요엘의 예언이 성취된 것이다(행 2:16-21).

● 요약 ●
1. 성령세례는 사역을 위해 성령께서 신자에게 주시는 은사와 구별된다.
2. 사도행전에서, 네 그룹(유대인, 사마리아인, 하나님을 두려워하는 자, 이방인)에게 성령을 부어주신 것은 그들 모두가 새 언약의 교회에 포함됨을 가리키는 것이다.
3. 오순절은 성령이 제한된 소수에게만 임하는 것이 아니라 모든 사람에게 임하리라고 한 구약 예언의 성취다.

위로자이신 성령

참조 성구 | 요 14:16-18, 행 19:1-7, 롬 8:26-27, 갈 4:6

예수님은 십자가 죽음 전날 제자들에게 성령에 대해 자세히 가르쳐 주셨다. "내가 아버지께 구하겠으니 그가 또 다른 보혜사를 너희에게 주사"(요 14:16). 보혜사란 위로자, 혹은 상담자로 번역되는 말로, 헬라어 '파라클레테'(paraclete)에서 온 것이다.

이 본문에서 알 수 있는 첫째 사항은, 예수님이 "또 다른" 보혜사 혹은 위로자를 약속하셨다는 것이다. 예수님이 성령을 또 다른 보혜사라고 하신 말씀에는 성령 이전에 한 보혜사가 있었다는 의미가 내포되어 있다. 신약성경은 그 첫 번째 위로자 혹은 보혜사가 바로 예수님이심을 분명하게 말하고 있다. 요한은 이렇게 말한다. "나의 자녀들아 내가 이것을 너희에게 씀은 너희로 죄를 범하지 않게 하려 함이라 만일 누가 죄를 범하여도 아버지 앞에서 우리에게 대언자가 있으니 곧 의로우신 예수 그리스도시라"(요일 2:1).

여기서 예수님에게 주어진 대언자(advocate)라는 호칭은 헬라어의 다른 번역본에 파라클레테로 되어 있다. 즉 예수님이 첫 번째 *보혜사라는 뜻이다. 예수님은 이 땅을 떠나시면서 아버지께 또 다른 보혜사를 보내주시기를 기도

> ***보혜사의 다양한 의미**
> 보혜사의 문자적 의미는 '도움을 베풀기 위해 부름 받은 자'라는 뜻이며 성경에서는 '위로자', '중보자', '돕는 자', '상담자', '탄원자' 등으로 다양하게 표현되었다.

하셨다. 그리고 그리스도 대신 성령이 오셨다. 그는 이 땅에서 그리스도의 최고 대리인이시다.

고대 세계에서 파라클레테는 법정에서 도움을 주도록 소환된 사람이었다. 성령은 이 역할을 따라 한 가지 이상의 임무를 수행하신다. 그 한 가지가 바로 신자들이 하나님 아버지께 말하는 것을 도우시는 일이다. 바울은 로마 교회에 쓰는 편지에서 이렇게 말한다.

> 이와 같이 성령도 우리의 연약함을 도우시나니 우리는 마땅히 기도할 바를 알지 못하나 오직 성령이 말할 수 없는 탄식으로 우리를 위하여 친히 간구하시느니라 마음을 살피시는 이가 성령의 생각을 아시나니 이는 성령이 하나님의 뜻대로 성도를 위하여 간구하심이니라(롬 8:26-27).

또 성령은 신자들이 세상을 향해 말하는 것도 도우신다. 그는 우리가 갈등에 직면했을 때 마가복음 13장 11절에서 예수님이 약속하신 것처럼 우리를 위해 말씀하신다. 성령은 세상의 죄를 깨우치심으로써 우리를 보호하신다. 성령은 의로운 자를 경건치 않은 자의 공격으로부터 변호하신다.

보혜사의 개념에는 위로자의 역할도 있다. 여기에는 두 가지 면이 있는데, 첫째는 상처받은 자, 실패한 자, 슬픔에 빠진 자에게 부드러운 위로가 되시는 것이다. 둘째 역시 중요한데, 위로자라는 단어의 라틴어 어원이 '힘있게'인 것처럼 성령은 우리에게 힘이 필요할 때 오신다. 그는 우리에게 용기와 담대함을 주신다. 또한 위로하시고 힘을 주셔서 우리가 모든 일에 넉넉히 이기게 하신다(롬 8:37).

● 요약 ●

1. 예수님은 하나님 아버지 앞에서 우리의 대언자 역할을 하시면서 첫 번째 위로자가 되신다.
2. 성령은 예수님이 승천하신 후에 예수님을 대신하는 또 다른 위로자다.
3. 성령은 현재 우리를 돕는 자로 활동하신다.

성화시키시는 성령

참조 성구 ㅣ 요 15:26, 고후 3:17-18, 갈 4:6, 빌 2:12-13, 벧전 1:15-16

하나님은 모든 사람에게 자신의 거룩한 성품을 반영하고 반사하라고 하신다. "오직 너희를 부르신 거룩한 이처럼 너희도 모든 행실에 거룩한 자가 되라 기록되었으되 내가 거룩하니 너희도 거룩할지어다 하셨느니라"(벧전 1:15-16). 문제는 우리가 거룩하지 않다는 것이다. 우리는 거룩하지 않다. 그런데도 성경은 우리를 "성도"라고 부른다.

> **＊성도(Saint)**
> '구분된 자', '성별된 자', '거룩한 자'란 뜻으로 그리스도로 말미암아 구원받고 하나님의 자녀가 된 모든 사람을 말한다(시 106:16; 벧전 2:5). 성경에 나타난 표현들로는 믿는 자(행 5:14), 형제(마 23:8), 약속의 자녀(롬 9:8), 빛의 자녀(눅 16:8), 택하신 족속(벧전 2:9), 하나님의 후사(롬 8:17), 거룩한 백성(사 62:12), 그리스도인(행 11:26, 26:28) 등이 있다.

＊성도란 '거룩한 자'라는 뜻이다. 그런데 우리 안에는 거룩함이 없으므로 반드시 거룩하게 만들어져야 한다. 우리를 거룩하게 하시고 그리스도의 형상을 본받게 하시는 분은 성령이다. 제 삼위이신 성령은 성부 성자와 동일하게 거룩하다. 그러나 우리는 거룩한 성부, 거룩한 성자, 거룩한 영이라고 하지 않는다. 하나님의 영을 거룩한 영(성령)이라 하는 것은 그의 위격만 아니라 우리를 거룩하게 하시는 그의 사역 때문이다.

우리를 성도로 만드는 일은 거룩한 영(성령)의 특별한 사역이다. 성령은 우리를 성별하시며, 성화시키는 역할을 하신다. 성화된다는 것은 거룩하게, 즉 의롭게 되는 것이다. 성화는 우리가 그리스도인이 되는 순간부터 시작되는 과정이다. 이 과정은 우리가 죽어서 마침내 온전하게 영원히 의로워질 때까지 계속된다.

개혁주의 신앙은 성령이 단독으로 중생 사역을 한다는 사실을 특별히 강조한다. 우리가 성령을 도와서 거듭나는 것이 아니다. 우리는 신자가 거듭나는 과정에서 신자가 협력한다는 생각을 철저히 부정한다. 그러나 성화는 다르다. 우리의 성화는 협력하는 사역이다. 우리는 성령과 함께 일하여 성화에 이르러야 한다. 바울은 빌립보교회에 보내는 편지에서 이러한 생각을 다음과 같이 표현했다.

> 그러므로 나의 사랑하는 자들아 너희가 나 있을 때뿐 아니라 더욱 지금 나 없을 때에도 항상 복종하여 두렵고 떨림으로 너희 구원을 이루라 너희 안에서 행하시는 이는 하나님이시니 자기의 기쁘신 뜻을 위하여 너희에게 소원을 두고 행하게 하시나니(빌 2:12-13).

협력해야 한다는 말은 우리도 일해야 한다는 의미다. 우리는 진지하게 일해야 한다. 두렵고 떨림으로 일한다는 것은 공포감을 가지라는 말이 아니라 노력과 경외심을 가지라는 말이다. 우리가 이 일을 혼자 하도록 내버려지지 않는다는 사실이 위로가 된다. 하나님은 우리 안에서 일하시며 우리의 성화를 이루신다.

성령은 신자 속에 내주하시며 보다 의로운 삶과 마음을 일으키신다. 그러나 우리는 성령의 내주하심과 개인의 신격화를 혼동해서는 안 된다. 성령은 신자 안에 계시면서 신자와 함께 일하시지만 신자 자신이 되시는 것은 아니다. 성령은 사람을 성화시키시는 것이지 피조물을 신격화하시는 것이 아니다. 즉 성령이 우리 안에 내주하실 때, 그가 인간이 되시거나 우리가 신격화되는 것이 아니다. 성령은 인간으로서의 우리 정체성을 파괴하시지 않는다. 성화 과정에서 우리의 성품이 하나님을 닮는 것이지 하나님이 되는 것이 아니다.

● 요약 ●

1. 하나님은 우리에게 하나님의 거룩하심을 반사하라고 말씀하신다.
2. 우리가 거룩해지려면 자기 외부에서 거룩을 받아들여야 한다.
3. 성령이 "거룩한 영"으로 불리는 것은 우리를 거룩하게 하시는 사역 때문이다.
4. 성화는 평생 계속된다.
5. 성화는 신자와 성령이 함께 협력하는 일이다.
6. 성령이 내주하신다고 해서 우리가 신격화되는 것은 아니다.

6부
―

인간과 타락

Essential Truths
of the
Christian Faith

자신에 대한 **지식**과
하나님에 대한 **지식**

참조 성구 | 창 1:27, 시 51편, 행 14:8-18, 행 17:22-31, 롬 1:18-23

아기가 이 세상에 태어날 때, 보통 제일 먼저 아기의 엉덩이를 찰싹 때린다. 아기의 정상적인 반응은 날카로운 울음소리다. 아기는 왜 울까? 아파서? 두려워서? 아니면 화가 나서?

아마도 모두 이유가 될 것이다. 우리가 이 세상에 처음 나오는 장면은 이렇게 울음소리와 분노로 표현된다. 어떤 사람은 이러한 최초의 항변을 탄생의 의미뿐 아니라 인생 전체의 의미를 총괄한 것으로 생각한다. 다음과 같은 맥베드의 대사가 있다.

> 인생은 걸어 다니는 그림자일 뿐,
> 무대 위에서 뽐내기도 하고 안달하기도 하는
> 가련한 연극배우일 뿐,
> 그 이상 아무것도 아닌 것, 이것은
> 소음과 공포로 가득 찬 백치의 속임수다.
> 아무런 의미도 없다.[14]

아무런 의미가 없다는 것은 철저하게 그리고 완전히 무가치하다는 것이다. 무가치하다는 것은 무의미하다는 것이다. 무의미하다는 것은 아무런 쓸모도 없다는 것이다.

우리 자신의 의미는 "나는 누구인가", 또 "나는 무엇인가"라는 질문과 결부되어 있다. 이것은 정체성에 관한 질문이다. 우리의 정체는 궁극적으로 하나님과의 관계에 연결된다. 즉 하나님이 누구신지 모르고서는 자신이 누구인지 이해할 수 없다.

또한 우리 자신에 대한 지식과 하나님에 대한 지식에는 상호 의존성이 있다. 스스로에 대해 인식하는 순간, 곧 자신이 하나님이 아님을 깨닫는다. 우리는 피조물이다. 우리에게는 태어난 날, 이 땅에서의 삶을 시작한 순간이 있다. 우리 무덤에 세워질 비석에는 태어난 날이 '영원'이라고 새겨지지 않을 것이다. 내 삶의 끝날이 언제가 될지는 나도 모르겠지만 태어난 연대는 "1939년"으로 새겨질 것이다.

이와 같이 피조물이라는 인식은 우리의 생각을 창조자에게로 돌아가게 만든다. 먼저 우리 자신을 인식하기 전에는 하나님, 혹은 우리 외부에 있는 그 어떤 것도 생각할 수 없다. 또한 하나님과의 관계 속에서 우리 자신을 이해하기 전에는 우리 자신의 의미를 온전하게 파악할 수 없다. 그러므로 인간에 대한 학문인 인류학은 하나님에 관한 학문인 신학의 한 부분이다. 현대 인문학의 위기는 인류학과 신학 사이의 단절에 있다. 우리의 이야기가 하나님으로부터 고립되거나 단절될 때, 그것은 '소음과 공포로 가득 찬, 아무런 의미도 없는 백치의 속임수'가 된다. 우리가 하나님과 관련 없는 존재라면 철학자 사르트르(Jean-Paul Sartre)의 말대로 우리는 하나의 "쓸모없는 열정"이 된다.

"쓸모없는 열정"이란 무엇인가? 열정이란 격렬한 감정이다. 인생은 격렬한 감정으로 특징지어진다. 여기에는 사랑, 미움, 두려움, 죄책감, 야망, 정욕, 시기, 질투 등 많은 것이 포함된다. 피조물로서 우리는 인생에 대한 여러 가지 깊은 감정을 느낀다. 우리를 따라다니는 질문은 "이 모든 감정이 다 쓸데없는 것인가?", "내가 애쓰고 연연하는 모든 것이 헛되고 덧없는 것인가?"라는 것이다.

우리 인생의 의미는 위기에 처했다. 우리의 존엄성이 위태롭다. 하나님과 무관하게 인간의 존재만을 따로 생각할 때의 인간은 홀로이며 무의미하다. 우리가 하나님으로부터 창조되지 않았고 하나님과 관계있는 피조물이 아니라면 우리는 우주 속의 우발적인 산물이다. 우리의 기원은 무의미하고 우리의 운명 역시 무의미하다. 우리가 우연히 암흑으로부터 출현했으며 종국에는 무(無)의 심연 속으로 해체되어 버린다면 우리는 출생과 사망이라는 절대적인 무의미의 양극 사이에서 살고 있는 것이다. 우리는 존엄성과 가치가 발가벗겨진 무인 것이다.

무의미한 기원과 무의미한 종말의 양극 사이에서 일시적으로 인간에게 존엄성을 부여하는 일은 순전한 감상으로 자기도취에 빠지는 것이다. 자기 기만으로 자신을 속이는 것이다. 우리의 기원과 종말은 하나님께 연결되어 있다. 따라서 우리가 가질 수 있는 궁극적인 의미는 신학적이어야 한다. 시편 기자도 우리와 같은 질문을 던졌다.

주의 손가락으로 만드신 주의 하늘과 주께서 베풀어 두신 달과 별들을 내가 보오니 사람이 무엇이기에 주께서 그를 생각하시며 인자가 무엇이기에 주께서 그를 돌보시나이까 그를 하나님보다 조금 못하게 하시고 영화와 존귀로 관을 씌우셨나이다(시 8:3-5).

하나님에 의해 창조되었다는 것은 하나님과 관계있다는 것이다. 이 피할 수 없는 관계는 우리 존재가 쓸모없는 소음이나 감정이 아니라는 점을 확증한다. 창조물 가운데서 우리는 영광의 면류관을 받는다. 영광의 면류관은 존엄의 면류관이다. 하나님이 계시면 우리는 존엄성을 갖고, 하나님이 계시지 않으면 우리는 아무것도 아니다.

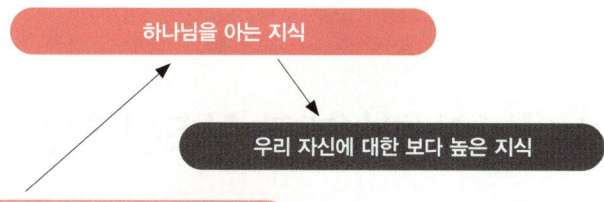

자신을 아는 지식은 우리를 하나님을 아는 지식으로 이끌고,
하나님을 아는 지식은 더 높은 수준으로
더 온전히 우리 자신을 알게 해준다.

● 요약 ●

1. 먼저 우리 자신을 인식하지 않고는 하나님을 알 수 없다.
2. 하나님을 알지 못하면 우리 자신을 정확하게 알 수 없다.
3. 하나님과의 관계 속에 있는 인간: 의미 있는 기원+의미 있는 종말=의미 있는 삶
4. 하나님과의 관계를 떠난 인간: 무의미한 기원+무의미한 종말=무의미한 삶

하나님의 형상대로 창조된 인간

참조 성구 | 창 9:6, 롬 8:29, 고전 15:42-57, 골 1:15

예술에서 형상을 만든다는 것은 아름다움을 만들어내는 것이다. 그림, 조각 등은 대부분 모방인 경우가 많다. 우리는 기교를 사용하여 실제 생활에서 끌어낸 대상을 묘사한다.

궁극적인 예술가는 하나님이시다. 우주를 만드실 때 하나님은 하늘이 그 영광을 선포하고 궁창이 그 하신 일을 나타내도록 우주에 자신의 흔적을 남기셨다.

하나님은 피조물들이 하늘과 땅에 가득 차게 하셨고, 그중 한 피조물은 자신의 형상을 따라 독특하게 만드셨다. 창세기 1장 26-27절은 이렇게 선포한다.

> 하나님이 이르시되 우리의 형상을 따라 우리의 모양대로 우리가 사람을 만들고 그들로 바다의 물고기와 하늘의 새와 가축과 온 땅과 땅에 기는 모든 것을 다스리게 하자 하시고 하나님이 자기 형상 곧 하나님의 형상대로 사람을 창조하시되 남자와 여자를 창조하시고(창 1:26-27).

우리가 하나님의 형상을 따라 모양대로 창조되었다는 성경 말씀 때문에 어떤 이들(특히 로마 가톨릭)은 하나님의 형상대로 창조되었다는 것과 모양대로 창조되었다는 것 사이에 차이가 있다고 결론짓는다. 그러나 성경 언어의 구조상 형상과 모양은 같은 의미다. 우리는 하나님의 상(像)이며 하나님의 성품을 비추고 반사할 수 있는 독특한 능력을 가진 피조물이다.

하나님의 형상대로 만들어졌다는 것은 우리가 대체로 하나님과 닮았다는 의미로 이해할 수 있다. 하나님은 창조자이시고 우리는 피조물임에도 불구하고, 또한 하나님의 존재와 능력과 영광이 우리를 초월함에도 불구하고, 우리가 하나님을 닮았다는 것이다. 실제로 하나님과 우리는 닮은 점이 있다. 하나님은 지적이고 도덕적인 존재이시다. 우리 또한 지성과 마음과 의지를 가진 도덕적 행위자다. 이러한 기능들로 인해 우리는 하나님의 거룩하심을 반사하는 원래의 소명을 이행할 수 있다. "하나님이 자기 형상 곧 하나님의 형상대로 사람을 창조하시되"(창 1:27)라는 본문에서 "사람"은 "인간"을 의미한다. 즉 남자와 여자 모두 하나님의 형상대로 창조되었다. 그 형상에는 이 땅을 다스리고 정복하라는 인간의 소명이 포함된다. 우리는 하나님 다음의 부통치자로서 땅을 가꾸고 충만하고 지키라는 부르심을 받았다. 때문에 우리는 우주를 다스리시는 하나님의 의로우신 통치를 반사해야 한다. 그는 자신이 다스리는 것을 파괴하거나 착취하지 않으시며 공의와 자비로 다스리신다.

그런데 인간이 타락하면서 엄청난 일이 일어났다. 하나님의 형상이 심하게 손상된 것이다. 하나님의 거룩하심을 반사하는 능력이 크게 손상되어 이제는 그 거울이 뿌옇게 흐려졌다.

그러나 타락이 우리의 인간성을 파괴하지는 않았다. 비록 타락으로 하나님의 거룩하심을 반사하는 능력은 잃어버렸지만 우리는 여전히 인간이다. 우리는 여전히 지성과 마음과 의지를 가졌다. 여전히 우리에게 새겨진 창조주의 표지를 지니고 있다. 우리 안에 있는 하나님 형상의 온전한 회복은 그리스도에 의해 성취된다. 히브리서 기자의 말처럼 그리스도는 "하나님의 영광의 광채시요 그 본체의 형상이시다"(히 1:3).

● **요약** ●

1. 하나님은 인간(남자와 여자 모두)을 자신의 형상과 모양대로 창조하셨다.
2. 하나님과 인간 사이에는 닮은 점이 있어 서로 교제가 가능하다.
3. 인간은 하나님과 같이 지성과 의지를 가진 도덕적 행위자다.
4. 인간은 이 땅을 정복하라는 부르심을 받았다.
5. 인간이 타락하면서 그 안의 하나님의 형상이 손상을 입었다.
6. 그리스도는 하나님의 완전한 형상이다. 그는 우리 속에 있는 하나님의 형상을 온전히 회복시키신다.

인간의 육체와 영혼

참조 성구 | 창 1:1-2:25, 전 12:7, 마 10:28, 롬 8:18-23, 고전 15:35-55

일주일에 세 번, 나는 체육관에서 개인 트레이너에게 고문을 당한다. 그는 나 개인의 전제 군주이며 나의 유일한 사이먼 러그리(Simon Legree, '톰 아저씨의 오두막'에 나오는 무자비한 노예 주인)다. 실제로 심장 혈관을 위한 운동, 무쇠덩이를 들었다 내리는 운동, 그리고 지독할 정도로 몸을 구부렸다 펴는 운동 등은 "육체의 연단은 약간의 유익이 있으나"(딤전 4:8)라는 성경 말씀에도 불구하고 내가 계속하고 있는 것들이다! 그리고 그때마다 나는 나의 육체, 몸무게나 체격에 신경 쓰면서 "몸은 죽여도 영혼은 능히 죽이지 못하는 자들을 두려워하지 말고"(마 10:28)라고 하신 예수님의 말씀을 떠올린다.

하나님의 형상과 모양대로 창조된 인간은 물질인 육체와 비물질인 영혼으로 구성된 피조물이다. 영혼은 때로 영이라 불린다.

육체와 영혼 모두 하나님이 창조하셨고 그 둘은 인간의 구성 요소 중 서로 다른 부분이다. 성경의 인간관은 고대 헬라의 인간관과는 첨예하게 다르다. 우리의 육체와 영혼은 이원적인 것이 아니라 이중적이다. 헬라의 이원론에서는 육체와 영혼이 함께할 때 끊임없는 긴장 상태가 계속되므로 양립할 수 없다고 본다. 보통 이원론에서는 육체에 본질적인 악, 혹은 불완전한 무언가가 있기 때문에 순수한 영혼에 비해 악하다고 말한다. 헬라인들에게 구원이란 마침내 영혼이 육체의 감옥으로부터 벗어나는, 육체로부터의 전적인 구속을 의미한다.

  그러나 성경적 관점에서 보면 육체는 선하게 창조되었으므로 신체에는 본질적인 악이 없다. 다만 육체도 영혼과 마찬가지로 도덕적 타락으로 인해 고통받는다. 인간은 육체와 영혼 모두가 악한 것이다. 기독교는 '육체로부터의' 구속을 가르치는 것이 아니라 '육체의' 구원을 가르친다.

  이중성에 의하면 인간은 하나님의 창조로 두 개의 다른 부분이 하나의 존재를 이룬 것이다. 철학적으로나 성경 해석학적으로도 이중성의 긴장을 극복하기 위한 제3의 어떤 것(정신 등)이 필요치 않다. 즉 정통 신학은 인간을 육체와 혼과 영, 이 세 가지로 구분하는 삼분설을 거부한다.

  많은 신학자들이 인간 영혼의 자연적인, 혹은 본질적인 필멸성에 대하여 논쟁해왔음에도 불구하고 영혼에 관한 다음의 사실을 기억해야 한다. ①영혼은 하나님이 창조하셨고 본질적으로 영원하지 않다. ②영혼은 물질로 이루어지지 않았고 물리적인 힘으로 분해될 수 없지만 하나님에 의해서는 파괴될 수 있다. 즉 영혼은 하나님이 유지하시는 능력 없이는 한 순간도 존재할 수 없다. "우리가 그를 힘입어 살며 기동하며 존재하느니라"(행 17:28).

  죽을 때, 육체는 죽어도 영혼은 신자와 불신자 모두 계속 산다. 다만 신자는 그들의 육체의 부활과 영화가 이루어질 구원의 마지막 날을 기다리는 반면, 회개하지 않은 자는 하나님의 영원한 심판을 기다린다. 하나님이 영혼을 죽음으로부터 보존하시기에 인간은 무덤을 넘어 의식적인 개인 존재의 연속성을 갖는다. 또 인간은 전체적으로 타락했으므로 영혼, 육체 모두 하나님이 베푸시는 구원의 은혜의 대상이다.

● 요약 ●

1. 인간은 물질인 육체와 비물질인 영혼을 가졌다.
2. 인간은 이중성 속에 단일성을 가지고 있으며 기독교는 헬라 철학의 이원론 개념을 거부한다.

인간 = 이중성 속의 단일성

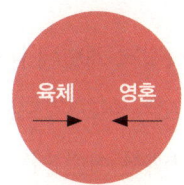

헬라 철학의 견해 = 통일된 이원론

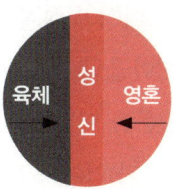

삼분설 = 성신으로 인해 육체와 영혼 사이의 긴장이 완화됨

3. 인간의 육체는 하나님의 선하신 창조의 일부다. 따라서 영혼과 마찬가지로 타락했지만 본질적으로 악한 것은 아니다.
4. 인간의 영혼은 본질적으로 영원하지 않다. 하나님에 의해 창조되고 유지되어야 한다.

인간의 육과 영

참조 성구 | 마 26:36-41, 요 3:6, 롬 7:13-8:17, 엡 2:1-3, 벧전 2:11

현대 교회에는 육과 영의 성경적 개념에 대해 많은 혼란이 있다. 한편으로 교회는 신체에 속한 것은 모두 어느 정도는 악하다는 고대 헬라의 개념과 아직도 씨름하고 있다. 그래서 어떤 사람들은 그리스도인의 생활이란 완전히 영적인 것으로서 육체적 존재와는 아무 관련이 없다고 생각한다. 어떤 사람들은 이 때문에 먹고 마시고 성적 만족을 구하는 일 등의 육체적 기능은 모두 필요악이라고 받아들인다. 다른 한편으로는, 육체는 중요치 않으므로 영혼만 건강하다면 몸을 어떻게 사용하든 상관없다고 생각하는 사람들도 있다. 두 입장 모두 육과 영이 똑같이 중요하며 적당히 영양을 공급하고 보살펴야 한다는 성경의 가르침을 심하게 왜곡한 것이다.

두 번째 문제점은 육적인 그리스도인과 성령 충만한 그리스도인을 지나치게 구별함으로 나타난다. 여기서는 ①육적인 비그리스도인, ②육적인 그리스도인, ③성령 충만한 그리스도인 이렇게 세 부류로 나눈다. 만일 육적인 그리스도인을 성령이 전혀 없으며 완전히 육적인 생활 방식에 빠진 사람으로 여긴다면, 엄밀히 말해 그는 그리스도인이 아니다. 그리스도인이라고 고백하면서 여전히 육적인 삶을 산다면 그 고백은 거짓이다. 그러므로 '완전히 육적인 그리스도인'이라는 말은 모순이다.

모든 그리스도인은 성령 충만하다. 성령 '충만한' 것은 그리스도인이 성령께 복종하는 정도에 따라 어느 정도 차이를 나타내지만, 성령은 모든 그리스도인 속에 거하신다.

사도바울은 신자가 육과 영 사이에서 겪는 전쟁 또는 갈등을 말한다. 그렇다고 그가 육과 영 사이의 이원론이나 본질적인 부조화를 가르치는 것은 아니다. 그가 묘사하는 갈등은 육신의 욕망 혹은 취향과 영적 미덕 사이의 싸움으로 정리될 수 있는 것이 아니다. 이 갈등은 그보다 더 뿌리 깊은 것이다.

신약에서 '육'(사르크스, sarx)이라고 표현한 단어는 '몸'(소마, soma)이라는 말과 동의어로 쓰이곤 한다. 그러나 '영'(프뉴마, pneuma)이라는 말과 뚜렷한 대조를 이루면서 쓰일 때의 '육'은 대부분 신체 이상의 뭔가를 나타낸다. 여기서 육은 보통 타락한 인간의 부패한 본성을 가리킨다. 우리가 성령으로 거듭나 그리스도 안에서 새로운 피조물이 될 때, 우리의 타락한 본성(육)의 힘은 정복되었지만 완전히 말살되지는 않는다. 따라서 평생의 성화 과정에서 그리스도인이 성령과 은혜로 자라가려면 매일 옛 본성과 전쟁을 치를 수밖에 없다.

그리스도 안의 새사람이 내주하시는 성령에 의해 강건해지면서 옛사람은 날마다 죽는다. 우리에게 보증으로 주어지고 우리를 인치신 성령은 결국 이 전쟁에서 승리하실 것이다. 그러나 그 과정은 매우 치열하다. 그리스도인은 계속 죄와 유혹에 맞서 싸운다. 회심을 통해 육신의 전적인 지배로부터 자유로워지지만 완전해지지는 않는다.

옛사람(육)과 성령 사이의 이 싸움은 우리가 죽을 때까지 계속된다. 죽음 후에 우리는 영화에 이른다. 육은 완전히 죽고 새사람은 완전히 정결해지는 것이다.

● **요약** ●

1. 성경은 육체가 본질적으로 악하다는 헬라 사상을 거부한다.
2. 그리스도인은 육체를 멸시하지도 높이지도 않는다. 육체와 영혼은 모두 성화가 필요하다.
3. 어떤 그리스도인도 완전히 육적일 수 없고 육적인 것으로부터 완전히 벗어나지도 못한다.
4. 모든 그리스도인에게 성령이 내주하신다.
5. 육과 영의 전쟁은 육체와 영혼간의 갈등이 아니라 우리의 타락한 본성(옛사람)과 거듭난 본성(새사람) 사이의 갈등이다.
6. 육과 영의 싸움은 그리스도인의 삶이 영화에 이를 때까지 계속된다.

사탄

참조 성구 | 욥 1:6-12, 마 4:1-11, 눅 22:31, 살후 2:5-10, 벧전 5:8-11

사탄의 형상을 할로윈(Halloween) 파티에 등장하는 모습 정도로 생각하는 경향이 있다. 할로윈 파티에서의 사탄은 우스꽝스러운 빨간 옷을 입고 있다. 또 두 갈래 뿔과 세 갈래 꼬리를 달고 있다. 이러한 모습은 성경적인 기독교를 부인하는 사람들 사이에서 조롱의 표적이 되곤 한다. 어느 날 나는 수업 시간에 "하나님을 믿는 사람 손 들어보세요."라고 말했다. 30명 중 대다수가 손을 들었다. 그다음 "그러면 사탄이 존재한다고 믿는 사람 있나요?"라고 물었다. 오직 두 사람만 손을 들었다.

한 학생이 이렇게 말했다. "요즘 시대에 지성인이 어떻게 사탄을 믿을 수 있어요? 사탄은 밤중에 나타나는 유령이나 도깨비같은 미신이잖아요!" 그 말을 들은 나는 이렇게 대답했다. "도깨비보다는 사탄이 훨씬 더 믿을 만한 근거가 있습니다. 여러분에게는 아마도 성경에 대한 확신이 없을 것입니다. 그렇지만 성경은 마더구스(Mother Goose) 이야기책(영국에서 전승되어온 이야기책)보다 더 믿을 만합니다."

사탄을 마녀나 도깨비같은 것으로 생각하는 것은 진지하고 냉정하지 못한 행동이다. 나는 다음과 같은 질문으로 수업을 계속 이어갔다. "만일 여러분이 하나님을 사람에게 선한 영향을 주는, 눈에 보이지 않는 인격적인 존재로 생각한다면, 사람들에게 악한 영향을 주는, 눈에 보이지 않는 인격적인 존재가 있다는 사실은 왜 생각하지 못하는 건가요?"

아마도 사탄에 대한 우리의 문제는, 그것을 성경적인 관점에서 보지 않고 풍자적으로 꾸민 우스꽝스러운 모습으로만 생각하는 데 있는 것 같다. 성경에서 사탄은 '대적'이라는 의미다. 우리는 그가 마귀라는 것을 안다. 그는 천사와 같은 존재로, 인류가 창조되기 전에 하나님을 대적하였고 그 이후 인간 및 하나님과 싸우고 있다. 그는 어둠의 임금, 거짓의 아비, 참소자, 미혹하는 뱀으로 불린다. 사탄의 참모습은 우리 생각처럼 뿔과 세 갈래의 꼬리를 가진 우스꽝스러운 모습이 아니다.

사실 그러한 모습은 중세 교회에서 비롯되었다. 사탄을 웃음거리로 만들기 위해 교회가 의도적으로 만들어낸 것이다. 교회는 사탄에게 효과적으로 저항하는 방법이 그를 모욕하는 것이라 믿었다. 사탄의 가장 약한 부분이 교만이라고 여겼다. 그의 교만을 공격하는 것이 그를 물리치는 가장 효과적인 방법이라 생각한 것이다.

그러나 성경에서 말하는 사탄은 훨씬 더 세련된 모습이다. 그는 광명의 천사로 등장한다. 이러한 모습은 사탄에게 자신을 선한 모습으로 위장하는 교활한 능력이 있다는 것을 나타낸다. 사탄은 음흉하고 사람을 미혹하며 간악하다. 그는 유창하게 말한다. 그의 모습은 굉장히 멋지다. 어둠의 임금이면서 빛의 외투를 입는다. 성경은 사탄이 두루 다니며 삼킬 자를 찾는 우는 사자라고 말한다. 그리스도 역시 사자, 유다의 사자라고 일컬어진다. 그러나 그는 구속자이시며 사자를 막는 분이시며 삼키는 자를 삼키시는 분이다. 두 사자의 이미지 모두 힘을 말한다.

*사탄이 하는 일
- 하나님의 말씀에 불순종하게 함
  (창 3:4-5)
- 서로 비방하게 함(욥 1:9-11)
- 질병과 고통을 가져다 줌
  (욥 2:7; 눅 9:39)
- 의로운 자를 대적함(슥 3:1)
- 시험함(마 4:1)
- 믿음의 열매를 맺지 못하게 방해함
  (마 13:19, 38-39)
- 거짓말(요 8:44)
- 악한 생각을 넣어 죄를 충동질함
  (요 13:2)
- 하나님의 말씀을 깨닫지 못하게 함
  (고후 4:4)
- 두루 다니며 삼킬 자를 찾음(벧전 5:8)

그렇다면 신자들은 사탄에게 어떻게 반응해야 할까? 한편으로 사탄은 정말 두려운 존재다. 베드로전서 5장 8절에 "근신하라 깨어라 너희 대적 마귀가 우는 사자같이 두루 다니며 삼킬 자를 찾나니"라고 했다. 그러나 신자들은 두려움으로만 반응하지 말아야 한다. 사탄은 우리보다 강할지 모르지만 사탄보다 그리스도가 더 강하시다. 성경은 "너희 안에 계신 이가 세상에 있는 자보다 크심이라"(요일 4:4)라고 말한다. 즉 사탄도 결국 피조물이다. 그는 유한하고 제한된 존재다. 그는 시간과 공간의 제약을 받는다. 그는 동시에 두 곳 이상에 있을 수 없다. 어떤 식으로든 결코 하나님과 동등하게 간주될 수 없다. 물론 사람보다는 순위상 먼저일 수 있다. 그러나 그는 타락한 천사다. 신이 아니다. 그는 지상의 피조물들보다 능력이 있지만 전능하신 하나님에 비하면 무한히 적은 능력을 가지고 있다.

● 요약 ●

1. 사탄을 신화적 존재로 여기면 안 된다.
2. 사탄은 사람을 미혹하고 유혹하고 참소하는, 고도로 세련된 능력을 가진 타락한 천사다.
3. 사탄은 신적 능력이나 속성이 없는 유한한 피조물이다.

귀신

참조 성구 | 막 1:21-28, 눅 10:17-20, 눅 11:14-26, 고전 10:14-24, 요일 4:1-6

귀신은 사탄을 수종드는 초자연적인 존재다. 그들은 사탄과 마찬가지로 한때 천사였다. 그러나 사탄의 반역에 가담했다가 그와 함께 하늘나라에서 쫓겨났다. 그들이 성경에서 언급될 때는 주로 사람들이 귀신 들린 것에 초점이 맞추어진다.

사도바울은 이교도들이 숭배하는 신은 실제로 존재하지 않으며, 존재하는 것은 그런 것을 부추기며 퍼지게 하는 귀신들이라고 말한다. 따라서 이러한 이교도들의 의식에 참여하는 사람들은 사실상 귀신을 경배하며 귀신의 통제를 받고 있는 것이다.

신약성경은 귀신의 일곱 가지 특성을 계시한다. 때때로 귀신과 관련하여 눈먼 것, 자신을 괴롭히는 것 등의 신체적·정신적 병이 있다. 귀신들은 그리스도가 하나님의 거룩하신 분임을 알았다. 그래서 두려워하며 예수님의 권위에 복종했다. 게다가 귀신들은 초자연적 지식과 우월한 힘, 그리고 미래를 예언하는 능력을 갖고 있었다.

종교개혁자들은 귀신을 둘러싼 지나친 관습과 미신에 강하게 반대했다. 16세기 말에 이르러 루터 교회는 귀신을 쫓아내는 일을 폐지했다.

귀신은 여전히 활동하고 있지만, 신약에 표현된 활동의 수준과 격렬함은 독특하다. "때가 차매" 인류의 구속자에 대한 이 세상 최후의 큰 방어가 있었던 것이다. 즉 사탄은 자신의 모든 힘을 썼다. 부활과 오순절 성령 강림으로 인해 사탄과 그의 졸개 귀신들은 심각한 제약을 받게 되었다. 그러나 바울과 요한은 마지막 때에 사탄과 그의 졸개인 귀신들의 활동이 증가하게 될 것이라고 경고한다.

> ***성경에 나타난 귀신의 특징**
> - 더러움(막 1:23)
> - 수가 많음(막 5:8–9)
> - 악함(막 12:45)
> - 미혹함(요일 4:1–6)
> - 강함(눅 8:29)
> - 하나님께서 허락하신 범위 안에서 활동함(삿 9:23; 삼상 16:14)
> - 예수님의 권위에 복종함 (막 5:1–15)

성경을 진지하게 받아들인다면 귀신의 세계 또한 진지하게 보아야 할 것이다. 적절한 귀신론 없는 성경적 신학은 있을 수 없다.

귀신은 실재하고 힘이 있지만 그리스도인을 정복할 수 있다고 믿을 근거가 없다. 우리는 귀신에게 괴롭힘당하거나 유혹받거나 참소당할 수 있지만 통제받지는 않는다. 모든 그리스도인에게 성령이 내주하시기 때문이다. 성령의 임재가 우리를 귀신 들림으로부터 보호한다. 성령은 우리를 공격하는 그 어떤 귀신보다 강하시다.

● 요약 ●

1. 귀신은 사탄의 지배하에 있는 타락한 천사다.
2. 귀신은 예수님이 이 땅에 계실 때 범상치 않은 힘을 보였다.
3. 귀신은 그리스도인을 지배할 수 없다.

죄

참조 성구 | 롬 2:1-11, 롬 3:10-26, 롬 5:12-19, 약 1:12-15, 요일 1:8-10

죄의 성경적 정의는 활시위를 당겨 화살을 쏘았는데 과녁을 빗나간 것으로 묘사할 수 있다. 물론 과녁의 정중앙을 맞히지 못한 것을 심각한 도덕적 문제라고 볼 수는 없다. 다만 죄에 대한 가장 단순한 성경적 정의가 "과녁을 빗나가다"라는 뜻이다. 성경적 의미에서, 빗나간 목표는 짚으로 만들어진 표적판이 아니다. 그것은 하나님의 법이 보여주는 "규범"을 말한다. 하나님의 법은 하나님 자신의 의를 표현하며 우리 행동의 궁극적인 기준이 된다. 이 기준에 이르지 못하면 죄가 되는 것이다.

성경은 하나님의 영광이라는 표적을 맞추지 못한다는 점에서 죄의 보편성을 말한다. "모든 사람이 죄를 범하였으매 하나님의 영광에 이르지 못하더니"(롬 3:23). "완벽한 사람은 없다" 혹은 "잘못을 범하는 것은 당연지사"라는 말은 죄의 보편성을 인정한 말이다. 우리 모두는 구속을 필요로 하는 죄인이다.

죄는 '이성적인 피조물에게 규칙으로 주어진 하나님의 법을 따르지 못하거나 어기는 것'[15]이라고 정의되어왔다. 이 정의에는 세 가지 중요한 측면이 있다.

첫째, 죄는 순종이 부족한 것을 말한다. 그것은 하나님의 법을 따르지 않는 것이다. 해야 할 일을 하지 않는 죄(sin of omission)는 하나님이 명하신 것을 하지 않는 것을 말한다. 예를 들어 하나님께서 이웃을 사랑하라고 명하셨는데 그렇게 하지 않는다면 그것은 죄다.

둘째, 죄는 법을 어기는 것이다. 법을 어긴다는 것은 법이 정한 경계를 넘어가거나 그 한계를 벗어나는 것이다. 따라서 죄를 '침해'라고 말하기도 한다. 허용되지 않는 곳을 들어가는 것이다. 여기서 말하는 것은 하지 말아야 할 일을 한 죄(sin of commission)로 하나님이 금하신 일을 하는 죄다. 하나님의 법에서 "……하지 말라"고 한 것을 하면 죄를 범하는 것이다.

셋째, 죄는 이성적인 피조물이 하는 행동이다. 우리는 하나님의 형상대로 지음받은 피조물이기 때문에 자유롭게 도덕적인 행동을 할 수 있다. 생각과 의지가 있기 때문에 도덕적 행위를 할 수 있는 것이다. 그런데 그르다는 것을 알면서도 행한다면, 우리는 하나님의 법에 불순종하고 죄를 짓는 것이다.

개신교는 가톨릭 신학의 대죄와 소죄 구분을 거부한다. 전통적 가톨릭 신학은, 대죄란 영혼 속에 있는 은혜를 죽이는 죄로, 고해성사를 통해 새로운 칭의를 받아야 한다고 말한다. 그러나 소죄(경죄)는 덜 심각한 것으로 구원하는 은혜를 파괴하지 않는다고 이야기한다.

존 칼빈은 하나님을 거역하는 모든 죄가 사망에 해당한다는 점에서 대죄이지만, 어떤 죄도 믿음으로 말미암은 칭의를 무너뜨릴 수 없다는 의미에서 대죄가 아니라고 했다.[16] 개신교는 모든 죄가 심각하다고 주장한다. 아무리 작은 죄도 하나님을 대적하는 행동이다. 모든 죄는 대역의 행동이며 하나님을 주권적인 권좌에서 강제로 퇴위시키려는 부질없는 시도다.

> ***죄의 보편성**
> - 의인은 없다
>   (시 14:3, 143:2; 롬 3:10-12)
> - 모든 사람이 하나님의
>   심판 아래 있다(롬 3:19)

그러나 성경은 어떤 죄는 다른 죄에 비해 더 극악하다고 간주한다. 하나님의 공의의 법정에서 선고되는 형벌에 차이가 있듯 사악함에도 차이가 있다. 예수님은 바리새인들이 율법의 더 중한 것들을 저버린 것을 책망하시며(마 23:23), 벳새다와 고라신의 죄가 소돔과 고모라의 죄보다 더 심하다고 경고하셨다(마 11:20-24).

또 성경은 여러 가지 죄로부터 초래되는 죄책에 대해 경고한다. 야고보는 율법의 한 부분을 범하는 것이 율법 전체를 범한 것이라고(약 2:10) 경고하지만 그럼에도 각각의 죄에 따라 더해지는 죄책이 있다. 바울도 진노의 날에 임할 진노를 쌓지 말라고 권고한다(롬 2:1-11). 범죄할 때마다 하나님의 진노가 더 늘어나는 것이다. 그러나 하나님의 은혜가 우리의 죄책을 모두 합한 것보다 크다.

성경은 하나님을 진지하게 대하고 인간을 진지하게 대하기 때문에 죄도 진지하게 여긴다. 하나님께 죄를 짓는 것은 그의 거룩하심을 모독하는 것이다. 이웃에게 범죄하는 것 또한 그의 인간성을 모욕하는 것이다.

● 요약 ●

1. 죄의 성경적 의미는 하나님의 의의 과녁을 빗나가는 것이다.
2. 모든 인간은 죄인이다.
3. 죄에는 하나님의 법을 따르지 않는 것(해야 할 일을 하지 않는 죄)과 하나님의 법을 어기는 것(하지 말아야 할 일을 하는 죄)이 포함된다.
4. 오직 도덕적 행위자에게만 죄책이 있다.
5. 개신교는 대죄와 소죄의 구별은 거부하지만, 죄의 정도의 차이는 인정한다.
6. 죄를 저지르면 저지를수록 죄책은 커진다.
7. 죄는 하나님과 사람을 모독한다.

원죄

참조 성구 | 창 3:1-24, 렘 17:9, 롬 3:10-26, 롬 5:12-19, 딛 1:15

흔히들 "사람은 근본적으로 선하다"고 이야기한다. 완전한 사람은 없다는 것은 인정하지만 인간의 사악함을 최소화하는 것이다. 그러나 사람이 근본적으로 선하다면 왜 이렇게 죄가 만연할까?

종종 모든 사람이 죄를 짓는 것은 사회가 부정적인 영향을 미치기 때문이라고 한다. 문제는 우리의 본성이 아니라 환경에 있다고 보는 것이다.

죄의 보편성에 대한 이런 설명은 "최초의 사회 부패는 어떻게 시작되었는가?"라는 질문을 가지게 한다. 만약 사람이 선하고 순수하게 태어났다면 적어도 일부는 선하고 죄 없는 상태로 남아 있어야 할 것이다. 부패하지 않은 사회, 즉 죄악이 가득한 환경이 아닌 죄악이 없는 환경을 가진 사회를 찾을 수 있어야 할 것이다. 그러나 아무리 의를 추구하는 사회라고 해도 여전히 죄책을 다루는 규정을 가지고 있다.

이처럼 열매가 보편적으로 부패했기에 우리는 문제의 근원이 나무임을 알 수 있다. 예수님은 좋은 나무가 나쁜 열매를 맺지 못한다고 말씀하셨다. 성경은 우리 조상 아담과 하와가 죄를 지었다고 분명하게 가르친다. 따라서 모든 사람은 악하고 부패한 본성을 가지고 태어난다. 성경이 이 점을 명시적으로 가르치지는 않지만 죄의 보편성이라는 적나라한 사실을 통해 얼마든지 추론할 수 있다.

그러나 타락은 단순히 이성적인 추론의 문제가 아니다. 그것은 하나님의 계시의 요점이다. 즉 타락은 '원죄'라는 것을 말해준다. 원죄는 본래 아담과 하와가 최초로 지은 죄를 말하는 것이 아니다. 원죄는 첫 번째 죄의 결과(인류의 타락), 즉 우리가 태어날 때의 타락한 상태를 말한다.

최초의 타락은 성경에서 볼 수 있다. 최초의 타락은 파괴적이었다. 그 일이 어떻게 일어나게 되었는지는 개혁주의 사상가들 사이에서조차 논쟁을 불러일으켰다. 웨스트민스터 신앙고백은 그 사건을 성경이 설명하는 것만큼 간단하게 설명한다.

아담과 하와는 사탄의 간계와 유혹에 넘어가 금지된 실과를 먹음으로 범죄했다. 하나님은 그들의 죄를 그의 지혜로우시고 거룩하신 뜻을 따라 허용하셨는데 이는 자기의 영광을 위하여 다스리실 목적을 가지셨기 때문이다.[17]

이와 같은 타락의 결과는 아담과 하와를 넘어 모든 인류에게 영향을 미쳤을 뿐 아니라 모든 인류의 죽음을 가져왔다. 우리는 아담 안에서 죄인이다. 우리는 "각 사람이 언제 죄인이 되는가?"라고 질문할 수 없다. 모든 인간이 죄 있는 상태에서 태어나기 때문이다. 즉 인간은 아담과 연합했기 때문에 하나님 보시기에 악하다.

*웨스트민스터 신앙고백은 타락의 결과(특별히 인간과 관련해서)를 다음과 같이 표현한다.

> *웨스트민스터 신앙고백
> 1643-1647년, 웨스트민스터 대성당에서 열린 교회 회의에서 장로주의에 입각하여 제정하고 채택한 신앙고백이다.
> 정통적 칼빈주의를 표방하며 성경의 권위를 교리 해석의 중심으로 삼았다.

이 죄로 말미암아 그들은 본래 가졌던 의로움과 하나님과의 교통에서 떨어졌고 그리하여 죄로 죽었으며 모든 기능과 영혼과 육신이 더러워졌다. 그들은 모든 인간의 뿌리가 되므로 이 죄를 범한 죄과가 전가되어, 그들로부터 보통 생육법으로 태어나는 모든 후대 자손들에게까지 돌려져 그들도 죄로 인한 같은 죽음과 부패한 성품이 전달되었다. 이 원(原)부패성 때문에 우리는 병들었고 불구가 되었고 모든 선한 것을 대적하고 모든 악한 것을 전적으로 따라가는데 이 원부패성에서 실제로 짓는 모든 죄가 나온다.[18]

마지막 문장이 매우 중요하다. 우리는 죄를 짓기 때문에 죄인이 아니다. 죄인이기 때문에 죄를 짓는다. 그런 까닭에 다윗은 "내가 죄악 중에서 출생하였음이여 어머니가 죄 중에서 나를 잉태하였나이다"(시 51:5)라고 한탄했다.

● 요약 ●

1. 죄의 보편성은 사회적 요인이나 환경적 요인으로 설명할 수 없다.
2. 죄의 보편성은 인류의 타락으로 설명된다.
3. 원죄는 최초의 죄를 말하는 것이 아니라 최초의 죄의 결과를 말하는 것이다.
4. 모든 사람은 죄된 본성, 즉 원죄를 가지고 태어난다.
5. 우리는 모두 죄인이기 때문에 죄를 짓는다.

인간의 부패성

참조 성구 | 렘 17:9, 롬 8:1-11, 엡 2:1-3, 엡 4:17-19, 요일 1:8-10

앞에서 살펴본 바와 같이 신학자들 사이의 흔한 논쟁 한 가지는 "인간은 근본적으로 선한가, 아니면 악한가?"이다. 그 논쟁의 중심은 "근본적으로"라는 말에 있다. 우리는 "잘못은 당연지사"라는 말을 한다. 즉 그 누구도 완전하지 않다는 것이 보편적인 생각이다.

성경은 "모든 사람이 죄를 범하였으매 하나님의 영광에 이르지 못하더니"(롬 3:23)라고 한다. 인간의 부족함에 대한 이런 선언에도 불구하고 인본주의가 지배적인 오늘날의 문화에서 죄란 우리 본성에 그다지 중요하지 않거나 별 관계가 없는 것으로 보는 사상이 지속되고 있다. 진실로 우리는 죄라는 흠을 가지고 있다. 우리의 도덕성은 결함이 있음을 보여준다. 그럼에도 우리의 악행을 우리 성품의 가장자리나 끝에 속할 뿐 중심까지 침투하지 못한 것으로 생각한다. 다시 말해 기본적으로, 인간은 선천적으로 선하다고 생각하는 것이다.

이라크에 포로로 잡혀서 사담 후세인(Saddam Hu-sein)의 사악함을 직접 경험한 한 미국인은 구출된 후에 이렇게 말했다. "내가 겪은 모든 일에도 불구하고 나는 인간의 근본적인 선함에 대한 신념은 결코 버리지 않는다." 아마도 이러한 견해는 부분적으로 상대적인 선, 혹은 상대적인 악의 연동제(Sliding Scale)에 기초할 것이다. 분명 보통 사람들보다 훨씬 사악한 사람들이 있다. 사담 후세인이나 아돌프 히틀러에 비하면 평범한 범죄자가 성자처럼 보인다. 그러나 눈을 들어 궁극적인 선의 기준인 하나님의 거룩한 성품에 시선을 두면, 세상에서 근본적으로 선해 보이는 것들이 속속들이 부패했다는 것을 깨닫게 될 것이다.

성경은 인간의 전적(total) 부패를 가르친다. 전적 부패란 철저한(radical) 부패를 의미한다. 우리는 전적 부패와 완전 부패의 차이에 유의해야 한다. 완전히 부패했다는 것은 가능한 한 최대한으로 부패한 것을 말한다. 예를 들어 히틀러는 몹시 부패했지만 사실 그보다 더 심하게 부패할 수도 있었다. 우리도 마찬가지다. 우리는 우리가 범하는 것보다 더 자주, 더 심하게 죄지을 수 있다. 즉 우리는 완전히 부패하지 않았지만 전적으로 부패했다.

전적 부패란 나를 포함한 모든 사람이, 우리 존재 전체가 부패, 혹은 타락했다는 의미다. 죄의 영향을 받지 않은 부분은 없다. 우리의 지성과 의지, 몸이 죄의 영향을 받았다. 우리는 죄악된 말과 행동을 하고 불순한 생각을 품는다. 우리의 몸이 죄가 입힌 파괴로 인해 고통받는다.

철저한 부패란 전적 부패라는 말보다 우리의 상태를 설명하기에 더 좋은 말이다. 나는 '철저하게'라는 말을 '심하게'라는 의미보다 그 본래 의미에 더 큰 비중을 두고 사용한다. '철저한'(radical)이라는 말은 '뿌리', 혹은 '핵심'이라는 뜻의 라틴어에서 유래했다. 우리 죄의 문제는 우리 존재의 핵심에 그 뿌리를 둔다. 죄는 우리 마음에 퍼져 있다. 성경에서 말하듯 죄가 우리 삶의 외부뿐 아니라 우리의 중심에 있기 때문이다.

> 의인은 없나니 하나도 없으며 깨닫는 자도 없고 하나님을 찾는 자도 없고 다 치우쳐 함께 무익하게 되고 선을 행하는 자는 없나니 하나도 없도다(롬 3:10-12).

이런 상태 때문에 성경은 다음과 같이 선언한다.

- 우리는 "허물과 죄로 죽었다"(엡 2:1).
- 우리는 "죄 아래 팔린 자들이다"(롬 7:14).
- 우리는 "죄의 법 아래 잡혔다"(롬 7:23).
- 우리는 "본질상 진노의 자녀들이다"(엡 2:3).

그러므로 성령의 살리는 능력으로만 이 영적 죽음에서 벗어날 수 있다. 우리를 만드신 분이 하나님이시므로 우리를 살게 하시는 분도 하나님이시다(엡 2:1-10).

〈인간의 부패성〉

− 죄를 바라보는 2가지 관점 −

인본주의

기독교

● 요약 ●

1. 인본주의는 죄를 인간 삶의 가장자리나 주변적인 것으로 보고, 인간이 근본적으로 선하다고 생각한다.
2. 성경의 기독교는 죄가 우리 삶의 중심에 퍼져 있다고 가르친다.
3. 전적 부패는 완전 부패가 아니다. 우리는 더 이상 부패할 수 없을 만큼 최대한으로 부패하지는 않았다.
4. 철저한 부패는 우리 마음이 근본적으로 부패했음을 가리키는 것이다.

인간의 양심

참조 성구 | 눅 11:39-44, 롬 2:12-16, 롬 14:23, 딛 1:15

지미니 크리켓(Jiminy Cricket)은 "언제나 양심이 당신의 안내자가 되게 하라."라는 말을 했다. 만약 양심이 하나님의 말씀으로 채워지고 다스려진다면 이것은 좋은 충고다. 그러나 양심이 말씀에 무지하거나 반복되는 죄로 마비되고 굳어졌다면 지미니 크리켓의 충고는 파멸로 이끄는 길이다.

그리스도인의 삶에서 양심은 중요한 역할을 한다. 그러나 양심에 대하여 바르게 이해하는 것이 매우 중요하다.

양심은 하나님이 주시는 내적 음성으로, 이를 통해 우리 마음은 죄를 고소하기도 하고 변명하기도 한다. 양심에는 두 가지 기본 요소가 있다. 첫째는 옳고 그른 것에 대한 내적 깨달음 혹은 인식이고, 둘째는 법과 규범 및 규칙을 구체적 상황에 적용할 수 있는 정신적 능력이다.

로마서 2장 15절에서 바울은 하나님께서 인간의 마음에 하나님의 법을 써놓으셨다고 가르친다. 인간의 양심은 하나님이 인간의 마음에 심어놓으신 것으로 하나님의 법의 계시에 의해 배운다.

사람은 자신의 양심을 따라야 하는 도덕적 책임을 가진다. 다시 말해 자신의 양심을 거스르는 행동은 죄다. 보름스 의회에서 마르

> ***성경에 나타난 양심의 역할**
> – 선악 분별(롬 2:15)
> – 각 사람에게 호소할 때 설득력 있게 함(고후 4:2, 5:11)
> – 죄를 책망함(요 8:9; 히 10:22)
> – 기쁨의 근원(고후 1:12)
> – 성령 안에서 증거(롬 9:1-2)
> – 하나님을 향하게 함(벧전 3:21)

틴 루터는 이렇게 말했다. "나의 양심은 하나님의 말씀에 사로잡혀 있습니다. 양심을 거스르는 것은 옳지도 않고 안전하지도 않습니다."[19]

루터의 대답은 두 가지의 중요한 성경적 원리를 보여준다.

첫째, 양심은 하나님의 말씀으로 배우거나 사로잡혀야 한다는 것이다. 양심은 거듭되는 죄로 잘못 배울 수도 있고 무감각해지고 둔해질 수 있다. 우리는 습관적 죄나 죄를 용인하는 사회로 인해 마음이 굳어져서 양심의 소리를 억누르고 가책 없이 죄를 지을 수 있다.

다른 한편으로는 어떤 것이 사실상 죄가 아님에도 우리의 양심이 그것을 불법이나 죄라고 말한다면 우리는 그 일을 하지 말아야 한다. 설령 죄가 아니라 할지라도 우리가 악하다고 생각하는 것을 행하는 것은 죄다. 바울은 믿음으로 하지 아니하는 모든 것이 죄라고 가르친다(롬 14:23). 즉 양심을 거슬러 행동하는 것은 옳지도 않고 안전하지도 않다.

● 요약 ●

1. 양심은 하나님의 말씀을 알고 하나님의 말씀으로 다스려질 때만 좋은 안내자가 된다.
2. 양심은 우리 안에서 우리의 행동을 고발하거나 변명하는 도덕적 음성이다.
3. 양심을 거슬러 행동하는 것은 죄다.

054

용서받을 수 없는 죄

참조 성구 | 마 12:22-32, 눅 23:34, 요일 5:16

성경이 한 가지 죄를 "용서받을 수 없는" 죄라고 묘사한 것 때문에 자신도 그 죄를 지었을지 몰라 걱정하는 사람들은 두려움에 빠진다. 복음은 죄를 회개하는 모든 사람에게 값없이 용서를 주지만 이 죄에 있어서만큼은 한계를 갖는다. 예수님이 경고하신 용서받을 수 없는 죄란 성령을 훼방하는 죄다. 예수님께서는 이 죄는 현재에도 미래에도 용서받을 수 없다고 선언하셨다.

> 그러므로 내가 너희에게 이르노니 사람에 대한 모든 죄와 모독은 사하심을 얻되 성령을 모독하는 것은 사하심을 얻지 못하겠고 또 누구든지 말로 인자를 거역하면 사하심을 얻되 누구든지 말로 성령을 거역하면 이 세상과 오는 세상에서도 사하심을 얻지 못하리라(마 12:31-32).

용서할 수 없는 죄가 구체적으로 무엇인지 확인하기 위한 시도는 많이 있었다. 살인이나 간음처럼 중한 죄일 거라고 생각하기도 했다. 그러나 성경은 그 두 가지 죄 모두 하나님을 대적하는 매우 흉악한 죄임에도 불구하고 진정으로 회개하면 사함을 받을 수 있다고 분명하게 말한다. 예를 들어 다윗은 이 두 가지 죄를 다 범했지만 다시 은혜의 자리로 회복되었다.

흔히 용시받을 수 없는 죄란 집요하게 끝까지 그리스도를 믿지 않는 것이라고 여겨졌다. 죽음은 죄를 회개하고 그리스도를 받아들일 수 있는 기회를 끝나게 하기 때문에 마지막까지의 불신은 용서받을 가능성에 종지부를 찍는 결과를 가져온다.

물론 집요하게 끝까지 믿지 않는 것은 그런 결과를 가져오지만, 예수님이 성령을 거스르는 신성 모독에 대해 경고하신 것을 제대로 설명해 주지는 못한다. 신성 모독이란 입이나 글로 짓는 죄다. 말이 포함되는 것이다.

신성 모독은 어떤 형태든지 하나님의 성품에 대한 심각한 공격이지만, 그럼에도 용서받을 수 있는 죄로 간주된다. 예수님이 용서받을 수 없는 죄에 관해 경고하신 것은 예수님을 고소하는 자들이 예수님을 사탄과 동류라고 말한 맥락에서 벌어진 일이다. 예수님의 경고는 진지했고 무서운 것이었다. 그러나 예수님은 무지함 때문에 예수님을 훼방한 자들을 용서해달라고 기도하셨다. "아버지 저들을 사하여 주옵소서 자기들이 하는 것을 알지 못함이니이다"(눅 23:34).

그러나 만일 성령의 조명하심으로 예수님이 진정 그리스도임을 알게 되었는데도 사탄이라고 고소한다면 그들은 용서받을 수 없는 죄를 범하는 것이다. 그리스도인들은 자신의 행동을 스스로 결정할 수 있기에 그와 같이 용서받지 못할 죄도 범할 수 있다. 그러나 우리는 하나님께서 그의 보호하시는 은혜로 택한 자들을 그러한 죄로부터 지켜주실 것을 확신한다. 진실한 그리스도인이 자신이 실제로 그러한 죄를 범했을지 모른다고 두려워한다면 그것은 오히려 그 죄를 범하지 않았다는 표가 될 것이다. 그러한 죄를 범하는 사람은, 마음이 너무도 굳어져 가책을 느끼지 못할 정도로 그 죄 속에 빠져 있기 때문이다.

우리 사회처럼 세속화된 사회의 비종교인들조차 하나님과 그리스도를 지나치게 모독하는 일을 꺼린다. 그리스도라는 말이 속어와 함께 쓰이고 복음이 불경스러운 농담이나 말 속에서 조롱당함에도 불구하고 사람들은 예수님과 사탄을 연결 짓는 것만은 피한다.

또한 밀교(occult)나 사탄 숭배는 용서받을 수 없는 죄를 범할 위험한 상황을 제공하지만, 혹 극단적인 신성 모독을 범했더라도 성령의 깨우침을 받지 못한 사람이 무지하여 저질렀다면 용서받을 수 있다.

● 요약 ●

1. 성령을 모독하는 것은 살인이나 간음 등의 죄와 다르다.
2. 신성 모독은 언어를 포함한, 하나님에 대한 공격이다.
3. 원래 그리스도의 경고는 하나님이신 성령의 역사를 사탄의 일로 돌리는 것에 대한 것이다.
4. 예수님은 예수님이 누구이신지 몰랐던 사람들이 범한 모독을 용서해달라고 기도하셨다.
5. 그리스도인은 하나님의 억제하시는 은혜로 인해 이 죄를 결코 범하지 않는다.

혼합주의

참조 성구 | 왕상 16:29-34, 고전 10:14-23, 고후 6:14-18, 갈 3:1-14, 골 2:8, 요일 5:19-21

혼합주의는 한 종교의 여러 면이 다른 종교에 동화되거나 섞이는 과정을 말한다. 이것은 두 종교 모두에 근본적인 변화를 초래한다.

구약성경에서 하나님은 혼합주의의 압력과 유혹에 대하여 크게 우려하셨다. 약속의 땅에 들어갈 때 하나님의 백성은 이방 종교와 맞닥뜨리게 되었다. 가나안의 신들, 즉 바알과 아세라는 이스라엘의 경배 대상이 되었다. 후에는 앗시리아와 바벨론의 민족 신들까지 경배했다. 그러나 하나님의 법은 여호와를 버리고 다른 신을 섬기는 것을 분명하게 금지했을 뿐 아니라 하나님을 섬기는 동시에 다른 신을 섬기는 것도 금지했다. 또한 선지자들은 백성들이 자신의 신앙을 수정하여 이방의 가르침과 관행을 수용하는 것에 대한 심판을 경고했다.

신약 시대는 혼합주의가 널리 퍼졌다. 헬라 제국이 확장됨에 따라 헬라의 신들과 점령지의 토착 신들이 혼합되었다. 로마 제국 역시 사이비 종교와 신비 종교를 환영했다.

기독교도 영향을 입었다. 교부들은 복음을 전파할 뿐 아니라 그 순수성을 지키려고 노력했다. 마니교(육체를 악하다고 보는 이원론적 철학)가 몇몇 교리에 침투했다. 가현설(예수님이 육체를 가지셨다는 것을 부인하는 가르침)은 신약성경의 기록이 진행되던 때부터 대두되었던 문제다. 여러 형태의 신플라톤주의는 기독교의 요소를 플라톤 철학 및 동방의 이원론과 결합시킨 것이다. 기독교 신조의 역사는 하나님의 백성이 이방 종교 및 철학의 덫으로부터 자신을 구별시키려는 노력의 역사다.

> ***포스트모더니즘과 기독교**
> 오늘날에는 인간의 이성과 과학에 대한 신뢰 대신 감성과 직관을 강조하는 포스트모더니즘 사상이 종교혼합주의에 영향을 미치고 있다. 이와 같은 포스트모더니즘의 철저한 상대주의적 입장은 객관적이고 보편적인 진리를 부정하고 성경의 절대성과 기독교 교리의 객관성을 손상시킨다.

이 문제는 오늘날의 교회 안에도 존재한다. 마르크스주의나 실존주의 같은 비기독교 철학은 기독교 내에서 세력을 확장하려고 하지만, 기독교의 독특성을 포기한다. 혼합주의는 계속 하나님을 하나님의 백성으로부터 떼어 놓는 강력한 무기가 되고 있는 것이다.

이처럼 모든 세대의 그리스도인들이 혼합주의의 유혹에 직면한다. 예배와 신앙에서 '현대적'이고 싶거나 그것과 함께 하고 싶어 하는 욕망 때문에 우리는 이 세상의 방식을 본받으려는 유혹에 빠진다. 우리는 이방의 풍습과 생각을 받아들여 그것에 '세례'를 주려 한다. 심지어 이방 종교와 철학에 대항할 때나 사용할 때도 그것에 영향을 받는다.

이처럼 기독교 신앙과 실제에 침투한 이방의 모든 요소들은 신앙의 순수성을 약화시킨다.

● 요약 ●

1. 혼합주의는 이방 종교나 철학을 혼합하거나 섞는 것을 말한다.
2. 구약성경에 나타난 이스라엘의 종교 문제 중 하나는 이방 종교의 유입이다.
3. 신약의 교회는 헬라와 로마의 종교 및 문화의 영향력에 맞섰다.
4. 오늘날의 교회는 기독교 사상과 이방 종교와 세속 철학을 연합하려는 시도에 위협받고 있다.

7부

구원

Essential Truths
of the
Christian Faith

구원

참조 성구 | 겔 36:26-27, 습 1장, 요 3:16-17, 롬 1:16-17, 고전 1:26-31
살전 1:6-10

한번은 어떤 젊은이가 내게 다가와 "구원받으셨습니까?"라는 질문을 던진 적이 있다. 나는 "무엇으로부터의 구원을 말하는 거죠?"라고 대꾸했다. 그는 나의 반문에 당황했다. 그는 자신이 던지는 질문의 의미를 깊이 생각해 보지 않았던 것이다. 당시 나는 가던 길을 막고 "구원받으셨습니까?"라고 질문하는 사람들에게서 벗어나는 구원은 분명 받지 못한 상태였다.

구원 문제는 성경에서 가장 중요하다. 즉 성경의 주제는 구원이다. 예수님은 마리아에게 잉태되실 때 구세주라 선포되었다. 구원자와 구원은 같이 한다. 구원하는 것이 구원자의 역할이다.

그러면, 무엇으로부터 구원받는지 다시 질문해 보자. 구원의 성경적 의미는 광범위하고 다양하다. '구원하다'라는 동사의 가장 간단한 의미는 '위험하거나 위협적인 상황에서 구출되다'라는 뜻이다. 이스라엘이 전쟁에서 대적의 손에 패하는 것을 면했을 때 "이스라엘이 구원받았다"고 한다. 생명을 위협하는 중병에서 회복되었을 때도 사람들은 구원을 경험한다. 추수할 곡식이 병충해나 가뭄을 면했을 때의 결과도 구원이다.

뿐만 아니라 권투 경기에서 심판이 카운트 아웃을 선언하기 전에 종이 울리면 그 선수는 "종이 구원했다"고 한다. 이처럼 구원이란 어떤 재앙으로부터 벗어나는 것을 말한다. 그러나 성경은 구원을 우리가 죄로부터 궁극적으로 구속받아 하나님과 화목하는 것을 나타내는 특수한 의미로 사용한다. 이 의미에서 구원은 궁극적 재앙인 하나님의 심판으로부터의 구원이다. 궁극적 구원은 "장래의 노하심에서 우리를 건지시는"(살전 1:10) 예수님에 의해 완성되었다.

성경은 모든 인간이 하나님의 심판대에 서는 날이 있다고 분명하게 말한다. 많은 사람들에게 이 "주의 날"은 빛이 전혀 없는 어둠의 날이 될 것이다. 그날은 하나님이 사악하고 회개하지 않는 자에게 진노를 쏟는 날이 될 것이다. 그날은 인류 역사에서 최후의 대학살의 날, 가장 어두운 시간, 최악의 재앙의 날이 될 것이다. 그러므로 분명히 임할 하나님의 진노로부터 구출되는 것이 궁극적 구원이다. 이것은 그리스도께서 구원자로서 자기 백성을 위해 펼치시는 구원 작전이다.

성경은 구원이라는 용어를 다양한 의미로 사용할 뿐 아니라 다양한 시제로도 사용한다. '구원하다'라는 동사는 헬라어의 거의 모든 시제로 나타난다. 어떤 의미에서 우리는 (창세로부터) 구원받았다. 우리는 (역사 속에서 하나님의 역사로) 구원받고 있었다. 우리는 (칭의를 받은 상태로) 구원

> *바울의 구원 서정
> 바울은 로마서 8장 29-30절에서 성도의 구원을 다음과 같은 단계로 소개한다.
> 미리 아심(예지)-작정하심(예정)-부르심(소명)-의롭다 하심(칭의)-거룩하게 하심(성화)-영화롭게 하심(영화)

받았다. 우리는 (성화, 즉 거룩하게 되는) 구원을 받고 있다. 우리는 (하늘나라에서 구속의 완성을 경험하는) 구원을 받을 것이다. 이와 같이 성경은 구원을 과거, 현재, 미래의 관점에서 말하고 있다.

때로 우리는 구원을 현재에 이루어진 칭의와 동일시한다. 다른 때에는 칭의를 구원의 전체 순서 또는 계획 속의 특정 단계로 보기도 한다.

끝으로 구원에 관한 성경의 또 다른 측면에 주목하는 것이 필요하다. 구원은 주님께 속한 것이다. 구원은 인간이 하는 일이 아니다. 인간은 스스로 구원할 수 없다. 구원은 하나님이 하시는 일이다. 구원은 하나님이

완성하시고 하나님이 작용하신다. 구원은 주님의 것이며 주님으로부터 온다. 다시 말해 우리를 주님의 진노로부터 구원하시는 분은 바로 주님이시다.

● 요약 ●

1. 넓은 의미의 구원은 "위협적인 상황에서 구출되는 것"이다.
2. 궁극적인 구원은 하나님의 진노라는 궁극적인 재앙으로부터 구출되는 것을 말한다.
3. 성경은 구원을 여러 시제로 사용하여 하나님의 구속 사역의 과거, 현재, 미래를 나타낸다.
4. 칭의는 구원과 동의어로 사용되는 경우도 있고, 구속의 전체 계획 속의 한 단계를 나타내는 말로 사용되기도 한다.
5. 구원은 주님의 일이고 주님에게서 온다.

예정

참조 성구 | 잠 16:4, 요 13:18, 롬 8:30, 엡 1:3-14, 살후 2:13-15

예정 교리만큼 많은 논쟁을 일으키거나 당황하게 만드는 교리는 없다. 때문에 예정론은 대단히 조심스럽게 다루어야 하는 어려운 교리다. 이 교리는 어렵기 때문에 매우 주의를 기울여 세심하게 다루어야 한다. 그러나 성경에 있는 교리이므로 반드시 다루어야 한다. 무시해서는 안 된다.

사실상 모든 기독교회가 어느 정도는 예정론의 교리를 가지고 있다. 이 개념이 성경에 분명히 나오기 때문에 피할 수는 없다. 그러나 그 의미에 대해서는 교회마다 다르고 때로는 심하게 불일치를 나타낸다. 감리교의 관점은 루터교와 다르고, 루터교의 관점은 장로교와 다르다. 하지만 각각의 관점은 달라도 모두가 이 어려운 문제를 이해하기 위해 애쓰고 있다.

예정론이 의미하는 가장 기본적인 것은, 천국이든 지옥이든 우리의 궁극적인 목적지가 우리가 태어나기 전부터 하나님에 의해 결정되었다는 것이다. 달리 표현하자면, 우리가 존재하기도 전인 영원 전부터 하나님이 인류 가운데 어떤 자들은 구원하시기로 하셨고 나머지는 멸망하도록 내버려 두셨다는 말이다. 즉 하나님이 선택하셨다. 그가 어떤 사람들은 구원하셔서 하늘의 영원한 복 가운데 있게 하시고 또 어떤 사람들은 자신들의 죄과에 따라 지옥의 영원한 형벌 가운데 있게 하신 것이다.

많은 교회가 일반적으로 이러한 정의를 받아들이고 있다. 그러나 이 문제이 핵심으로 들어가려면, '하나님은 어떤 방식으로 선택하시는가?'라는 질문을 해야 한다.

많은 기독교인들이 고수하는 비개혁주의적 관점에서는 그러한 선택이 하나님의 예지(豫知)에 기초한다고 본다. 하나님은 하나님을 택할 자들이 누구인지 아시고 그들을 선택하여 영생을 주신다. 이것을 예정의 선견적 (prescient) 관점이라고 한다. 하나님이 인간의 결정과 행동을 미리 아신다는 점에 근거하기 때문이다.

개혁주의의 관점은 이와 다르다. 구원에 대한 궁극적 결정은 우리가 아니라 하나님께 있다고 보는 것이다. 이 관점에서는 하나님의 선택이 주권적이다. 인간의 결정이나 반응을 미리 아시고 결정하신 것이 아니다. 그러한 결정이 진실로 하나님의 주권적인 은혜에서 나온 것이라고 본다.

개혁주의의 관점은 타락한 인간을 그냥 두면 결코 하나님을 선택하지 않을 것이라고 본다. 인간은 타락한 후에도 여전히 자유 의지를 가지고 있기에 자신이 원하는 바를 선택할 수 있다. 문제는 우리가 하나님을 향한 소원을 가지고 있지 않으므로 거듭나지 않는 한 스스로 그리스도를 선택하지 않는다는 점이다. 믿음은 거듭남에서 오는 선물이다. 오직 선택받은 자만이 믿음으로 복음을 받아들인다.

선택을 받은 자는 그리스도를 선택하지만, 그것은 먼저 하나님께 선택을 받았기 때문이다. 야곱과 에서의 경우에서 볼 수 있듯이, 선택받은 자는 자신이 해 놓은 일이나 앞으로 할 일에 근거한 것이 아니라 오직 하나님의 선하시고 기뻐하시는 주권적인 뜻에 기초하여 선택된다. 바울은 다음과 같이 이야기한다.

그뿐 아니라 또한 리브가가 우리 조상 이삭 한 사람으로 말미암아 임신하였는데 그 자식들이 아직 나지도 아니하고 무슨 선이나 악을 행하지 아니한 때에 택하심을 따라 되는 하나님의 뜻이 행위로 말미암지 않고 오직 부르시는 이로 말미암아 서게 하려 하사 리브가에게 이르시되 큰 자가 어린 자를 섬기리라 하셨나니⋯⋯ 그런즉 원하는 자로 말미암음도 아니요 달음 박질하는 자로 말미암음도 아니요 오직 긍휼히 여기시는 하나님으로 말미암음이니라(롬 9:10-12, 16).

예정론에서 우리를 괴롭히는 문제는 하나님께서 모든 사람을 선택하여 구원하시지 않는다는 것이다. 하나님에게는 자신이 원하는 자에게 자비를 베푸실 권한이 있다. 타락한 인류 중 일부는 선택이라는 은혜와 자비를 받는다. 그리고 나머지는 하나님께서 간과하셔서 그들 자신의 죄 가운데 있게 하신다. 선택받지 못한 자들은 형벌을 받는다. 선택받은 자들은 자비를 받는다. 그러므로 아무도 불의를 당하지 않는다. 하나님은 모든 사람에게 똑같이 자비로우셔야 할 의무가 없다. 그가 얼마나 자비를 베풀지는 그의 결정에 달려 있다. 결코 하나님께서 불의하시다는 비난을 받을 수 없다(롬 9:14-15 참조).

● 요약 ●

1. 예정론은 어려운 교리로서, 주의하여 다루어야 하는 교리다.
2. 성경은 예정론을 가르친다.
3. 많은 그리스도인이 예정론을 하나님의 예지와 관련하여 정의한다.
4. 개혁주의의 관점에서는 예지를 성경적 예정론에 관한 설명이라고 보지 않는다.
5. 예정론은 인간의 선택이 아니라 하나님의 선택에 기반을 둔다.
6. 거듭나지 않은 사람들에게는 그리스도를 선택하고자 하는 소원이 없다.
7. 하나님은 모든 사람을 선택하시지 않는다. 하나님께서 그가 기뻐하시는 자들에게 자비를 베푸실 권한이 있다.
8. 하나님은 아무도 불의하게 다루시지 않는다.

예정과 유기

참조 성구 | 출 7:1-5, 잠 16:4, 롬 9장, 엡 1:3-6, 유 1:4

모든 동전에는 뒷면이 있다. 선택의 교리에도 뒷면이 있다. 선택은 예정론이라는 광범위한 문제의 한 면에 불과하다. 이 동전의 다른 면에는 유기(reprobation)의 문제가 있다. 하나님은 자신이 야곱을 사랑하고 에서는 미워한다고 선언하셨다. 우리는 이러한 하나님의 미워하심을 어떻게 이해할 수 있겠는가?

예정은 이중적이다. 이중 예정론을 피하는 유일한 방법은 하나님께서 모든 사람을 선택하셨다고 하거나 하나님이 아무도 선택하거나 유기되도록 예정하지 않았다고 하는 것이다. 그러나 성경이 분명하게 선택을 예정하셨다고 가르치고 보편구원을 부정하기 때문에, 우리는 예정을 이중적으로 보아야 한다. 예정에는 선택과 유기 두 가지가 포함되어 있다. 따라서 성경을 진지하게 받아들인다면 이중 예정을 피할 수 없다. 그러나 정말 중요한 것은 이중 예정을 어떻게 이해하느냐는 것이다.

어떤 사람들은 이중 예정을 양면이 동일한 인과 관계로 본다. 하나님께 선택받은 자들이 믿게 하신 것처럼 유기된 자들이 믿지 않게 하신 데 대한 책임이 있다는 것이다. 우리는 이것을 예정론의 '적극적·능동적' 관점이라 부른다.

예정론의 적극적·능동적 관점은 하나님이 적극적으로 선택받은 자의 삶에 개입하셔서 그들의 마음속에 은혜가 역사하게 하시고 믿게 하신다고 가르친다. 마찬가지로 유기된 자들에게는 하나님께서 그들 마음속에 죄악이 역사하게 하여 그들이 믿는 것을 능동적으로 막으신다고 한다. 이러한 견해는 종종 "극단적 칼빈주의"(hyper-Calvinism)라 불리는데, 이는 이 관점이 칼빈, 루터를 비롯한 다른 개혁주의자들의 견해를 넘어서기 때문이다.

개혁주의 관점의 이중 예정론은 '적극적·소극적' 구도다. 선택받은 자의 경우, 하나님께서는 적극적으로 개입하셔서 그들의 영혼에 은혜가 역사하여 그들이 구원에 이르는 믿음을 갖게 하신다. 그는 일방적으로 선택받은 자를 거듭나게 하시고 그들의 구원을 확보하신다. 반면 유기된 자의 경우, 하나님은 그들에게 죄악이 역사하게 하시거나 그들이 믿는 것을 방해하시지는 않는다. 다만 소극적으로 그들을 자신의 악한 뜻 가운데 버려두신다. 이 관점에서는 하나님의 행하심의 양면에 대칭 관계가 없다. 즉 선택받은 자와 유기된 자에 대한 하나님의 행위는 비대칭적이다. 그러나 거기에는 공정한 근본 원리가 있다. 하나님이 개입하지 않고 유기된 자들은 궁극적으로 멸망의 길을 가게 된다. 그들의 파멸은 선택받은 자들의 궁극적인 구원과 마찬가지로 분명하고 확실하다.

이 문제는 하나님이 바로의 마음을 굳게 하셨다는 것과 같은 성경의 언급과 연결된다. 하나님이 바로의 마음을 굳게 하셨다는 성경의 기록에는 논쟁의 여지가 없다. 문제는 하나님이 어떻게 바로의 마음을 굳게 하셨냐는 것이다. 루터는 적극적으로 마음을 굳게 하셨다기보다는 소극적으로 그렇게 하셨다고 주장했다. 즉 하나님이 바로의 마음속에 새로운 악을 창조해 넣으신 것이 아니다. 바로의 마음속에는 모든 일에 하나님의 뜻을 반대하는 쪽으로 기울어진 악이 이미 있었다. 그러므로 하나님이 누군가의 마음을 굳게 하시기 위해 하실 일은 오직 그들을 억제하는 은혜를 거두어 자기 자신의 악한 충동대로 하도록 내버려두는 것뿐이다. 이것이 바로 하나님께서 지옥의 저주받은 자들에게 하시는 일이다. 하나님은 그들을 자신의 사악함 가운데 버려두신다.

또 어떤 의미에서 하나님이 에서를 미워하셨는지에 대한 문제를 푸는 두 가지 설명이 있다. 첫째 설명은 하나님의 미워하심을 에서를 향한 부정적 감정이 아닌, 단순히 구속의 사랑이 없는 상태라고 정의하는 것이다. 하나님이 야곱을 "사랑하셨다"는 것도 공로 없이 주어지는 은혜를 받는 자가 되게 하셨다는 뜻이다. 즉 야곱은 자격이 없지만 하나님께서 그에게 은혜를 베푸신 것이다. 그러나 에서는 야곱과 같은 은혜를 받지 않았다. 그런 의미에서 에서가 하나님의 미움을 받았다는 것이다.

첫째 설명은 하나님이 누구를 미워하셨다는 문제를 해소하기 위한 것처럼 들린다. 그러나 둘째 설명은 미워하셨다라는 말을 좀 더 강조한다. 하나님이 실제로 에서를 미워하셨다는 것이다. 에서는 하나님 보시기에 가증스러운 자였다. 에서는 하나님 보시기에 사랑할 만한 것이 전혀 없었다. 에서는 멸망에 적합한 그릇으로 하나님의 진노와 거룩한 미워하심을 받을 만했다. 이 두 가지 설명 중 어느 것을 선택할지는 우리 각자의 몫이다.

● 요약 ●

1. 예정론은 이중적이다. 양면을 가지고 있다.
2. 극단적 칼빈주의는 하나님께 선택과 유기 모두에 책임이 있다고 가르친다.
3. 이중 예정에 대한 개혁주의 관점은 '적극적-소극적'형이다.
4. 하나님은 적극적이 아니라 소극적으로 바로의 마음을 굳게 하셨다.
5. 하나님이 에서를 미워하셨다는 것은 그에게 은혜의 복을 주지 않았다는 의미거나, 에서를 멸망받기에 적합한 자로 여기셨다는 의미다.

유효한 부르심

참조 성구 | 겔 36:26-27, 롬 8:30, 엡 1:7-12, 살후 2:13-14, 딤후 1:8-12

    내가 어렸을 때 어머니께서는 창가에 서서 집에 들어와 저녁을 먹으라고 나를 부르시곤 했다. 나는 보통 어머니가 처음 부르실 때 곧장 들어갔지만 그러지 않을 때도 있었다. 내가 꾸물거리면 어머니는 더 큰 목소리로 또다시 부르셨다. 어머니의 첫 번째 부르심은 늘 효과적이지는 않았다. 기대하는 효과를 거두지 못하는 경우가 있었다. 그러나 두 번째 부르심은 대체로 효과가 있었다. 나는 급히 집으로 들어갔다.

    유효한 하나님의 부르심이 있다. 하나님께서 세상이 있으라 말씀하실 때 우주는 하나님의 명령에 즉시 순응했다. 창조 때 하나님이 바라시는 모든 효과가 이루어졌다. 마찬가지로 예수님이 죽은 나사로를 무덤에서 나오라고 부르실 때도 나사로는 생명으로 응답했다.

    신자의 삶에도 하나님의 유효한 부르심이 있다. 그것은 기대한 효과를 일으키는 부르심이다. 유효한 부르심은 죄인을 영적 죽음으로부터 거듭나게 하는 하나님의 능력과 관계가 있다. 이것을 때로는 "불가항력적 은혜"라고 부른다.

    유효한 부르심은 하나님이 그 주권과 권위로 그가 의도하시고 정하신 효과나 결과를 불러일으키는 부르심을 말한다. 미리 정하신 그들을 부르시고 부르신 그들을 또한 의롭다 하시고 의롭다 하신 그들을 영화롭게 하셨다는 바울의 가르침에 나타난 부르심이 바로 하나님의 유효한 부르심이다.

하나님의 유효한 부르심은 내적 부르심이다. 그것은 성령님의 즉각적이고 초자연적인 행하심에 의해 선택받은 자들의 영혼에서 이루어지는 살리심, 즉 중생하게 하는 은밀한 역사다. 이것은 영혼의 성향, 의도, 소원을 내적으로 변화시킨다. 하나님의 유효한 내적 부르심을 받기 전에는 어떤 사람도 하나님께 가려 하지 않는다. 그러나 유효한 부르심을 받은 모든 사람은 이제 하나님을 믿음으로 따른다. 그러므로 우리는 믿음이라는 것 자체가 성령의 유효한 부르심으로 주어진 하나님의 선물이라는 것을 알 수 있다.

복음 선포는 하나님의 외적 부르심이다. 이 부르심은 선택받은 자들과 선택받지 않은 자들 모두의 귀에 들린다. 인간은 외적 부르심에 저항하고 거부할 능력이 있다. 그 외적 부르심에 성령의 내적 부르심이 병행하지 않는다면, 또는 병행하기 전에는 인간은 반응하지 않는다. 유효한 부르심은 하나님이 주권적으로 기대한 결과를 불러일으킨다는 의미에서 불가항력적이다. 물론 이러한 주권적 은혜의 역사를 우리의 타락한 본성으로 거절할 수 있다는 의미에서는 가항력적이지만 하나님의 은혜가 우리 본성의 반항하는 마음을 초월한다는 의미에서는 불가항력적이다.

또한 유효한 부르심은 우리가 영적인 삶으로 향하게 만드는 하나님의 창조적 능력이다. 사도바울은 이같이 말한다.

> 그는 허물과 죄로 죽었던 너희를 살리셨도다 그때에 너희는 그 가운데서 행하여 이 세상 풍조를 따르고 공중의 권세 잡은 자를 따랐으니 곧 지금 불순종의 아들들 가운데서 역사하는 영이라 전에는 우리도 다 그 가운데서 우리 육체의 욕심을 따라 지내며 육체와 마음의 원하는 것을 하여 다른 이들과 같이 본질상 진노의 자녀이었더니(엡 2:1-3).

한때 진노의 자녀였고 영적으로 죽었던 우리가 하나님의 내적 부르심의 능력과 효력으로 '불러낸 바 된 자들'이 되었다. 그의 은혜 안에서 성령은 우리가 보지 못했던 것을 보게 하시고 듣지 못했던 것을 듣게 하신다.

● **요약** ●

1. 인간의 부름은 효과적일 수도 비효과적일 수도 있다.
2. 하나님은 유효한 부르심의 능력이 있어서 세상이 존재하게 하시고, 무덤에서 시체가 나오게 하시고, 사람을 영적 죽음에서 영적 생명에 이르게 하신다.
3. 사람은 하나님의 외적 부르심인 복음을 듣고 거부할 수 있다. 그러나 하나님의 내적 부르심은 언제나 효과가 있다. 그 부르심은 기대한 결과를 낳는다.

중생

참조 성구 | 민 30:6, 겔 36: 26-27, 롬 8:30, 딛 3:4-7

지미 카터는 미국 대통령으로 당선되었을 때, 자신을 "거듭난(또는 중생한) 그리스도인"이라고 설명했다. 그리고 닉슨 대통령의 보좌관이었던 찰스 콜슨은 〈거듭남〉(*Born Again*)[20]이라는 제목의 책을 썼다. 이 책에서 콜슨은 자신이 회심한 경험을 순서대로 써 내려갔다. 이렇게 두 저명 인사가 "거듭나다"라는 말을 대중화시킨 후 이 말은 현대 연설에서 널리 쓰이게 되었다.

엄밀히 말해서 "거듭난 그리스도인"이라는 말은 불필요하게 중복된 말이다. 거듭나지 않은 그리스도인이란 존재하지 않기 때문이다. 즉 거듭나지 않은 그리스도인이라는 말은 그 자체가 모순이다. 마찬가지로 거듭난 비그리스도인이라는 말도 모순된다.

반드시 영적으로 거듭나야만 하늘나라에 들어갈 수 있다는 말을 제일 처음 하신 분은 예수님이다. 예수님은 니고데모에게 "사람이 거듭나지 아니하면 하나님의 나라를 볼 수 없느니라"(요 3:3)라고 하셨다. 예수님의 가르침에서 "……하지 아니하면"이라는 말이 사용된 것은 이것이 하나님 나라에 들어가는 데 보편적으로 필요한 조건임을 나타낸다. 그렇다면 거듭남은 기독교의 기본적인 부분이다. 거듭나지 않고 하나님 나라에 들어간다는 것은 불가능하다.

중생(重生)은 거듭남을 가리키는 신학 용어다. 중생은 새로운 탄생, 새로운 기원, 새로운 시작을 말한다. 또한 '새롭게 다짐하는 것' 이상의 의미를 지닌다. 중생은 근본적으로 새로워진 사람으로 새 삶을 시작하는 것이다. 베드로는 신자들에게 다음과 같이 말한다. "너희가 거듭난 것은 썩어질 씨로 된 것이 아니요 썩지 아니할 씨로 된 것이니 살아 있고 항상 있는 하나님의 말씀으로 되었느니라"(벧전 1:23).

> ***중생한 사람의 성경적 표현**
> - 하나님께로부터 난 자
>   (요 1:13; 요일 3:9)
> - 하나님의 자녀(요 1:12)
> - 새로 지으심을 받은 자
>   (갈 6:15)
> - 새로운 피조물(고후 5:17)

또한 중생은 영적으로 죽어 있는 사람들에 대한 성령의 사역이다(엡 2:1-10 참조). 성령은 사람의 마음을 재창조하시고 영적 죽음에서 살려 새 생명을 주신다. 그러므로 중생한 사람은 새로운 피조물이다. 이전에는 하나님에 대한 마음도 없었고, 끌리는 것도 없었고, 소망하는 것도 없었지만 이제 하나님을 향한 마음을 가지고 있다. 거듭나게 하실 때 하나님은 사람의 마음속에 하나님을 향한 소원을 심어주신다.

중생을 회심의 온전한 경험과 혼동하면 안 된다. 어머니의 배 속에서 세상으로 나오는 출생이 우리의 시작인 것처럼, 영적 거듭남은 영적 생활의 출발점이 된다. 중생은 하나님의 신적 주도권으로 일어나는 것이며 주권적이고 즉각적이고 순간적인 일이다. 우리가 중생을 인식하는 것은 점진적으로 이루어질 수 있지만 중생 그 자체는 순간적으로 일어난다. 여자가 부분적으로 임신할 수 없는 것처럼 그 누구도 부분적으로 거듭날 수 없다.

또 중생은 믿음의 열매나 결과가 아니다. 오히려 믿음의 필수 조건으로 믿음에 앞서는 것이다. 우리는 중생을 위해 우리 자신을 중생으로 향하게 하거나 성령님과 협력하지 않는다. 중생을 결심하거나 선택하지도 않는다. 우리가 하나님을 선택하거나 받아들이기 전에 하나님이 우리를 선택하여 거듭나게 하신다. 그 후에 우리가 선택하고 행동하고 협력하고 그리스도를 믿는다. 하나님이 우리를 대신해 믿지 않으신다. 우리 자신의 믿음으로 의롭다 함을 받는다.

하나님은 우리를 살리셔서 영적 생명을 갖게 하시고 우리를 어둠과 속박과 영적 죽음에서 건지신다. 또 우리를 위하여 믿음이 가능하고 실제적이게 하신다. 그는 우리 속에 있는 믿음을 살리신다.

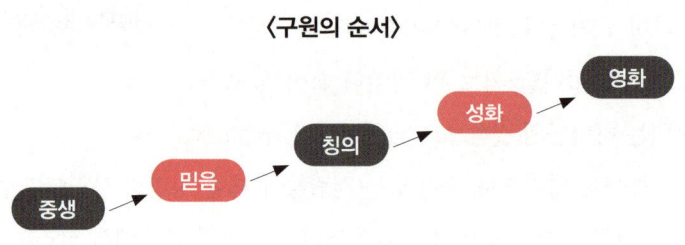

〈구원의 순서〉

● 요약 ●

1. 진정한 그리스도인은 모두 거듭난 자들이다.
2. 진정으로 거듭난 사람은 모두 그리스도인이다.
3. 거듭남은 하나님 나라에 들어가는 선행 조건이다.
4. 중생은 성령님의 주권적인 은혜의 역사다.
5. 중생은 믿음에 선행한다. 중생은 구원에서 하나님이 신적으로 주도하시는 일이다.

속죄

참조 성구 | 롬 3:21-28, 롬 5:17-19, 엡 1:7, 빌 3:8-9, 딛 3:1-7

사도바울은 그리스도와 그의 십자가의 죽으심 외에는 아무것도 알지 않기로 했다고 선포했다. 이것은 기독교에서 십자가가 지극히 중요함을 강조하는 사도바울의 방식이다. 속죄의 교리는 모든 기독교 신학에서 중심이다. 루터는 기독교를 십자가의 신학이라고 했다. 십자가는 기독교의 보편적인 상징이다. 속죄의 개념은 하나님이 이스라엘 백성이 죄를 속죄받을 수 있도록 제도를 만들어 놓으셨던 구약으로 거슬러 올라간다. 속죄란 고치는 것이요, 바로잡는 것이다.

구약과 신약 모두 인간이 죄인이라고 말한다. 우리의 죄는 무한하시고 거룩하시기에 죄를 간과하실 수 없는 하나님을 거스르는 것이다. 따라서 우리가 하나님과 교제하기 위해서는 반드시 속죄가 이루어져야 한다. 죄가 우리의 최선의 행위에도 침투했기 때문에 우리의 힘으로는 속죄에 충분한 제물을 드릴 수 없다. 심지어 우리의 제물도 오염되어서 그 흠을 가리기 위한 제물이 무한정으로 필요할 정도다. 우리에게는 우리의 죄를 속하기에 충분한 제물이나 의로운 행위가 없다. 우리는 자신의 빚을 갚을 수 없는 채무자다.

그리스도는 십자가에서 아버지의 진노를 당하심으로써 그의 백성을 위해 속죄를 이루셨다. 그리스도는 인간의 죄에 대한 형벌을 담당하셨다. 인간의 죄에 합당한 형벌을 받으심으로써 그들의 죄를 속해주셨다. 구약의 언약은 하나님의 법을 범하는 모든 자에게 저주를 선언한다. 예수님은 십자가에서 친히 그 저주를 받으셨을 뿐 아니라 우리를 위한 "저주가 되셨다"(갈 3:13). 그는 십자가에서 아버지에게 버림받으셨고 지옥을 온전히 경험하셨다.

정통 기독교는 속죄에 대리와 보상(substitution and satisfaction)이 포함된다고 주장해 왔다. 하나님의 저주를 받으심으로 예수님은 하나님의 거룩한 공의를 보상하셨다. 그는 우리를 대신해 하나님의 진노를 받으심으로 다가오는 진노에서 우리를 구하셨다(살전 1:10).

성경에서 속죄에 관한 핵심 단어는 "……를 대신하여"다. 예수님은 자신을 위하여 죽으신 게 아니라 우리를 위해 죽으셨다. 예수님의 고난은 우리를 대리한 것이었다. 그는 세상 죄를 지는 하나님의 어린양의 역할을 완수하시기 위해 우리를 대신하셨다.

하나님의 진노가 실제적이었지만 그리스도가 이루신 속죄는 성자가 성부의 뜻을 거스려 하신 일이 아님을 주목해야 한다. 성자가 백성을 구원하기 싫어하시는 성부를 설득한 것이 아니다. 오히려 성부와 성자 모두 선택 받은 자들의 구원을 원하셨고 그것을 이루기 위해 함께 일하셨다. 사도바울의 말처럼 "하나님께서 그리스도 안에 계시사 세상을 자기와 화목하게 하신"(고후 5:19) 것이다.

● 요약 ●

1. 속죄에는 빚을 갚기 위해 대가를 지불한다는 개념이 포함되어 있다.
2. 인간은 자신의 죄를 속할 수 없다.
3. 예수님은 완전하시기에 속죄를 이루실 수 있는 자격이 있다.
4. 그리스도는 옛 언약의 저주를 충족시키셨다.
5. 그리스도의 속죄는 대리와 보상 두 가지를 다 이루었다.
6. 성부와 성자는 우리와의 화목을 이루기 위해 함께 일하셨다.

한정적 속죄

참조 성구 | 마 1:21, 요 3:16, 요 10:27-30, 요 17:9-12, 행 20:28, 롬 8:30

개혁주의 신학의 독특한 교리를 T-U-L-I-P라는 첫 글자 모음으로 요약하기도 한다.

각 글자의 내용은 다음과 같다.

T = 전적 타락(Total depravity)
U = 무조건적 선택(Unconditional election)
L = 제한적 속죄(Limited atonement)
I = 불가항력적 은혜(Irresistible grace)
P = 성도의 견인(Perseverance of the saints)

이처럼 첫 글자를 모아 기억하기 좋게 하는 것은 분명 도움이 되지만, 글자에 개념을 짜 맞추는 방법이기에 혼란을 초래할 수 있다. 특히 세 번째 글자, 제한적 속죄가 그렇다. '4대 교리' 칼빈주의자라고 자처하는 많은 사람들은 이 세 번째 항목인 제한적 속죄를 제외시키려 한다. 즉, 그들은 TULIP에서 L자를 뺀다.

나 역시 '제한적' 속죄라는 말보다 '한정적'(definite) 속죄라는 말을 더 좋아한다(tulip이 tudip이 되더라도). 한정적 속죄의 교리는 그리스도의 속죄 계획에 초점을 맞춘다. 이 교리는 하나님이 예수님을 십자가로 보내신 의도에 관심을 둔다.

보편구원론자가 아니라면 누구나 그리스도가 십자가에서 하신 일의 효과가 믿는 자들에게만 국한된다는 것에 동의할 것이다. 다시 말해 그리스도의 속죄는 불신자들을 위한 것이 아니다. 모든 사람이 그리스도의 죽으심을 통해 구원받는 것은 아니다. 그러나 그리스도의 죽으심의 공로는 모든 사람의 죄를 속하기에 충분하다. 어떤 사람은 그리스도의 속죄는 모든 사람의 죄를 속하기에 충분하지만, 오직 일부 사람들에게만 효과가 있다고 설명한다.

그러나 이것도 한정적 속죄라는 문제의 핵심을 설명하지는 못한다. 한정적 속죄를 부정하는 사람들은, 그리스도의 속죄 사역은 하나님께서 세상의 모든 사람의 죄를 속하기 위해 계획하신 것이었다고 주장한다. 이것은 모든 사람의 구원을 '가능하게' 한다. 그러나 그 누구의 속죄도 '확실하게' 하지는 못한다. 그러므로 이러한 생각은 무제한적이고 비한정적이다.

개혁주의 관점은 그리스도의 속죄가 선택받은 자들만을 위하여 고안되고 의도되었다는 주장을 고수한다. 그리스도는 자신의 생명을 오직 자신의 양을 위해 주셨다. 나아가 그의 속죄는 선택받은 자들 모두의 구원을 확보하였다. 속죄는 그저 '잠재적인' 것이 아니라 '실제적인' 구속 사역이었다. 이 관점에서는 속죄를 위한 하나님의 계획과 의도가 좌절될 가능성이 없다. 구원 사역에서 하나님의 목적은 분명하다.

개혁주의 신학자들은 인류에게 속죄가 주어지는 문제에 있어서 다른 관점을 갖는다. 어떤 이들은 복음이 보편적으로 주어진다고 한다. 십자가와 그 혜택은 믿는 자 누구에게나 주어진다는 것이다. 또 어떤 이들은 이러한 보편적인 제공의 개념이 오해하기 쉬운 말장난 같다고 말한다. 선택받은 자들만 믿게 된다면 사실상 이것은 그들에게만 주어지는 것이다. 하나님께서는 회개하지 않은 자들이나 불신자들에게 절대로 그리스도의 속죄의 혜택을 주시지 않는다. 즉 믿음과 회개가 선택받은 자들에 의해서만 충족되는 조건이라면, 속죄도 그들에게만 주어지는 것이다.

요한은 이렇게 말한다. "그는 우리 죄를 위한 화목 제물이니 우리만 위할 뿐 아니요 온 세상의 죄를 위하심이라"(요일 2:2). 이 본문은 한정적 속죄를 반대하는 근거로 많이 인용된다. 언뜻 보기에 그리스도의 죽음이 모든 사람을 위한 것이라고 말하는 것 같다. 그러나 이 본문을 그런 의미로만 적용한다면, 이 말씀은 비개혁주의자들이 증명하기 원하는 것 이상의 의미를 나타내게 된다. 즉, 보편구원론자의 증거 본문이 되어버린다.

만일 그리스도가 모든 사람의 죄에 대한 하나님의 형벌의 요구를 참으로 갚으셨다면 틀림없이 모든 사람이 구원받을 것이다. 그리고 이미 대가가 치러진 죄를 하나님이 처벌하신다면, 하나님은 불공평하실 것이다. 또 만일 이 본문이 모든 사람의 죄가 조건적으로(믿음과 회개를 조건으로) 속죄받는다는 의미로 이해된다면 우리는 다시 오직 선택된 자들만이 그 조건들을 만족시킨다는 근본적인 질문으로 돌아가게 된다.

이 본문을 보는 또 다른 방법은 "우리" 죄와 "온 세상"의 죄를 대비시켜 보는 것이다. "우리"라는 말에 포함되는 사람들은 누구인가? 만일 요한이 믿는 사람들을 말하고 있다면, 앞에서의 본문 해석이 적용될 것이다. 그러나 이것이 "우리"의 의미인가?

신약에서는 유대인과 비유대인이 누리는 구원을 자주 대비시킨다. 복음에서 가장 중요한 점은 이것이 유대인뿐 아니라 온 세상 모든 종족과 민족에게 주어진다는 사실이다. 하나님은 온 세상을 사랑하신다. 그러나 온 세상을 구원하시지는 않는다. 하나님은 세상의 모든 곳으로부터 사람들을 구원하신다. 본문에서 요한은 단순히 그리스도께서 우리(유대인) 죄만 위해 돌아가신 것이 아니라 온 세상의 선택된 자들을 위해 돌아가셨다고 말했을 수 있다.

어느 경우든, 하나님의 계획은 모든 사람이 이 세상에 존재하기 전에 결정되었다. 그리스도의 속죄는 하나님의 사후 대책이 아니었다. 그리스도의 죽음을 통해 이루시고자 하신 하나님의 목적은 창세 전에 결정된 것이다. 그 계획은 어림짐작으로 한 것이 아니라 구체적 계획과 목적에 따른 것으로, 그것을 하나님은 주권적으로 이루시고 계신다. 그리스도가 대신하여 죽으신 모든 사람은 그리스도의 희생 사역으로 모두 구속된다.

● 요약 ●

1. 한정적 속죄는 TULIP에서 L, 즉 제한적 속죄를 대신하는 것이다.
2. 한정적 속죄는 구속을 위한 하나님의 계획의 범위와 십자가의 목적을 말한다.
3. 보편구원론자가 아니라면 누구나 그리스도의 속죄가 모든 사람에게 충분하지만 믿는 자들에게만 효과적임을 인정할 것이다.
4. 그리스도의 속죄는 그리스도께서 죄에 대한 잠재적 또는 조건적 화목 제물이 아니라 실제적인 화목 제물이 되신 것이다.
5. 넓은 의미에서 속죄는 모든 사람에게 주어졌고, 좁은 의미에서는 선택받은 자들에게만 주어졌다.
6. 그리스도께서 온 세상의 죄를 위하여 죽으셨다는 요한의 가르침은 선택받은 자들이 유대인에만 국한되지 않고 온 세상에 걸쳐 있다는 것을 의미한다.

자유 의지

참조 성구 | 신 30:19-20, 요 6:44, 65, 요 8:34-36, 요 15:5, 롬 8:5-8, 약 1:13-15

지금 당신은 자신의 자유 의지로 이 책을 읽고 있다. 혹시 "아니요! 읽고 싶어서 읽는 게 아니에요. 이 책을 읽으라는 과제를 받아서 읽는 거예요. 난 정말 정말 읽기 싫어요."라고 항변할지도 모르겠다. 아마 그럴 수도 있을 것이다. 하지만 어쨌거나 지금 당신은 이 책을 읽고 있다. 아마 당신이 이 순간에 할 수 있는 다른 일도 많을 것이다. 그러나 이 책을 읽는 것을 선택했다. 읽지 않는 것이 아니라 읽는 쪽으로 결정한 것이다.

나는 당신이 왜 이 책을 읽는지는 모른다. 그러나 당신이 이 책을 읽는 이유가 있다는 사실은 알고 있다. 만약 읽을 이유가 없다면 당신은 이 책을 읽지 않기로 했을 것이다.

우리 삶의 모든 선택에는 다 이유가 있다. 우리의 결정은 모든 것을 고려해 볼 때 그 순간 우리에게 좋아 보이는 것을 따라 이루어진다. 어떤 일은 하고 싶은 강렬한 욕구 때문에 한다. 또 어떤 일은 욕구를 전혀 인식하지 못한 채 한다. 그러나 욕구가 있기 때문이지 없다면 그 일을 하지 않을 것이다. 우리의 욕구에 따라 선택하는 것, 이것이 자유 의지의 본질이다.

*조나단 에드워즈는 〈의지의 자유〉(The Freedom of the Will)라는 책에서 의지란 "우리 마음이 선택하는 근거가 되는 것"이라고 정의한다. 인간이 선택을 한다는 사실은 분명하다. 나는 글 쓰는 일을 선택했고 당신은 읽는 일

> ***조나단 에드워즈**
> **(Jonathan Edwards)**
> 미국의 목사이자 신학자로 칼빈주의 신앙부흥운동인 '대각성 운동'을 주도하였다. 신앙에 대한 요구가 매우 엄격하여 1750년 교회로부터 추방되었지만 〈의지의 자유〉를 비롯한 뛰어난 저서들과 함께 칼빈주의를 기반으로 깊이 있는 신학과 사상체계를 확립하였다.

을 선택했다. 내가 쓰려는 의지를 가지면 쓰기가 시작된다. 그러나 자유라는 개념이 더해지면 문제는 몹시 복잡해진다. 우리는 "무엇을 하기 위한 자유인가?"라는 질문을 해야만 한다. 아무리 열성적인 칼빈주의자라도 우리의 의지는 무엇이든 원하는 것을 자유롭게 선택한다는 점을 부인하지 않는다. 또 아무리 열성적인 아르미니우스주의자라도 의지는 원치 않는 것을 자유롭게 선택하지 않는다는 점에 동의한다.

그래서 구원에 관해서, '인간이 원하는 것은 무엇인가?'라는 문제가 제기된다. 아르미니우스주의자들은 어떤 사람들은 회개하고 구원받기를 원하며, 다른 사람들은 하나님으로부터 달아나기를 원하여 그 결과 영원한 저주를 받게 된다고 믿는다. 그러나 그들은 왜 사람마다 다른 욕구를 가지는지를 설명하지 못한다. 반면 칼빈주의자들은 성령이 거듭나게 하시기 전에는 모든 인간이 하나님으로부터 달아나려는 욕구를 가진다고 주장한다. 그 거듭남이 우리의 욕구를 변화시켜 자유롭게 회개하고 구원을 받는다.

거듭나지 않은 자들도 결코 자신의 의지를 거스르도록 강요받지 않는다는 점에 주목해야 한다. 그들의 의지는 자신의 허락 없이 변화되지 않는다. 그들은 언제나 자신이 원하는대로 자유롭게 선택한다. 이처럼 우리는 원하는대로 자유롭게 할 수 있다. 그러나 우리의 본성을 자유롭게 선택하거나 고를 수는 없다. 마치 그리스도께서 "이후로 나는 악한 것만을 원하겠다."라고 말씀하실 수 없는 것과 마찬가지로 그 누구도 "이후로 나는 선한 것만을 할 테야."라고 말할 수 없다. 이것이 우리 자유의 한계다.

타락의 결과 인간의 의지는 선택할 수 있는 능력의 범위 안으로 제한되었다. 우리의 지성(생각)은 죄로 어두워졌고 우리의 욕구는 사악한 충동에 사로잡혔다. 그러나 우리는 여전히 생각하고 선택하고 행동할 수 있다. 하지만 끔찍한 일이 일어났다. 하나님을 향한 모든 욕구를 잃어버린 것이다. 우리 마음의 생각과 욕구는 늘 악할 뿐이다. 따라서 의지의 자유는 저주가 되어버렸다. 여전히 우리의 욕구를 따라 선택하기 때문에, 우리는 죄를 선택하고 그리하여 하나님의 심판을 받게 되었다.

아우구스티누스는 우리는 여전히 자유 의지를 가지고 있지만, 자유를 잃어버렸다고 말했다. 성경이 말하는 참된 자유는 우리 마음으로 그리스도를 선택하는 자유 또는 능력이다. 그러나 우리의 마음이 성령으로 변화되기 전에는, 그리스도를 향한 욕구를 가지지 않는다. 그 욕구가 없으면 우리는 결코 그를 선택하지 않는다. 우리가 그리스도를 선택할 수 있으려면 하나님께서 우리의 영혼을 일깨워 그리스도를 향한 소원을 주셔야 한다.

조나단 에드워즈는 타락한 인간인 우리는 본성적 자유(우리의 욕구대로 행동할 수 있는 능력)는 가지고 있지만 도덕적 자유는 상실했다고 말했다.[21] 도덕적 자유에는 의를 향한 영혼의 성향, 의도, 그리고 소원이 포함된다. 타락으로 우리가 잃어버린 것이 바로 이 성향이다.

우리가 내리는 결정에는 모두 이유가 있다. 그것을 하는 이유, 이면에 숨겨진 욕구가 있는 것이다. 이 말은 결정론처럼 들리지만, 결코 그렇지 않다! 결정론이란 우리가 하고 싶지 않은 것을 하도록 우리의 행동이 완전히 외부의 어떤 것에 의해 통제받는 것이다. 이것은 강제이며 자유에 상반되는 것이다.

그렇다면 우리의 선택은 어떻게 결정되는 걸까? 바로 안에 있는 것 즉, 우리의 존재와 우리의 소원에 의해 결정된다. 즉 우리 자신에 의해 결정된다. 이것이 자유의 본질인 자기 결정이다.

그러므로 우리가 그리스도를 선택하기 위해서는 반드시 하나님께서 우리의 마음을 바꾸셔야 한다. 그것이 바로 하나님이 하시는 일이다. 하나님은 우리를 위해 우리의 마음을 바꾸신다. 그리고 다른 방법으로는 가질 수 없는, 하나님을 향한 소원을 주신다. 그것이 바로 하나님의 놀라운 은혜다.

● **요약** ●

1. 우리가 선택하는 모든 것에는 이유가 있다.
2. 우리는 언제나 선택의 순간에 우리의 가장 강한 성향을 따라 선택한다.
3. 의지는 선택하는 능력이다.
4. 타락한 인간은 자유 의지는 있지만 자유가 없다. 우리는 본성적 자유는 있지만 도덕적 자유는 없다.
5. 자유는 자기 결정이다.
6. 거듭날 때, 하나님께서 우리 마음의 성향을 바꾸시고 우리 속에 하나님을 향한 소원을 심어 주신다.

신앙

참조 성구 | 롬 1:16-32, 롬 5:1-11, 롬 10:14-17, 갈 3:1-14, 엡 2:8-9, 약 2:14-26

기독교는 종종 종교라 불린다. 보다 적절하게는 "신앙"이라 불린다. 때문에 우리는 종종 기독교 신앙이라고 한다. 그것이 신앙이라고 불리는 것은 이를 따른 사람들이 확증하거나 믿었던 지식의 체계가 있기 때문이다. 또한 신앙이라 불리는 것은 신앙이라는 미덕이 구속을 이해하는 핵심이기 때문이다.

그렇다면 신앙이란 무엇인가? 우리 문화에서는 그것을 종종 어떤 것에 대한 맹목적 믿음인 비합리적인 것으로 오해한다. 그러나 기독교 신앙을 '맹목적 신앙'이라고 하는 것은 그리스도인을 비하하는 일일 뿐 아니라 하나님을 모독하는 것이다. 성경에 나타나는 눈먼 것의 이미지는 죄로 인해 어둠 속에 행하는 사람을 표현할 때 사용되었다. 기독교는 사람을 어둠에서 불러낸다. 따라서 신앙은 눈먼 것을 치유해주는 것이지 원인이 아니다.

어원상 '신앙'(faith)이라는 말은 '신뢰하다'(trust)라는 의미다. 하나님을 신뢰하는 것은 비합리적인 행동이 아니다. 하나님께서는 자신을 신뢰할 만한 분으로 드러내신다. 또 우리가 신뢰할 수 있는 충분한 증거를 주신다. 그는 그 자신이 신실하며 우리가 신뢰할 만한 분이심을 증명하신다.

신앙과 맹신(또는 경신, 輕信)은 큰 차이가 있다. 맹신은 타당한 이유 없이 무언가를 믿는 것이다. 맹신은 미신의 근원이자 번창하는 바탕이다. 반면 신앙은 논리정연하고 일관성 있는 추론과 건전한 실증적 증거에 기초한 것이다. 베드로는 다음과 같이 기록한다. "우리 주 예수 그리스도의 능력과 강림하심을 너희에게 알게 한 것이 교묘히 만든 이야기를 따른 것이 아니요 우리는 그의 크신 위엄을 친히 본 자라"(벧후 1:16).

기독교는 신화와 전설이 아니라 눈으로 보고 귀로 들은 자들의 증거에 기초한다. 복음의 진리는 역사적 사건에 기초한다. 이러한 사건들이 믿을 만하지 않다면 우리의 신앙은 헛되다. 하나님은 우리에게 신화에 근거하여 어떤 것을 믿으라고 하시지 않는다.

히브리서에 믿음의 정의가 나와 있다. "믿음은 바라는 것들의 실상이요 보이지 않는 것들의 증거니"(히 11:1). 신앙은 미래에 대한 우리 소망의 핵심이다. 간단히 말해서 이것은 과거에 하나님께서 이루신 것을 믿는 믿음에 근거하여 미래에 대해 하나님을 신뢰하는 것이다. 하나님이 계속하여 믿을 만한 분이라는 것을 믿는 것은 이유 없는 믿음이 아니다. 하나님이 과거에 그러셨던 것처럼 미래에도 신실하실 것을 믿는 우리의 소망에는 견고한 이유가 있다.

보이지 않는 것들의 증거인 신앙은 기본적인 것이지만 이것이 미래에 대한 것만은 아니다. 미래를 예견할 수 있는 사람은 아무도 없다. 우리는 모두 눈에 보이는 것이 아니라 믿음으로 미래로 나아간다. 우리는 계획하고 예상할 수 있지만, 아무리 통찰이 좋다 해도 그것은 우리가 받은 교육에 기반을 둔 추측에 불과하다. 그 누구도 미래에 대한 경험적 지식을 가지고 있지 않다. 우리는 현재를 볼 수 있고 과거를 기억할 수 있다. 우리는 뒤늦게 깨닫는 데 명수들이다. 우리가 미래에 대해 가질 수 있는 유일하고도 견고한 증거는 하나님의 약속이다. 여기에 믿음이 보이지 않는 것들에 대한 증거를 제공해준다. 따라서 우리는 미래를 위해 하나님을 신뢰한다.

우리는 또한 하나님이 계시다는 것을 믿는다. 비록 눈에 보이지 않지만 성경은 눈에 보이지 않는 하나님이 눈에 보이는 것들을 통하여 자신을 드러내신다는 것을 분명하게 말한다(롬 1:20). 우리는 눈에 보이지 않지만 하나님께서 피조물과 역사를 통하여 자신을 아주 분명하게 나타내시기 때문에 하나님이 계시다는 것을 믿는다.

신앙에는 하나님의 존재에 대한 믿음이 포함된다. 그러나 이런 종류의 믿음은 특별하게 칭찬받을 만한 것이 아니다. 야고보는 이렇게 말한다. "네가 하나님은 한 분이신 줄을 믿느냐 잘하는도다 귀신들도 믿고 떠느니라"(약 2:19). 여기는 야고보의 냉소가 담겨 있다. 하나님이 존재하심을 믿는 것은 귀신도 하는 일이다. 즉 하나님의 존재를 믿는 것과 하나님을 믿는 것은 별개다. 하나님을 믿는 것은, 바로 우리의 모든 삶에서 하나님을 신뢰하는 것으로, 기독교 신앙의 본질이다.

● 요약 ●

1. 기독교는 하나님에 의해 계시된 지식 체계에 기반을 둔 신앙이다.
2. 신앙은 맹목적으로 어둠 속으로 뛰어드는 것이 아니라 우리를 어둠에서 빛으로 불러내신 하나님을 신뢰하는 것이다.
3. 신앙은 단순한 것이지만 유치한 것은 아니다.
4. 신앙은 맹신이 아니다. 신앙은 정당한 이유와 역사적 증거에 기반을 둔다.
5. 신앙은 우리가 미래의 소망을 가질 수 있는 재료를 제공한다.
6. 신앙에는 보이지 않는 것에 대한 신뢰가 포함된다.
7. 신앙은 하나님의 존재를 믿는 것 이상이다. 신앙은 하나님을 믿는 것이다.

구원 얻는 믿음

참조 성구 | 마 18:3, 롬 10:5-13, 엡 2:4-10, 살전 2:13, 약 2:14-26

　예수님은 어린아이와 같은 믿음을 갖지 않으면 결코 하나님 나라에 들어갈 수 없다고 말씀하신 적이 있다. 어린아이와 같은 믿음은 하나님 나라에 들어가기 위한 조건이다. 그러나 어린아이 같은 믿음과 어린아이의 믿음에는 차이가 있다. 성경은 악에는 어린아이가 되고 지혜에는 어른이 되라고 요구한다. 구원 얻는 믿음(신앙)은 단순하지만 유치하지(simplistic)는 않다.

　성경은 오직 믿음으로만 의롭게 되며 믿음은 구원의 필요조건이라고 가르친다. 따라서 구원에 이르는 믿음이 무엇인지 반드시 이해해야 한다. 야고보는 무엇이 구원에 이르는 믿음이 아닌지 분명하게 설명한다. "내 형제들아 만일 사람이 믿음이 있노라 하고 행함이 없으면 무슨 유익이 있으리요 그 믿음이 능히 자기를 구원하겠느냐"(약 2:14). 야고보는 여기서 믿음의 고백과 믿음의 실제를 구분하고 있다. 누구나 자기에게 믿음이 있노라 고백할 수 있다. 그러나 고백만으로는 아무도 구원에 이를 수 없다. 성경은 사람들이 입술로는 하나님을 찬양하면서도 그 마음은 하나님으로부터 멀리 있을 수 있다는 것을 분명하게 언급한다. 즉 믿음의 열매가 없는 입술의 예배는 구원에 이르는 믿음이 아니다.

　야고보는 계속 이야기한다. "이와 같이 행함이 없는 믿음은 그 자체가 죽은 것이라"(약 2:17). 여기서 말하는 죽은 믿음은 아무 유익이 없다. 헛되고 부질없으며 아무도 의롭게 하지 못한다.

　루터를 비롯한 종교개혁자들이 칭의는 오직 믿음으로 이루어진다고 선포했을 때 그들은 구원 얻는 믿음을 신중하게 정의할 필요가 있다고 생각했다. 그들은 구원 얻는 믿음은 필요한 구성 요소를 포함하는 것으로 정의했다. 구원 얻는 믿음은 지식과 지적 동의와 개인적 신뢰로 이루어진다는 것이다.

　구원 얻는 믿음에는 내용이 포함된다. 아무거나 믿는다고 의롭다 하심을 받는 것이 아니다. "진실하기만 하면 무엇을 믿는지는 중요하지 않아요."라고 말하는 사람이 있다. 이러한 생각은 성경과 완전히 반대되는 것이다. 성경은 우리가 무엇을 믿느냐가 매우 중요하다고 이야기한다. 칭의는 진실만으로 얻을 수 있는 것이 아니다. 우리는 잘못된 일에도 진실할 수 있다. 바른 교리, 적어도 복음의 핵심 진리들은 구원 얻는 믿음의 필수적인 요소다. 우리는 복음을 믿고 그리스도와 그의 사역을 믿는다. 그것은 구원 얻는 믿음의 핵심이다. 만일 우리의 교리가 본질적으로 이단적이라면 우리는 구원받지 못한다. 예를 들어 그리스도는 믿으면서 그의 신성은 부정한다면 의롭다 하심을 받는 믿음을 소유한 것이 아니다.

　또한 구원을 얻으려면 복음의 핵심 진리들을 바르게 이해하는 것이 필수적이지만, 그 바른 이해만으로 구원을 받는 것은 아니다. 기독교의 진리를 이해하고 신학 시험에 A학점을 받아도, 그것에 동의하지 않을 수 있다. 구원 얻는 믿음은 복음의 진리에 지적으로 동의하는 것이 포함된다.

　한편 복음을 이해하고 진리를 확증하거나 동의해도, 구원에 이르는 믿음에 이르지 못할 수 있다. 사탄은 복음이 진리임을 알지만 자신의 전 존재로 복음을 미워한다. 구원 얻는 믿음에는 또 하나의 요소가 있다. 복음에 대한 개인적 신뢰와 의존이 포함되는 것이다. 우리는 의자가 내 무게를 감당할 수 있다고 믿을 수 있다. 그러나 그

*믿음에 이르게 하는 것
하나님의 은혜, 성령, 성경, 복음, 그리스도의 말씀, 전도, 기도, 기적과 표적, 권면, 훈육

의자에 앉기 전에는 그러한 믿음을 나타내 보일 수 없다.

신뢰에는 생각뿐 아니라 의지도 포함된다. 구원 얻는 믿음은 복음을 사랑하고 그 진리를 살아내려는 소원을 요구한다. 우리는 그리스도의 아름다우심과 사랑을 마음으로 받아들인다.

기술적으로 보면 개인적 신뢰는 지적 동의보다 한 걸음 더 나아간 단계다. 사탄은 그리스도에 관한 사실 일부가 진리라는 것에 동의한다. 그러나 모든 것에 동의하지는 않는다. 사탄은 그리스도의 사랑, 혹은 그리스도가 흠모할 만한 분이라는 점에 동의하지 않는다. 그러나 우리가 지적 동의와 개인적 신뢰를 구분하든 합해서 생각하든, 구원 얻는 믿음(루터는 살아 있는 믿음이라고 함)은 그리스도를 구주와 주로 여겨 참되게 개인적으로 신뢰하는 것이라는 사실에는 변함이 없다.

● 요약 ●
1. 구원 얻는 믿음은 어린아이와 같은 믿음이지만 어린아이의 믿음은 아니다.
2. 단지 신앙을 고백하는 것만으로는 의롭다 하심을 얻지 못한다.
3. 구원 얻는 믿음은 복음에 관한 지적인 동의를 요구한다.
4. 구원 얻는 믿음에는 그리스도를 믿는 믿음과 그를 향한 사랑이 포함된다.

이신칭의

참조 성구 | 롬 3:21-28, 롬 5:12-19, 고후 5:16-21, 갈 2:11-21, 엡 2:1-10, 빌 3:7-11

마르틴 루터는 오직 믿음으로 얻는 칭의야말로 교회가 서고 넘어짐을 좌우하는 중요한 문제라고 선언했다. 종교개혁의 이 중요한 교리는 복음 자체의 사수 못지 않은 문제였다.

칭의(의롭다 하심을 얻음)란 불의한 죄인이 의롭고 거룩하신 하나님 보시기에 의롭게 되는 것이라고 정의할 수 있다. 불의한 사람에게 가장 필요한 것은 의다. 따라서 그리스도께서 믿는 죄인에게 주시는 것이 바로 이 부족한 의로움이다. 오직 믿음으로 의롭다 하심을 얻는 것(이신칭의)은 우리의 선이나 선행이 아니라 오직 그리스도의 의와 공로에 의한 칭의를 의미한다.

칭의의 문제는 공로와 은혜에 초점이 맞춰진다. 믿음으로 얻는 칭의라는 것은 우리가 하는 일이 칭의를 얻을 만큼 충분히 선하지 않다는 것을 의미한다. 바울의 말처럼 "율법의 행위로 그의 앞에 의롭다 하심을 얻을 육체가 없다"(롬 3:20). 또한 칭의는 법적인 것이다. 즉 하나님께서 그리스도의 의를 우리의 것으로 전가하실 때 우리가 의롭다 선포되고, 간주되고, 여겨지는 것이다. 여기에 필요한 조건은 믿음이다.

프로테스탄트 신학에서는 믿음이 그리스도의 공로가 우리의 것이 되게 하는 수단이라는 의미에서 도구적 원인이라고 확언한다. 로마 가톨릭 신학에서는 세례가 칭의의 가장 기본적인 도구적 원인이며 고해성사는 이차적인 회복적 원인이라고 가르친다(로마 가톨릭은 고해성사를 영혼이 파선된 사람-죽을 죄를 범하여 칭의의 은혜를 잃어버린 자들-의 칭의를 위한 두 번째 항목으로 본다). 고해성사는 인간이 칭의에 합당한 공로를 성취해서 보상하는 행위를 요구한다. 로마 가톨릭의 견해는, 믿음에 의한 칭의는 인정하지만 믿음만으로는 부족하고 선행을 필요조건으로 추가해야 한다는 것이다.

칭의를 얻는 믿음은 공허한 고백이 아니라 살아 있는 믿음이다. 믿음은 구원을 위해 오직 그리스도만 붙드는 인격적 신뢰다. 또한 구원 얻는 믿음은 그리스도를 구주와 주로 받아들이는, 회개하는 신앙이다.

성경은 우리의 선행이 아니라 믿음으로 우리에게 더해지는 것, 즉 그리스도의 의로 의롭다 하심을 받는다고 말한다. 종합하면, 기본적인 것 위에 새로운 어떤 것이 더해진다. 우리의 칭의는 그리스도의 의가 우리에게 더해진 것이다. 또한 우리의 칭의는 전가에 의한 것이다. 즉 믿는 우리에게 하나님께서 그리스도의 의를 돌려주신 것이다. 하나님께서 우리가 지금 속해 있는 그리스도의 실제 공로를 우리에게 돌리셨기 때문에 이것은 '법적 의제'(擬製)가 아니다. 실제 전가다.

● 요약 ●

1. 칭의는 하나님께서 하시는 일로, 이를 통해 하나님은 그리스도의 의를 불의한 죄인에게 전가하신 후 그를 의롭다고 선언하신다.
2. 그 누구도 선행으로 칭의를 얻을 수 없다.
3. 믿음은 그리스도의 공로를 전가 받는 데 필요한 조건이다.
4. 칭의는 단순한 신앙 고백뿐 아니라 살아 있고 실제적인 믿음을 요구한다.

믿음과 행위

참조 성구 | 롬 3:9-4:8, 빌 2:12-13, 약 2:18-24, 벧후 1:5-11, 요일 2:3-6
요일 4:7-11

많은 사람이 선하게 살면 하늘나라에 갈 수 있다고 생각한다. 그들은 하나님의 공의가 요구하는 것을 충족시키기 위해서 자신이 행한 선행에 의지하고 있다.

그러나 이것은 부질없는 희망이다. 하나님의 법은 완전을 요구한다. 때문에 완전하지 않은 우리에게는 하늘나라에 들어가는 데 필요한 선이 없다. 따라서 선한 삶을 사는 것으로는 선을 이룰 수 없다. 우리는 오직 그리스도의 의에 의지함으로써만 선을 얻을 수 있다. 그리스도의 공로는 완전하며, 믿음을 통하여 우리의 것이 될 수 있다.

그러므로 믿음이 아닌 선행으로 칭의를 얻을 수 있다고 믿는 것은 율법주의의 이단에 빠지는 것이며, 또한 아무 행위가 따르지 않는 믿음으로만 칭의를 얻을 수 있다고 믿는 것은 율법폐기론의 이단에 빠지는 것이다.

믿음과 선행은 구분될 수 있지만 분리될 수 없는 관계다. 우리의 선행은 믿음에 아무런 보탬이 되지 않는다. 또 한편으로는 그리스도를 믿는 믿음이 칭의의 유일한 조건이라 해도 신앙 고백에 선행이 따르지 않는다면, 그것은 우리에게 칭의를 얻을 만한 믿음이 없다는 분명한 표가 된다. 개혁 신학의 원칙은 "우리는 오직 믿음으로 의롭다 하심을 얻지만, 열매 없는 믿음으로 되는 것은 아니다"라는 것이다. 진정한 칭의에는 언제나 성화의 과정이 뒤따른다. 성화가 따르지 않는다면 그 칭의는 없었던 것이 분명하다. 이것은 칭의가 성화에 달려 있다거나 성화에 의존한다는 뜻이 아니다. 칭의는 진정한 믿음에 달려 있다. 그리고 진정한 믿음은 필연적으로 순종의 행위로 이어진다.

야고보는 행함이 없는 믿음은 죽은 것이라고 함으로써, 그런 "믿음"은 살아있는 것이 아니기 때문에 의롭다 함을 얻을 수 없다고 주장했다. 산 믿음은 선행을 낳는다. 그러나 이 선행이 칭의의 근거가 되는 것은 아니다. 오직 그리스도가 이루신 공로만 죄인이 의롭다 함을 얻을 수 있게 한다.

예수님을 구주(savior)로는 모시지만 주(Lord)로는 모시지 않으면서도 칭의를 얻을 수 있다고 생각하는 것은 엄청난 오류로, 현대적 형태의 율법폐기론 이단이다. 진정한 믿음은 그리스도를 구주와 주님으로 받아들인다. 구원을 위해 그리스도만 의지하는 것은 그분을 전적으로 의지하면서 죄를 회개하는 것이다. 죄를 회개한다는 것은 그리스도의 권위에 복종하는 것이다. 따라서 그의 주 되심(주재권)을 부정하는 것은 회개하지 않는 믿음으로 칭의를 얻으려 하는 것이며, 이는 믿음이 아니다.

우리의 선행은 구원을 얻게 하지는 못하지만, 하나님께서 천국에서 주시겠다고 약속하신 상급을 위한 근거가 된다. 하나님 나라에 들어가게 하는 것은 오직 믿음이다. 다만 그곳에서 받는 상급은 선행에 따라 주어질 것이다. 그 선행은 아우구스티누스가 말한 대로 하나님이 그 자신의 선물에 은혜로운 면류관을 씌우시는 것이다.

〈 믿음과 행위의 상관관계 〉

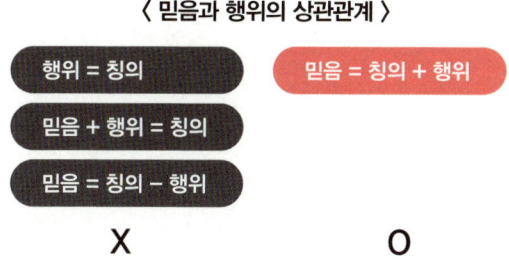

● 요약 ●

1. 누구도 선행으로 칭의를 얻지 못한다. 오직 그리스도를 믿는 믿음으로만 칭의를 얻는다.
2. 믿음과 선행은 구분되어야 하지만 분리되어서는 안 된다. 진정한 믿음은 순종의 열매를 낳는다.
3. 칭의는 오직 믿음으로 얻지만 열매 없는 믿음은 아니다.
4. 죽은 믿음으로는 칭의를 얻지 못한다.
5. 그리스도를 믿는 것은 그를 구주로 신뢰하고 주로 복종하는 것이다.
6. 우리는 우리가 한 선행에 따라 천국에서 상을 받는다. 그 상 역시 은혜 가운데 하나다.

회개

참조 성구 | 겔 18:30-32, 눅 24:46-47, 행 20:17-21, 롬 2:4, 고후 7:8-12

예수님의 길을 예비했던 세례요한의 처음 메시지는 "회개하라 천국이 가까이 왔느니라"였다. 이것은 죄인들에게 긴급한 요구였다. 회개를 거부하는 자는 결코 하나님 나라에 들어갈 수 없다. 회개는 구원의 전제조건, 필요조건이다. 성경에서 회개란 마음의 변화를 경험하는 것을 의미한다. 이 마음의 변화는 사소한 의견 몇 가지를 바꾸는 것이 아니라 삶의 방향 전체를 바꾸는 것이다. 여기에는 죄로부터 돌아서서 그리스도께로 가는 근본적인 전환이 포함된다.

회개는 신생(新生)이나 중생의 원인이 아니라 중생의 열매 혹은 결과다. 회개가 중생과 함께 시작되는 것은 사실이지만 그것은 그리스도인으로 살아가면서 평생 반복되어야 할 태도이며 행동이다. 우리가 계속해서 죄를 지을 때 우리는 성령에 의해 찔림을 받아 회개하도록 부르심을 받는다.

신학자들은 회개를 두 가지로 구분한다. 하나는 거짓되거나 위선적 회개인 불완전한 통회(attrition)다. 이것은 처벌에 대한 두려움 때문에, 또는 받을 복을 잃어버렸기 때문에 후회하는 것이다. 부모라면 몰래 과자 그릇에 손을 넣다가 들킨 자녀들에게서 이러한 것을 목격한다. 아이는 매 맞는 것이 겁나서 "잘못했어요. 때리지 마세요!"라고 말한다. 거짓 눈물이 수반되는 이러한 호소는 대부분 잘못을 진정으로 뉘우치는 것이 아니다. 에서도 이러한 회개를 보인 적이 있다(창 27:30-46). 그는 죄를 회개한 것이 아니라 장자권을 잃었다는 사실을 애석해했다. 이와 같이 불완전한 통회는 지옥에서 구출 받는 표를 얻기 위해서, 혹은 처벌을 피하기 위해서 하는 것이다.

반면 *통회(contrition)는 진실하고 경건한 회개다. 이것은 진정한 것이며 하나님을 거스른 데 대해 깊이 슬퍼하는 것이다. 통회하는 사람은 자신의 죄를 변명하거나 정당화하지 않고 열린 마음으로 온전하게 자신의 죄를 고백한다. 여기에는 언제라도 기꺼이 보상하려는 의지와 죄에서 돌이키려는 결단이 포함되어 있다. 바로 다윗이 시편 51편에서 보여준 회개다. "하나님이여 내 속에 정한 마음을 창조하시고 내 안에 정직한 영을 새롭게 하소서 …… 하나님께서 구하시는 제사는 상한 심령이라 하나님이여 상하고 통회하는 마음을 주께서 멸시하지 아니하시리이다"(시 51:10, 17).

진정으로 통회하며 회개할 때, 하나님은 우리를 용서하시고 우리와의 관계를 회복하시겠다고 약속하셨다. "만일 우리가 우리 죄를 자백하면 그는 미쁘시고 의로우사 우리 죄를 사하시며 우리를 모든 불의에서 깨끗하게 하실 것이요"(요일 1:9).

> ***통회(contrition)**
> '부스러지다'라는 뜻에서 유래한 말로 '죄악된 자아가 철저히 무너지고 영적으로 깨어져 겸손히 회개하다'라는 의미다.
> 통회는 단순히 지난날의 후회나 선한 결심, 새로운 생활을 시작하는 것이 아니다. 죄에 대한 분명하고도 자발적인 고백과 전 인격적인 단절을 포함한다(시 51:19).

● 요약 ●

1. 회개는 구원의 필요조건이다.
2. 회개는 중생의 열매다.
3. 불완전한 통회는 두려움에서 나온 잘못된 회개다.
4. 통회는 경건한 후회에서 나온 진정한 회개다.
5. 진정한 회개에는 온전한 고백, 보상, 죄로부터 돌아서는 결단이 포함된다.
6. 하나님은 진정으로 회개하는 모든 자에게 용서와 회복을 약속하신다.

공로와 은혜

참조 성구 | 요 15:1-8, 롬 4:1-8, 롬 5:1-5, 고후 5:17-19, 엡 2:8-9, 딛 3:4-7

공로와 은혜의 문제는 로마 가톨릭과 개신교 사이의 역사적 논쟁의 핵심이다. 종교개혁의 주요 선언 중 하나는 *솔라 그라티아(sola gratia)—오직 하나님의 은혜로 얻는 구원—이다. 신자는 하나님의 심판의 보좌 앞에 자신의 공로를 하나도 가져가지 못한다. 오직 하나님의 자비와 은혜에 의지할 뿐이다.

로마 가톨릭 신학은 공로를 세 가지로 이야기한다. 첫 번째로 '적정공로'(適正功勞, condign merit)가 있다. 이것은 상을 주어야 하는 공로다. 또 '재량공로'(裁量功勞, congruous merit)라는 것이 있다. 이는 적정공로보다 나은 것은 아니지만 그럼에도 불구하고 하나님께서 상 주시기에 '적합한, 또는 조화되는' 공로이며 고해성사와 결부되어 선행으로 얻어지는 것이다. 세 번째 유형의 공로는 '여분의 공로'(supererogatory merit)다. 이것은 의무의 요구를 초월하고 넘어서는 것이다. 그리고 성도가 얻을 수 있는 공로 이상의 것이다. 이것은 공로의 보고에 저장되어 연옥에서 하늘나라로 가는 데 부족한 공로를 채울 때 쓰인다

> ***솔라 그라티아(Sola Gratia)**
> 마르틴 루터가 주도한 종교개혁의 5대 강령 중 하나로 구원은 행위가 아닌 오직 은혜에서 비롯된다는 사상이다.
>
> ***종교개혁 5대 강령**
> 1) 솔라 스크립투라
>   (Sola Scriptura, 오직 성경)
> 2) 솔라 그라티아
>   (Sola Gratia, 오직 은혜)
> 3) 솔라 피데
>   (Sola Fide, 오직 믿음)
> 4) 솔루스 크리스투스
>   (Solus Christus, 오직 그리스도)
> 5) 솔리 데오 글로리아
>   (Soli deo Gloria, 오직 주께 영광)

고 믿는다.

 그러나 프로테스탄트 신학은 우리의 공로가 오직 그리스도의 공로밖에 없음을 선언하면서 이러한 공로를 모두 부정하고 항의한다. 그리스도의 공로는 은혜로 인하여 믿음을 통하여 우리에게 온다. 은혜는 우리의 공로 없이 하나님께서 주시는 선물이다. 그리고 우리를 향한 하나님의 행동 또는 공급이다. 은혜는 우리의 영혼 속에 거하는 것이 아니다. 우리는 은혜 안에서 자라가지만 우리 안에 있는 은혜의 분량에 따라 자라는 것이 아니라 우리 속에 거하셔서 우리를 향해, 또 우리에게 자비로운 도움을 주시는 성령의 은혜 안에서 자란다. 이와 같이 그리스도인 생활에서 하나님이 우리에게 도움을 주시는 은혜의 수단은 말씀, 성례, 기도, 교제, 교회의 양육이다.

● 요약 ●

1. 우리의 구원은 솔라 그라티아(Sola Gratia), 즉 오직 은혜로 얻는다.
2. 우리에게는 하나님께서 구원을 베푸셔야만 할 공로가 없다.
3. 로마 가톨릭 신학은 적정공로, 재량공로, 여분의 공로를 구별하지만 개신교는 이 세 가지를 모두 부정한다.
4. 은혜는 하나님께서 우리에게 자격이 없음에도 주시는 선물이며 자비다.

성도의 견인

참조 성구 | 요 6:35-40, 롬 8:31-39, 빌 1:6, 딤후 2:14-19, 히 9:11-15

그리스도를 믿는다고 고백하고 믿음을 강하게 나타내던 사람이 나중에 그 믿음을 부정하고 영적으로 떨어져 나가는 경우가 있다. 이러한 현상은 '한번 구원받은 사람이 그 구원을 잃어버릴 수 있는가?', '배교는 명백하고 현존하는 위험인가?'라는 의문을 갖게 한다.

로마 가톨릭 교회는 구원을 잃어버릴 수 있다고 가르친다. 대죄(大罪)를 범하면 그 죄가 영혼 속에 있는 칭의의 은혜를 소멸한다. 그래서 고해성사를 통해 은혜의 상태로 회복되지 않으면 결국 지옥으로 가게 된다는 것이다.

많은 개신교도들도 구원을 잃어버릴 수 있다고 믿는다. 히브리서 6장의 경고와 "자신이 도리어 버림을 당할까"(고전 9:27)라고 한 바울의 말 및 사울 왕 등의 예는 사람들로 하여금 은혜로부터 완전히 떨어질 수 있다는 결론을 내리게 만든다. 그러나 개혁주의 신학은 '성도의 견인'이라는 교리를 가르친다. 이 교리는 때로 "영원한 안전"이라고 부르기도 한다.

이 교리의 핵심은 만일 구원 얻는 믿음을 가졌다면 결코 구원을 잃을 수 없으며, 만일 잃는다면 애초부터 갖고 있지 않았다고 보는 것이다. 요한은 이렇게 기록했다. "그들이 우리에게서 나갔으나 우리에게 속하지 아니하였나니 만일 우리에게 속하였더라면 우리와 함께 거하였으려니와 그들이 나간 것은 다 우리에게 속하지 아니함을 나타내려 함이니라"(요일 2:19).

우리는 그리스도를 영접하지 않고도 기독교의 여러 요소로 자신을 치장할 수 있음을 안다. 가령 어떤 젊은이가 기독교 동아리의 재미있고 자극적인 프로그램에 매료될 수 있다. 그는 그리스도께로 돌아서는(회심하는) 것이 아니라 그 프로그램에 끌릴 수 있다. 이것은 마치 씨 뿌리는 자의 비유에서 보는 것과 같다.

> 씨를 뿌리는 자가 그 씨를 뿌리러 나가서 뿌릴새 더러는 길가에 떨어지매 밟히며 공중의 새들이 먹어버렸고 더러는 바위 위에 떨어지매 싹이 났다가 습기가 없으므로 말랐고 더러는 가시떨기 속에 떨어지매 가시가 함께 자라서 기운을 막았고 더러는 좋은 땅에 떨어지매 나서 백배의 결실을 하였느니라(눅 8:5-8).

이 비유는 처음에는 믿었다가 나중에는 타락한 사람을 언급한 것일 수도 있고, 개혁주의 신학에서 이야기하는 것처럼 처음에 '믿었던' 사람이 거짓되고 위선적인 믿음을 가졌었다는 것을 의미할 수도 있다. 오직 좋은 밭에 떨어진 씨만 순종의 열매를 맺는다. 예수님은 이러한 사람을 "좋은 마음으로 말씀을 듣는"(눅 8:15) 자라고 말씀하신다. 그들의 믿음은 진정으로 거듭난 마음에서 난 것이다.

견인의 교리는 우리가 거듭났다 하더라도 우리의 구원이 참고 인내하는 능력에 달려 있다는 의미가 아니다. 오히려 그것은 우리를 보존하신다고 한 하나님의 약속에 달려 있다. 바울은 빌립보 교인들에게 이렇게 말했다. "너희 안에서 착한 일을 시작하신 이가 그리스도 예수의 날까지 이루실 줄을 우리는 확신하노라"(빌 1:6). 그리스도인의 견인은 은혜, 오직 은혜 때문이다. 하나님은 자신이 시작하신 일을 완성하신다. 그리고 우리를 선택하실 때 가지셨던 목적이 좌절되지 않는다고 보증하신다.

로마서 8장의 황금 사슬은 이 소망을 한층 더 깊이 있게 보여준다. "또 미리 정하신 그들을 또한 부르시고 부르신 그들을 또한 의롭다 하시고 의롭다 하신 그들을 또한 영화롭게 하셨느니라"(롬 8:30). 바울은 계속해서 그 어떤 것도 "우리 주 그리스도 예수 안에 있는 하나님의 사랑에서 끊을 수 없다"(롬 8:39)고 선언한다.

구원은 하나님께 속한 것이며 우리는 그가 만드신 바이므로 안전하다. 하나님은 그가 시작하신 것을 이루신다는 약속으로 모든 신자에게 성령을 주신다. 하나님은 이처럼 성령으로 신자들을 인치신다. 그는 우리에게 지워지지 않는 표시를 하시고 그 거래를 완수하실 것을 보증하는 첫 금액을 지불하신 것이다.

우리가 갖는 확신의 최종 기반은 우리를 중보하시는 그리스도의 대제사장 사역에 있다. 베드로(가룟 유다가 아니라)의 회복을 기도하셨던 것처럼, 예수님은 우리가 실족하고 넘어질 때 우리의 회복을 위해 기도하신다. 우리는 잠시 넘어질 수 있지만 끝까지 타락할 수는 없다. 예수님은 마가의 다락방에서 이렇게 기도하셨다. "내가 그들과 함께 있을 때에 내게 주신 아버지의 이름으로 그들을 보전하고 지키었나이다 그중의 하나도 멸망하지 않고 다만 멸망의 자식뿐이오니 이는 성경을 응하게 함이니이다"(요 17:12). 오직 처음부터 멸망의 자식이었고 위선적인 믿음을 가졌던 유다만 잃어버린 바 되었다. 진정한 신자는 하나님의 손에서 빼앗아갈 자가 없다(요 10:27-30).

● 요약 ●

1. 많은 사람이 그리스도를 믿는 믿음을 고백하지만 후에는 그를 부인한다.
2. 성도의 견인은 성도를 보존하시겠다는 하나님의 약속에 근거한다.
3. 하나님은 선택하신 자의 구원을 완성하신다.
4. 믿음에서 떠난 자들은 진정한 신자가 아니었다.
5. 성령의 인치심을 받았기에 우리는 구원을 확신할 수 있다. 그는 우리의 구원을 완성하시겠다는 하나님의 보증이다.
6. 그리스도의 중보는 우리를 보전하시기 위한 것이다.

구원의 확신

참조 성구 | 마 7:21-23, 요 3:1-21, 롬 8:15-17, 고후 1:12, 요일 2:3-6, 요일 5:13

누구나 자신이 구원받았다는 것을 확신할 수 있을까? 어떤 사람에게는 구원을 확신하는 말이 몹시 교만한 행동처럼 보인다. 그러나 성경은 구원의 문제를 확실히 하라고 요구한다. 베드로는 "그러므로 형제들아 더욱 힘써 너희 부르심과 택하심을 굳게 하라"(벧후 1:10)고 한다.

따라서 구원의 확신을 추구하는 것은 우리의 의무다. 이것은 우리 영혼의 상태에 관한 쓸데없는 호기심에서 비롯된 것이 아니라 성화의 증진을 위한 것이다. 자신의 구원 상태를 확신하지 못하는 그리스도인들은 그리스도와의 동행을 방해하는 온갖 의문에 시달리게 된다. 그들은 의심에 넘어지고 사탄의 공격을 당한다. 그래서 우리는 우리의 구원에 대한 확신을 추구해야 한다. 구원의 확신과 관련하여 네 가지 상태가 있을 수 있다.

1) 구원받지 못했고 자신도 그것을 안다

그들은 자신의 마음속에 하나님을 향한 적대심이 있다는 것을 인식하고 있다. 그리고 그리스도를 구주로 모시길 전혀 원하지 않는다. 또 자신에게는 구주 그리스도가 필요 없다고 대담하게 선언한다. 공개적으로 복음에 적대감을 보이기도 한다.

2) 구원받았으나 그 사실을 모른다

이런 사람들은 실제로 은혜 가운데 있으면서도 그것을 확신하지 못한다. 그들은 죄와 씨름하며 양심의 괴로움 때문에 자신의 구원을 의심한다. 이 부류에 속한 사람들은 자신이 선택받은 자에 속했다는 것을 아직 확신하지 못한다.

3) 구원받았고 자신도 그 사실을 알고 있다

이 부류의 사람들은 자신이 선택받고 부름받았다는 것을 확신한다. 그들은 구원에 요구되는 것을 분명하고 바르게 이해하며 자신이 그 요구에 부응하였음을 알고 있다. 그들은 성령이 그들의 영에 하나님의 자녀라고 증거하시는 것을 믿는다(롬 8:16).

4) 구원받지 않았으나 자신이 구원받았다고 대담하게 믿는다

이 사람들은 구원 없이 구원의 확신을 가지고 있다. 그들의 확신은 그릇된 확신이다.

그런데 이와 같이 구원에 관한 그릇된 확신을 갖는 것이 가능하다면, 우리가 세 번째 부류에 속하는지 네 번째 부류에 속하는지를 어떻게 알 수 있을까? 거기에 답하기 위해서는 네 번째 부류를 더 자세히 살펴보고 어떻게 그런 그릇된 확신을 가질 수 있는지 알아보아야 한다.

그릇된 확신을 갖는 가장 쉬운 방법은 그릇된 교리를 갖는 것이다. 예를 들어, 구원에 관한 보편구원론자의 견해를 갖고 있다면 그들은 다음과 같은 추론을 할 것이다.

모든 사람이 구원을 받는다.
나는 사람이다.

그러므로 나는 구원받는다.

그들의 교리가 잘못되었기 때문에 그들의 확신은 견고한 기반이 없다.

자신의 구원에 잘못된 확신을 가질 수 있는 또 하나의 상태는 선한 삶으로 천국에 갈 수 있다고 믿는 것이다. 자신이 거룩하신 하나님의 요구를 충분히 만족시킬 정도로 선한 삶을 살고 있다고 생각하는 사람들은 자신이 구원받았다고 착각한다.

그렇다면 구원에 관한 건전한 교리를 갖는 경우는 어떨까? 그래도 여전히 그릇된 확신을 갖는 것이 가능할까? 그렇다. 자신이 구원에 이르는 믿음을 가졌다고 생각하지만 실제로는 그렇지 않을 수 있다. 진정한 확신인지를 시험하는 두 가지 방법이 있다.

먼저 우리 마음속에 그리스도를 믿는 진정한 믿음이 있는지 점검해보아야 한다. 그리고 우리 마음속에 그리스도를 향한 진정한 사랑이 있는지 보아야 한다. 거듭나지 않고는 그러한 사랑을 가질 수 없다.

두 번째로 우리 믿음의 열매를 점검해보아야 한다. 확신을 갖기 위해 완벽한 열매가 필요한 것은 아니다. 그러나 우리의 신앙고백이 믿을 만한 것이라는 증거가 되는 몇 가지 순종의 열매들이 있을 것이다. 열매가 없다면 믿음도 없는 것이다. 구원에 이르는 믿음을 찾을 수 있다면 그 열매도 찾을 수 있다.

마지막으로 하나님의 말씀으로부터 우리의 확신을 구해야 한다. 하나님의 말씀을 통하여 성령께서 우리가 그의 자녀임을 증거해주신다.

〈 진정한 확신의 표지 〉

① 그리스도에 대한 믿음과 사랑

② 믿음의 열매

● 요약 ●

1. 구원의 확신을 부지런히 추구하는 것은 우리의 의무다.
2. 구원의 확신은 우리의 성화를 증진시킨다.
3. 구원의 확신과 관련하여 네 가지 상태가 있다.
    1) 구원받지 못했으며 자신이 구원받지 못했음을 아는 사람들
    2) 구원받았으나 자신이 구원받았다고 확신하지 못하는 사람들
    3) 구원받았으며 자신이 구원받았음을 아는 사람들
    4) 구원받지 못했으나 자신이 구원받았다고 믿는 사람들
4. 그릇된 확신은 근본적으로 구원에 관한 그릇된 교리 때문에 생긴다.
5. 진정한 확신을 얻으려면 우리의 마음을 살피고 믿음의 열매를 점검해보아야 한다.
6. 온전한 확신은 성령이 증거하시는 하나님의 말씀에 근거한다.

중간 상태

참조 성구 | 눅 8:49-56, 눅 23:43, 고후 5:1-10, 빌 1:19-26, 살전 4:13-18

"죽은 것이 아니라 잔다"(눅 8:52). 예수님께서 야이로의 딸을 살리실 때 하신 말씀이다. 성경에서는 죽은 것을 '잠 자는' 것이라고 표현하곤 한다. 때문에 어떤 사람들은 신약이 '영혼수면설'(靈魂睡眠說, soul sleep)의 교리를 가르친다고 결론짓는다.

영혼수면설이란 사람이 죽는 순간부터 몸이 부활할 때까지 영혼이 일시적으로 활동을 정지하는 것을 말한다. 그리고 몸이 부활하면 영혼이 깨어나서 하늘나라에서 개인의 의식의 연속성을 갖기 시작한다는 것이다. 이들은 죽음과 마지막 부활 사이에 수많은 세월이 흐른다고 해도 '자는' 영혼은 세월이 흐른다는 의식을 갖지 못한다고 말한다. 즉 우리가 죽음에서 천국으로 옮겨가는 것을 순간적인 일로 보는 것 같다.

영혼수면설은 정통 기독교에서 벗어나는 것이다. 그럼에도 소수의 그리스도인들에게 이러한 생각이 굳게 뿌리박혀 있다. 전통적인 견해는 '중간 상태'라고 불린다. 이 견해는 죽을 때 신자의 영혼은 즉시 그리스도와 함께 있게 되며 몸의 마지막 부활을 기다리면서 지속적이고, 의식 있고, 인격적인 존재를 누리게 된다고 말한다. 사도신경에서 "몸이 다시 사는 것과"라는 부분은 그리스도가 인간의 몸으로 부활하는 것이 아니라(사도신경에서도 확실히 말했듯이) 마지막 날에 우리 몸이 부활하는 것을 말한다.

그렇다면 그동안에는 무슨 일이 일어나는가? 고전적인 견해는 신자의 영은 죽는 즉시 영화된다는 것이다. 그들은 거룩 면에서 완전해지고 즉시 영광에 들어간다. 그러나 그들의 몸은 최후의 부활을 기다리며 무덤 속에 남아 있다.

예수님은 십자가에 달린 강도에게 "오늘 네가 나와 함께 낙원에 있으리라"(눅 23:43)고 약속하셨다. '영혼의 수면'이라는 개념을 지지하는 사람들은 그리스도께서 3일 동안 죽어 계셨고 승천하시기 전이었기 때문에 그 강도와 낙원에서 만나자는 의미로 말씀하실 수 없다고 말한다. 그러나 그리스도의 승천이 아직 일어나지 않았고 그의 몸이 분명히 무덤에 있었던 것은 사실이지만 그분은 자신의 영혼을 아버지께 맡기셨다. 우리는 예수님께서 죽으실 때 선포하신 대로 그의 영혼이 낙원에 갔다고 확신한다. 하지만 영혼수면설을 옹호하는 사람들은 대부분의 영역판 성경의 구두점이 "today" 앞에 잘못 놓였다고 주장한다. 그들은 이 말씀이 본래 "내가 오늘 네게 말한다. 네가 나와 함께 낙원에 있게 될 것이다."(I say to you today, you will be with Me in Paradise)라고 보는 것이다.

이렇게 구두점의 위치를 옮기면 '오늘'이라는 말은 예수님이 낙원에서 강도를 만나는 시간이 아니라 예수님이 말씀하실 때를 나타내는 것이 된다. 그러나 그러한 논리는 설득력이 없다. 예수님이 말씀하시는 때가 오늘인 것은 너무도 확실하다. 따라서 예수님께서 굳이 "나는 오늘 네게 말한다."라고 말씀하셨다고 볼 필요가 없다. 십자가에서 고통받으며 숨이 차오르는 사람이 필요 없는 말을 했다고 보는 건 심히 어렵다. 오히려 중간 상태에 대한 성경의 다른 증거들(특히 빌립보서 1장 19-26절과 고린도후서 5장 1-10절)과 일치하므로, 강도에게 하신 약속은 바로 그날 그가 그리스도와 낙원에서 다시 연합한다는 말이다.

죽음 이후 신자의 상태는 비록 마지막 날의 부활 때만큼 복된 것은 아니라 할지라도, 우리가 이생에서 경험하는 것과는 다르고 더 좋다. 중간 상

> ***연옥(purgatory)**
> 가톨릭에서 죽음 이후 천국으로 가기에는 부족하지만 지옥으로 갈 만큼의 죄를 짓지 않은 영혼이 잠시 머문다고 생각하는 곳이다. 이곳에서 죄를 씻고 정화된 후 천국에 갈 수 있다고 믿는다. 그러나 기독교는 연옥의 존재를 인정하지 않는다.

태에서 우리는 그리스도의 임재 안에서 인격적인 존재의 연속성을 체험한다.

인간의 시간은 죽음으로 끝난다. 우리의 궁극적인 운명은 죽을 때 결정된다. 죽은 후에는 다시 회개할 기회가 없다. 또 죽음 이후 우리의 상태를 더 좋게 만드는 *연옥과 같은 장소는 없다. 신자에게는 죽음이 이생의 갈등과 혼란으로부터 복된 상태로 들어가는 즉각적인 해방이다.

이처럼 죽음이 영혼에 안식을 가져오고 성경이 이를 "잠"이라는 말로 완곡하게 표현하곤 하지만, 이는 결코 부활할 때까지 우리의 영혼이 잠을 잔다거나 무의식 상태로 있거나 가사 상태라는 말이 아니다.

● 요약 ●

1. 영혼수면설은 죽음과 부활 사이 동안 영혼이 무의식적인 활동 정지 상태라는 것이다. 이것은 정통 기독교 교리에서 벗어난다.
2. 중간 상태는 죽음과 우리 몸의 부활 사이에 육체가 없는 우리 영혼이 의식을 가지고 하늘에 계신 그리스도와 함께하는 것을 말한다.
3. 중간 상태는 우리의 마지막 상태만큼 복된 것은 아니지만 현재 상태보다는 더 좋다.
4. 죽음 후에는 다시 회개할 기회가 없다.

마지막 부활

참조 성구 | 롬 8:11, 고전 2:9, 고전 15:1-58, 빌 3:20-21, 살전 4:13-18

모든 신자들이 깊이 생각해보는 것 중 하나는 '우리는 하늘나라에서 어떤 모습일까?'라는 것이다. 우리는 사랑하는 사람을 알아볼 수 있을까? 우리의 부활한 몸은 나이 든 후의 몸일까, 아니면 젊을 때의 몸일까?

이러한 문제는 미스테리로 남아있다. 성경은 암시만 할 뿐이다. 그러나 우리는 부활한 상태가 어떠하든 지금 기대하는 것을 훨씬 능가하리라는 것을 알고 있다. 성경은 말한다. "하나님이 자기를 사랑하는 자들을 위하여 예비하신 모든 것은 눈으로 보지 못하고 귀로 듣지 못하고 사람의 마음으로 생각하지도 못하였다"(고전 2:9). 바울은 우리가 "지금은 거울로 보는 것같이 희미하나 그때에는 얼굴과 얼굴을 대하여 볼 것이요"(고전 13:12)라고 한다.

또한 성경은 성도의 마지막 부활에 대하여 분명하게 가르친다. 예수님의 부활이 그 첫 열매라고 선언한다. 우리가 죽을 때 가진 몸과 부활로 시작될 몸 사이에는 연속성이 있다. 우리의 현재 몸은 죽음으로 부패하거

> ***변화된 부활체의 특징**
> - 썩지 않는다(고전 15:42-44, 54; 빌 3:21; 요일 3:2)
> - 영광스럽게 변화한다 (고전 15:43; 빌 3:21)
> - 신령하다(고전 15:44)
> - 변화한다(고전 15:51)
> - 결혼하지 않고 천사와 같을 것이다 (마 22:30; 눅 20:36)
> - 시공간의 제약을 받지 않는다 (요 20:19-26)
> - 죽지 않는다(행 2:24)
> - 하늘에 속한 자의 형상을 입는다 (고전 15:49)
> - 애통하는 것이나 곡하는 것이나 아픈 것이 없다(눅 20:36; 계 21:4)

나 때로는 산산히 분해될 것이다. 그러나 비록 변화되셨을지라도 그 몸을 가지고 돌아오신 예수님처럼 우리의 현재 몸도 부활할 것이며 그 정체성을 파괴시키지 않으면서 변화될 것이다.

부활한 몸은 양과 질 면에서 모두 완전할 것이다. 더불어 많은 것이 더해지겠지만 부족함이 없을 것이다. 우리는 부활한 몸을 알아볼 수 있을 것이다. 우리는 그 일이 하나님의 능력으로 어떻게 이루어질지는 알지 못하지만 반드시 이루어질 것을 안다.

우리의 새로운 몸은 하나님 나라의 영원한 삶에 꼭 맞을 것이다. 우리의 현재 몸은 하나님 나라에 그렇게 적합하지 않다. 하나님의 능력으로 변화가 필요하다. 우리는 우리의 부활한 몸이 여전히 인간의 것이고 유한할 것임을 안다. 우리가 신이 되는 것이 아니다. 그러나 우리의 새로운 몸은 썩지 않을 것이다. 질병도 고통도 죽음도 없을 것이다. 우리의 몸은 능력을 덧입어 영예와 능력과 영광 가운데서 부활할 것이다. 그리스도의 영광의 몸처럼 변화될 것이다.

성도의 새로운 몸은 신령하며 하늘에 속한 몸이다. 그것은 더 높은 차원의 삶에 적합할 것이다. 그 모습은 아마도 그리스도가 변형하셨던 모습처럼 빛을 발하고 광채를 낼 것이다.

● 요약 ●

1. 장차 우리 몸이 어떤 모습으로 부활할지는 신비에 싸여 있다.
2. 우리의 현재 몸과 부활한 몸 사이에는 연속성이 있다.
3. 우리는 천국에서 서로를 알아볼 수 있을 것이다.
4. 우리의 새로운 몸은 천국의 삶에 꼭 알맞을 것이다.

영화

참조 성구 | 요 17:13-23, 롬 8:29-30, 고전 15:50-54, 고후 3:18

고등학교 시절, 농구 선수권 대회를 앞두고 마지막으로 코치의 지시를 받기 위해 선수들 모두가 집합했던 순간을 기억한다. 코치는 우리를 고무시키기 위해 이렇게 말했다. "우리는 지금 이 순간을 위해 준비해왔다. 이제 나가서 영광을 얻어라!" 우리는 해냈다. 바라던 챔피언 타이틀을 따냈고 그로 인해 영광을 얻었다. 그러나 그런 영광은 사라져버린다. 또다시 그것을 얻으려면 매번 새로운 경기에서 새로운 시합을 해야 한다.

이와 달리 성도들에게는 영적인 순례가 끝나는 곳에서 기다리는, 더 크고 영원하며 만족을 주는 영광이 있다. 바로 성경이 "영화"(glorification)라고 부르는 것이다. 영화는 바울이 말한 구속의 황금 사슬의 종착역이다.

> 하나님의 미리 아신 자들을 또한 그 아들의 형상을 본받게 하기 위하여 미리 정하셨으니 이는 그로 많은 형제 중에서 맏아들이 되게 하려 하심이니라 또 미리 정하신 그들을 또한 부르시고 부르신 그들을 또한 의롭다 하시고 의롭다 하신 그들을 또한 영화롭게 하셨느니라(롬 8:29-30).

영화의 교리는, 그리스도가 재림하실 때 진정한 신자들 모두(산 자나 죽은 자나) 그들 몸의 온전하고 최종적인 구속을 받아 마지막 상태에 이른다는 것이다. 바울은 고린도 교인들에게 이와 같이 썼다. "이 썩을 것이 반드시 썩지 아니할 것을 입겠고 이 죽을 것이 죽지 아니함을 입으리로다"(고전 15:53). 그때에는 비로소 택함받은 자들의 구원이 완성될 것이다. 마침내 우리의 마지막 대적인 죽음이 승리에 의해 삼켜질 것이다. 성화의 과정이 그 목적지에 이를 것이다.

영화는 신자들의 장래에 대한 큰 소망이다. 하나님은 모든 일을 바로잡아 영원히 그 상태를 유지하게 하실 것이다. 그러나 영화는 현재에도 위로가 된다. 우리가 안팎으로 죄를 경험하는 이 타락한 세상 속에서, 하나님께서 성도들의 미래의 영광을 위해 준비시키시면서 지금도 그의 성도들을 순결케 하시기 위해 역사하고 계신다는 사실 때문이다. 따라서 신자들은 어떤 의미에서 이미 영화롭게 되었으며 영원한 하나님의 자녀로 영원히 인치심 받았다.

● **요약** ●

1. 영화는 우리 구원의 종착점이다.
2. 영화는 우리의 성화를 완성시킬 것이다.
3. 장래의 영화에 대한 약속은 현재의 우리에게 위로와 영감을 준다.

8부

교회와 성례

Essential Truths
of the
Christian Faith

사도

참조 성구 | 롬 1:1-6, 롬 11:13, 고전 9:2, 고전 15:9, 히 3:1

그리스도의 제자들 가운데 열두 명이 훗날 사도가 되었기 때문에 제자라는 말과 사도라는 말은 자주 혼동된다. 이 두 단어를 바꿔 쓸 수는 있지만 그렇다고 해서 두 단어가 정확하게 동의어는 아니다. 성경에서 제자라는 말은 예수님의 랍비적 가르침을 받는 무리에 속하여 배우는 자로 정의된다. 그러므로 사도들은 제자였지만 모든 제자가 사도가 된 것은 아니다.

사도는 신약 시대의 교회에서 특별한 지위를 누렸다. '사도'(apostle)란 '보냄을 받은 자'라는 뜻이다. 그러나 사실 사도는 메신저 이상이다. 그는 자신을 보낸 사람을 대신하여 말할 권위를 위임받았다. 신약성경에 등장하는 가장 중요한 사도는 예수님 자신이다. 예수님은 아버지의 보냄을 받았고 아버지께서 맡기신 권위로 말씀하셨다. 따라서 예수님을 거부하는 것은 그를 보내신 하나님 아버지를 거부하는 것이었다.

마찬가지로 사도들은 그리스도께 부름받고 위임받아 그리스도의 권위를 가지고 말했다. 그러므로 사도의 권위를 거부하는 것은 그를 보내신 그리스도의 권위를 거부하는 것이다.

신약성경에서는 열두 제자가 사도로 위임받았다. 그리고 유다가 죽은 후 사도행전에 기록된 대로 교회는 맛디아를 뽑아 그 빈자리를 채웠다. 그리스도는 이 열두 사도 외에 이방인의 특별한 사도로서 바울을 더하셨다. 바울의 사도권은 논쟁을 불러일으켰는데, 그것은 그가 사도행전에 기록된 사도의 자격 조건을 다 만족시키지 못했기 때문이다.

사도의 조건은 다음과 같다. ①예수님의 지상 사역에 함께했던 제자일 것 ②부활을 목격했을 것 ③그리스도께서 직접 부르시고 위임하신 자일 것.

바울은 예수님이 살아 계실 때 제자가 아니었다. 그리고 그가 그리스도의 부활을 본 것은 예수님이 승천하신 후에 일어난 일이다. 바울은 예수님의 부활을 다른 사도들과 같은 방식으로 보지 못했다. 그럼에도 불구하고 그리스도에 의해 사도의 직분으로 부름받았다. 그의 부르심은 다른 사도들에 의해 확인되었고, 그의 사도권은 하나님이 그를 통해 행하신 기적으로 의심의 여지 없이 확증되어, 계시의 사도적 대리인으로서 권위가 증명되었다.

1세기 말의 속사도시대 교부들은 자신들의 권위가 초대 사도들의 권위 아래에 있다는 점을 분명하게 인정했다. 지금은 살아 있는 사도가 없다. 그것은 이 직분의 성경적 조건을 만족시키는 사람도 없으며 바울처럼 사도로 인정받게 되는 경우도 없기 때문이다. 성경만이 유일하게 오늘날 사도적 권위를 가지고 있다.

〈 사도의 조건 〉

① 예수님의 제자

② 예수님의 부활을 목격한 자

③ 그리스도가 직접 부르신 자

● 요약 ●

1. '제자'와 '사도'는 동의어가 아니다.

   제자＝배우는 자

   사도＝자신에게 위임한 자를 대신하여 말할 권위와 함께 보냄받은 자

2. 예수님은 '하나님 아버지의 사도'이셨다.
3. 성경이 말하는 사도의 조건은 다음과 같다.

   1) 예수님의 제자일 것

   2) 예수님의 부활을 눈으로 목격한 자일 것

   3) 그리스도가 직접 부르신 자일 것

4. 바울의 사도권은 독특한 것이었다. 그래서 그는 다른 사도들에게 사도권을 확증받을 필요가 있었다.
5. 오늘날에는 성경적 의미의 사도가 존재하지 않는다.
6. 오늘날 사도의 권위는 성경에서 찾아볼 수 있다.

교회

참조 성구 | 마 13:24-43, 고전 12:12-14, 엡 2:19-22, 엡 4:1-6, 골 1:18, 계 7:9-10

    교회란 주님께 속한 모든 사람으로, 그리스도의 보혈로 값 주고 사신 바 된 자들을 말한다. 교회를 정의하거나 설명하기 위해 다양한 표현과 이미지가 사용된다. 그리스도의 몸, 하나님의 가족, 하나님의 백성, 택함 받은 자들, 그리스도의 신부, 구속받은 자의 무리, 성도의 공동체, 새 이스라엘 등으로 불린다.

    신약성경에서 교회를 지칭하는 단어로는 '불러냄을 받은 자들'이라는 뜻의 에클레시에스티컬(ecclesiastical)이 있다. 즉 교회는 하나님께서 세상으로부터 불러내시고 죄에서 건져내어 은혜 가운데 있게 하신 선택받은 자들의 무리 또는 모임이다.

    지상의 교회는 아우구스티누스가 "섞여 있는 지체"라고 말한 상태이기 때문에 보이는 교회와 보이지 않는 교회를 구별할 필요가 있다. 보이는 교회(신앙을 고백하고, 세례를 받고, 제도적인 교회에 등록한 사람들로 구성된)에는 예수님께서 알곡과 가라지가 함께 자란다고 하셨다. 때문에 교회는 '거룩'함에도 불구하고 언제나 그 안에 부정한 것이 섞여 있다. 그리스도를 입술로 찬양하는 사람이 반드시 마음으로도 찬양하는 것은 아니다. 하나님만이 사람의 마음을 아시므로 진정으로 선택받은 자들은 하나님 눈에는 보이지만 우리에게는 보이지 않는다. 따라서 보이지 않는 교회를 보이는 교회로 만드

> ***교회의 별칭**
> – 하나님의 성전(고전 3:16)
> – 그리스도의 몸
>   (고전 12:27; 엡 1:22–23)
> – 하나님의 거하실 처소, 예루살렘
>   (갈 4:26; 엡 2:22; 히 12:22)
> – 진리의 기둥과 터(딤전 3:15)
> – 신령한 집(벧전 2:5)

는 것은 선택받은 자들의 임무다.

교회는 하나이며, 거룩하며, 보편적이며, 사도적이다. 교회는 하나다. 여러 교파로 갈라져 있지만 선택받은 자들은 한 주님, 한 믿음, 한 세례로 연합되어 있다. 교회가 거룩한 것은 하나님이 거룩하게 하시고 성령이 그 안에 거하시기 때문이다. 또 온 세상 모든 민족을 그 구성원으로 한다는 의미에서 보편적이다. 그리고 성경에 있는 사도의 가르침이 기초가 되고 그 가르침으로 다스린다는 의미에서 사도적이다.

그리스도의 교회에 연합하는 것은 모든 그리스도인의 의무이자 특권이다. 공동 예배에 함께 참여하는 것과 교회의 양육과 징계에 복종하는 것, 교회의 사명에 증인으로서 적극 동참하는 것은 우리의 엄중한 책임이다.

교회는 조직체라기보다는 하나의 유기체다. 교회는 살아 있는 부분들로 이루어져 있다. 교회는 그리스도의 몸이라고도 불린다. 사람의 몸이 많은 부분의 협력과 의존으로 연합하여 기능을 발휘하는 것처럼 교회도 연합과 다양성을 모두 보여 준다. 그 몸은 머리 되신 그리스도 한 분에 의해 다스려지지만 많은 지체를 가지고 있다. 그들 각각은 몸 전체를 위해 공헌하도록 하나님으로부터 은사를 받고 자질을 부여받았다.

● **요약** ●

1. 교회는 주님께 속한 자들로 이루어진다.
2. 교회라는 말의 성경적 의미는 '불러냄을 받은 자들'이라는 뜻이다.
3. 지상의 교회에는 언제나 믿는 자들과 믿지 않는 자들이 섞여 있다.
4. 보이지 않는 교회는 하나님께만 보인다.
5. 교회는 하나이며, 거룩하며, 보편적이며, 사도적이다.
6. 교회는 사람의 몸에 비유되는 유기체다.

참교회의 표지

참조 성구 | 마 18:15-17, 롬 11:13-24, 고전 1:10-31, 엡 1:22-23, 벧전 2:9-10

교회가 세상에 수없이 많이 퍼져 있고, 개인은 물론 조직도 배교가 가능하기 때문에 참되고 합법적인, 눈에 보이는 교회의 본질적 표지가 무엇인지 분별하는 것이 중요하다. 실수나 죄가 없는 교회는 없다. 교회는 하늘나라에서만 완전해질 것이다. 그러나 부패(모든 단체에 영향을 미치는)와 배교 사이에는 큰 차이가 있다. 그러므로 하나님의 백성을 돌보고 양육하기 위해서는 참된 교회의 표지를 정의하는 것이 중요하다.

역사적으로 참교회의 표지는 다음과 같은 것들로 규정지어졌다.

1) 하나님의 말씀을 참되게 선포함

교회마다 신학의 세부 내용과 교리의 순수성의 수준은 다를 수 있지만, 참된 교회라면 기독교 신앙의 본질적인 모든 것을 확언한다. 그래서 그리스도의 신성, 삼위일체, 이신칭의, 속죄, 구원에 필수적인 그 밖의 교리들을 공식적으로 부인할 때, 그 교회는 그릇되거나 배교하는 것이다. 예를 들어, 종교개혁은 사소한 것들 때문이 아니라 구원에 관계되는 극히 중요한 교리 때문에 일어났다.

2) 제정된대로 성례를 행함

그리스도가 제정하신 성례를 부인하거나 모독하는 것은 교회를 오류에 빠지게 하는 행위다. 주의 만찬을 모독하거나 불신자에게 고의로 성례를 집행하는 것은 참된 교회로 인정받을 자격을 상실하는 것이다.

3) 교회의 권징을 행함

교회의 권징은 때로 그 엄격함과 정도에서 오류를 범할 수 있지만, 그릇되게 적용한 나머지 합법적이라고 볼 수 없는 상태에 이르기도 한다. 예를 들어 교회가 공개적으로, 그리고 완고하게 추하고 사악한 죄를 허용하고 행하거나 징계하지 않는다면 참교회의 표지를 나타내는 데 실패한 것이다.

그리스도인은 분열의 영과 불화와 다툼을 일으키는 영을 갖지 말라는 엄중한 경고를 받고 있다. 그러나 동시에, 그릇되거나 배교한 무리를 멀리해야 할 의무가 있다는 경고도 받고 있다.

참교회라면 모두 참교회로서의 크고 작은 표지들을 나타낸다. 교회의 개혁은 교회가 끝없이 계속해야 할 임무다. 따라서 우리는 말씀 전파와 성례와 교회의 권징에 대한 성경의 부르심에 더욱 더 신실해져야 한다.

〈 참교회의 표지 〉

① 하나님의 말씀 선포
② 성례의 집행
③ 교회의 권징

● 요약 ●

1. 참교회는 그릇되거나 배교한 교회와 구별되는 표지를 가진다.
2. 복음 선포는 합법적인 교회에 반드시 필요한 것이다.
3. 성례를 남용하지 않고 적절하게 시행하는 것은 참교회의 표지다.
4. 이단과 중한 죄에 대한 징계는 참교회의 표지다.
5. 교회는 하나님의 말씀에 따라 계속 개혁될 필요가 있다.

출교

참조 성구 | 마 7:1-5, 고전 5장, 고전 11:27-32, 딤전 1:18-20, 딤전 5:19-20
벧전 4:8

그리스도의 교회에서 출교당하는 것은 끔찍한 일이다. 하지만 그리스도의 몸에서 추방될 만큼 심각한 죄는 오직 한 가지다. 바로 회개하지 않는 죄다. 교회가 징계해야 할 심각한 죄는 많다. 그러나 징계에는 여러 단계가 있고, 그중에서 출교는 가장 마지막 단계다. 거기까지 가게 만드는 유일한 죄는 그러한 과정을 시작하게 한 처음 단계의 죄를 회개하지 않는 것이다.

출교는 교회의 징계 중 가장 극단적인 것으로, 회개하지 않는 죄인을 신실한 자들의 공동체에서 제외시키는 일이다. 이 교리는 매고 푸는 것에 대한 예수님의 가르침에서 나온 것이다(마 16:19, 18:15-20; 요 20:23). 징계의 책임은 교회에 있다. 그러나 마태복음 18장에는 출교 전에 세 단계를 거쳐야 한다고 말한다. 먼저 죄인에게 개인적으로 권고한다. 그 시도가 수포로 돌아가면 두세 증인이 함께 가서 권고한다. 이 과정은 고소한 사람이 잘못하고 있거나 중상하는 것이 아님을 보증한다. 세 번째는 죄인을 교회의 전 공동체 앞으로 데리고 나와야 한다. 이것이 실패하면 교회는 그 사람과의 교제를 중단해야 한다.

출교가 보복의 의미로 이루어지면 안 된다는 점에 주의해야 한다. 출교에 이르기까지 모든 과정은 회개하지 않는 사람을 다시 양무리 안으로 돌이키기 위한 징계의 과정이다. 출교한다는 것은 사탄에게 내어준다는 것이다. 출교의 목적은 처벌이 아니라 죄지은 자에게 그의 죄를 일깨워주는 것이다. 존 칼빈은 교회의 징계를 바른 교리와 질서와 연합을 위한 '최고의 도움'[22]이라고 했다. 웨스트민스터 신앙고백은 출교의 목적을 다섯 가지로 말한다.

교회의 징계는 범죄하는 형제를 바로잡아 얻기 위하여, 다른 사람이 같은 죄를 저지르지 않게 하기 위하여, 그 누룩이 온 덩어리에 퍼지지 않게 하기 위하여, 그리스도의 존귀와 복음의 거룩한 고백을 옹호하기 위하여, (만일 교회가 하나님의 언약과 그 인치심을 악하고 회개치 않는 범죄자들에 의해 모독을 당하도록 허용할 경우) 하나님의 진노가 교회에 임하는 것을 막기 위하여 필요하다.[23]

이 항목들은 죄인의 영혼에 대한 관심과 교회의 건강에 대한 관심이라는 두 가지 기본적인 이유로 정리할 수 있을 것이다.

교회의 징계는 그리스도가 명하신 것으로, 매우 신중하게 시행해야 할 일이다. 교회는 두 종류의 오류에 빠질 수 있다. 즉 너무 느슨해져서 믿음을 저버린 자들을 징계하지 않거나 지나치게 엄격해져서 하나님이 명하신 자비를 잃어버리는 것이다.

교회의 징계가 사소하고 작은 일에 대해 이루어지면 안 된다. 하찮은 일에 매달리는 태도는 하나님의 백성을 파괴하는 원인이 될 수 있다. 우리는 하나님께서 우리에게 하셨던 것처럼 서로에 대하여 참고 인내하는 자세를 가

> ***권징의 성경적 근거**
> 네 형제가 죄를 범하거든 가서 너와 그 사람과만 상대하여 권고하라 만일 들으면 네가 네 형제를 얻은 것이요 만일 듣지 않거든 한두 사람을 데리고 가서 두세 증인의 입으로 말마다 확증하게 하라 만일 그들의 말도 듣지 않거든 교회에 말하고 교회의 말도 듣지 않거든 이방인과 세리와 같이 여기라 (마 18:15-17).

져야 한다. 성경은 우리에게 "허다한 죄를 덮는" 사랑을 가지라고 말씀하신다.

● 요약 ●

1. 출교는 교회의 징계 중 마지막 단계다.
2. 출교를 당할 죄는 오직 한 가지, 회개치 않는 죄다.
3. 그리스도께서는 교회의 징계 절차를 정해주셨다.
4. 출교의 목적은 범죄자를 회복시키고 교회를 보호하는 것이다.
5. 교회의 징계는 지나치게 느슨해서도 안 되고 지나치게 가혹해서도 안 된다.
6. 그리스도인은 서로 참고 인내하는 사랑을 실천해야 한다.

079

성례

참조 성구 | 마 28:19-20, 행 2:40-47, 롬 6:1-4, 고전 11:23-34, 갈 3:26-29

역사적으로 '성례'(sacrament)라는 말은 성스러운 것을 말할 때 사용되었다. 라틴어의 새크라멘툼(sacramentum)이라는 단어는 신약성경에서 '비밀'이라는 말로 번역되었다. 넓은 의미에서 모든 종교의식은 성례라고 불렸다. 그러나 시간이 흐르면서 성례라는 말은 더 엄밀하고 좁은 의미로 쓰이게 되었다.

'성례'(sacrament)는 하나님이 은혜의 약속을 외적 형태로 주시는 가시적 표징으로 정의된다. 성례는 물, 떡, 포도주 등의 눈에 보이는 요소들과 그러한 표징과 관련하여 하나님이 제정하신 구체적 행위, 믿는 자들에게 주신 구속의 혜택으로 구성된다.

로마 가톨릭 교회는 (특별한 의미를 지닌) 일곱 가지 성례를 둔다. 성세성사, 견진성사, 성체성사, 고해성사, 종부성사, 신품성사, 혼배성사가 그것이다. 반면 역사적 개신교는 성례를 세례와 성찬 두 가지로 제한했다. 개신교도는 혼례와 같은 것을 특별한 의식으로 생각하지만 성례의 차원으로는 생각하지 않는다. *성례는 다음과 같은 항목으로 제한된다.

> *성례의 특징
> ① 그리스도에 의해 시작됨
> ② 그리스도께서 명령하심
> ③ 하나님의 행위가 현현된 상징성

1) 그리스도에 의해 직접 제정된 의식
2) 본질상 중요한 의미의 의식

3) 영구히 지속되도록 고안된 의식

4) 믿음으로 그것을 받아들이는 신자에게 표와 교훈과 인치심이 되는 의식

성례는 하나님의 약속을 전하는 참된 은혜의 수단이다. 성례의 능력은 성례의 요소 자체가 아니라 그것이 표징하는 하나님께 있다. 또한 성례의 능력은 그것을 행하는 신자의 성품이나 신앙에 의존하지 않고 하나님의 진실하심에 의존한다.

성례는 비언어적 소통의 한 형태다. 성례는 하나님의 말씀과 관계없이 집행하도록 의도된 것이 아니다. 성례는 하나님의 말씀을 확증하므로 성례의 거행과 말씀 선포가 병행된다.

성례를 통하여 구원이 오는 것은 아니다. 구원은 그리스도를 믿는 믿음에 의한다. 그러나 그 믿음이 있다면 성례를 무시하거나 소홀히 해서는 안 된다. 성례는 하나님께 드리는 예배와 기독교 교육의 중요한 부분이다.

성례는 외적 형태를 사용하지만, 공허한 형식주의나 의식주의로 취급되어서는 안 된다. 또 공허한 의식으로 타락할 가능성이 있다는 이유로 거부되어서도 안 된다. 성례는 의식이지만 하나님께서 정하신 의식이므로 기쁨과 엄숙함으로 참여해야 한다.

● 요약 ●

1. 성례는 신자에게 주시는 하나님의 은혜의 약속에 대한 가시적 표징이다.
2. 개신교는 세례와 성찬 두 가지를 성례로 행하는 한편, 로마 가톨릭 교회는 일곱 가지의 성례를 행한다.
3. 성례는 그것이 상징하는 바를 자동적으로 전해주지는 않는다. 성례의 내용은 믿음으로 받는 것이다.
4. 성례는 공허한 의식이 아니다. 그리스도께서 제정하신 것이다.
5. 성례는 말씀 선포와 함께 이루어져야 한다.

세례

참조 성구 | 롬 4:11-12, 롬 6:3-4, 고전 12:12-14, 골 2:11-15, 딛 3:3-7

세례는 새 언약의 성례적 표징이다. 세례는 택함받은 자들이 은혜의 언약 안에 있다는 보장을 하나님께서 인치신다는 표징이다.

세례는 몇 가지를 표징한다. 먼저 우리의 죄를 깨끗케 하시고 용서해주셨다는 표징이다. 또한 성령에 의해 거듭났다는 것, 그리스도와 함께 죽었다가 다시 살아났다는 것, 성령이 내주하신다는 것, 하나님의 자녀가 되었다는 것, 성령으로 거룩하게 되었다는 표징이다.

세례는 그리스도께서 제정하셨고, 성부와 성자와 성령의 이름으로 행해진다. 그러나 외적인 표징이 자동적으로 또는 마술적으로 표징 내용의 실제를 이루어주는 것은 아니다. 예를 들어, 세례는 중생 또는 거듭남을 표징하지만, 자동적으로 중생을 이루어주는 것은 아니다. 세례의 능력은 물이 아니라 하나님의 능력에 있다.

성례가 가리키는 실체는 *세례의 표징이 주어지기 전이나 후에 존재할 수 있다. 구약 시대 언약의 표징인 할례는 믿음의 표징이었다. 아브라함처럼 성인의 경우에, 믿음이 할례의 표징보다 앞섰다. 그러나 이삭의 경우처럼, 신자의 자녀들에게 있어서는 할례의 표징이 그들의 믿음보다 앞섰다. 마찬가지로 새 언약 가운데 있는 개혁주의 신학에서는 성인의 경우 신앙을 고백한 후에 세례를 받도록 했고, 자녀들은 스스로 신앙을 고백하기 전에 세례를 받도록 한다.

세례는 물로 씻는 것을 의미한다. 세례는 물을 붓거나 뿌리거나 또는 침수하는 방식으로 시행될 수 있으며 헬라어의 '세례하다'라는 단어는 세 가지 가능성을 모두 내포하고 있다.

> *세례의 표징
> - 우리 죄를 사해주심
> - 성령에 의해 거듭남
> - 그리스도와 함께 죽었다가 다시 살아남
> - 성령이 내주하심
> - 하나님의 자녀가 됨
> - 성령으로 거룩해짐

세례의 효력은 세례를 행하는 사람이나 받는 사람의 성품에 달려 있지 않다. 세례는 그리스도를 믿는 모든 사람을 향한 하나님의 구원 약속에 대한 표징이다. 하나님의 약속이므로 이 약속의 효력은 하나님의 성품의 신뢰성에 달려있다.

세례는 하나님의 약속의 표징이므로, 한 사람에게 한 번밖에 주어지지 않는다. 세례를 여러 번 받는 것은 하나님이 주신 약속의 진실함과 성실함에 의심의 그림자를 던지는 것이다. 물론 세례를 두 번, 세 번 받은 사람 모두가 하나님의 진실하심을 의심한 것은 아니겠지만 그러한 의심을 생각할 수밖에 없다. 아무튼 세례를 받는 것은 그리스도인의 의무다. 공허한 의식이 아니라 우리 주님께서 명령하신 성례다.

● 요약 ●

1. 세례는 새 언약의 성례적 표징이다.
2. 세례는 여러 가지 의미를 가지고 있다.
3. 세례는 그리스도가 제정하신 것이며 성부와 성자와 성령의 이름으로 물로 행해진다.
4. 세례가 자동적으로 중생을 가져다주지는 않는다.
5. 세례는 침수, 뿌리기 혹은 붓기의 방법으로 행해질 수 있다.
6. 세례의 효력은 하나님의 약속의 신실함에 기초하며 한 사람에게 한 번만 줄 수 있다.

유아세례

참조 성구 | 창 17:1-14, 행 2:38-39, 행 16:25-34

　유아세례는 역사적으로 기독교에서 행해지는 중요한 의식이지만 그 타당성은 여러 교파의 경건한 그리스도인들로부터 심각한 도전을 받아왔다. 유아세례를 둘러싼 문제들은 몇 가지로 요약된다. 신약성경은 유아세례를 명시적으로 명하지도, 금하지도 않는다. 논쟁은 유아세례의 의미와 옛 언약과 새 언약 사이의 연속성의 정도를 둘러싼 문제가 중심이 된다.

　유아세례를 반대하는 사람들의 가장 중요한 반대 이유는 세례가 교회의 구성원에게 속한 것이고 교회의 구성원은 신자들이라는 점이다. 따라서 유아가 믿음을 가지는 것이 불가능하기 때문에 세례를 받아서는 안 된다는 것이다. 또 신약성경에 기록된 세례에는 유아에 대한 구체적 언급이 없다는 점을 강조한다. 더 나아가, 생물학적 혈통을 통해서 구원이 오는 것은 아니지만 그럼에도 옛 언약은 이스라엘 민족을 강조하고 있다는 점을 든다. 언약은 가족과 민족의 유대를 통해 이어진다. 신약에서는 언약이 더욱 포괄적이어서, 이방인이 믿음의 공동체에 들어올 수 있게 한다. 이러한 불연속성이 할례와 세례 사이에 차이가 나게 한다.

　한편, 유아세례를 선호하는 사람들은 세례가 할례와 대등하다는 점을 강조한다. 세례와 할례는 같지 않지만 중요한 공통점을 가지고 있다. 둘 다 언약의 표징이며 믿음의 표징이라는 것이다. 아브라함의 경우 성인이 되어 믿음을 가졌다. 그리고 할례를 받기 전에 믿음을 고백했다. 믿음의 표징을 받기 전에 믿음을 가졌던 것이다. 반면 아브라함의 아들 이삭은 믿음을 갖기 전에 믿음의 표징를 받았다(미래의 모든 언약의 자녀들도 마찬가지다).

중요한 점은, 구약에서 하나님은 믿음을 갖기 전에 믿음의 표징을 주도록 명령하셨다는 것이다. 그러므로 믿음을 갖기 전에 믿음의 표징을 주는 것이 틀렸다는 주장은 '원칙적으로' 잘못된 것이다.

반면 신약에 기록되어 있는 세례 이야기는 이전에 불신자였던 어른의 세례였다는 점을 주목해야 한다. 그들은 초대 그리스도인이었다. 그리고 성인 회심자(어렸을 때 신자의 자녀가 아니었던 사람)가 먼저 신앙을 고백한 후 신앙의 표징인 세례를 받는 것은 언제나 원칙이었다.

신약에 언급된 세례 중 약 1/4은 가족 전체가 받는 세례였다. 이것은 세례 받는 사람들 중에 아이들도 포함되어 있다는 것을 강하게 암시한다. 신약성경이 언약의 표징에서 유아들을 명백하게 배제하고 있지 않았으므로 (언약의 표징이 할례였을 때 수천 년 동안 그들이 포함되었으므로) 초대교회에서는 유아들에게 언약의 표징이 주어졌다는 사실이 자연스럽게 추정된다.

역사도 이러한 가정을 증거한다. 유아세례에 대한 최초의 직접적 언급은 주후 약 2세기 중반이다. 이 언급에서 주목할 것은 유아세례가 교회의 보편적 관행으로 간주된다는 것이다. 유아세례가 1세기의 교회의 관행이 아니었다면 정통에서 벗어난 이 일이 어떻게, 왜 그렇게 빠르게 그리고 널리 일어났겠는가. 유아세례는 급속하게 퍼져 보편적으로 되었을 뿐 아니라, 현존하는 그 시대의 문헌에도 이 문제에 대한 논쟁이 전혀 언급되지 않았다.

대체로 새 언약은 옛 언약보다 더 포괄적이다. 그러나 유아세례의 정당성을 반박하는 사람들은 성경에서 유아세례를 금지하지 않았는데도 어린이에 관해서는 덜 포괄적이라고 받아들인다.

● 요약 ●

1. 신약은 유아세례를 명시적으로 명하지도, 금하지도 않았다.
2. 유아세례를 반대하는 사람들은 신약과 구약 사이의 차이점을 지적하고 세례가 믿음을 나타내는 것이라고 말한다.
3. 유아세례의 옹호자들은 믿음의 표징으로서의 할례와 세례의 연속성을 지적한다.
4. 신약에 나오는 대부분의 세례는 성인이 되어 신자가 되었기에 당연히 유아 때 세례를 받을 수 없었던 초대교회 신자들의 경우였다.
5. 신약에 나오는 세례 기록에는 가족 전체가 세례를 받은 경우가 있으며 이때 아이들과 유아들도 포함된 것으로 보인다.
6. 교회사는 주후 2세기경에 유아세례가 보편적이고 논쟁이 없이 행해졌음을 증거한다.

주의 만찬

참조 성구 | 마 26:26-29, 고전 10:13-17, 고전 11:23-34

마르틴 루터는 로마 가톨릭의 '화체설'을 부인했다. 화체설이란 성찬의 떡과 포도주가 그리스도의 실제 살과 피로 변한다는 것이다. 루터는 이러한 교리가 필요 없다고 보았다. 오히려 그는 그리스도의 임재가 떡과 포도주로 교체되는 것이 아니라 떡과 포도주에 더해지는 것으로 보았다. 루터는 그리스도의 살과 피가 떡과 포도주의 요소 안에, 아래에, 통하여 존재한다는 주장을 고수했다. 이러한 루터교의 관점을 '공체설'(consubstantiation)이라고 부른다. 그리스도의 살과 피가 떡과 포도주와 함께 있다고 보기 때문이다. 그러나 루터파 신학자들은 공체설이라는 말을 좋아하지 않는다. 로마 가톨릭의 화체설과 비슷한 것으로 오해될 수 있어서다.

그러나 루터가 실제로 그리스도가 육체적으로 주의 만찬에 임재한다고 주장한 것은 분명하다. 그는 자신의 주장을 증명하기 위해 예수님이 "이것은 내 몸이라"고 하신 말씀을 반복해서 인용했다. 루터는 이 말이 비유나 상징으로 사용된다는 것을 인정하지 않는다.

루터는 또한 속성 교류론을 채택했다. 무소부재하는 하나님의 속성이 예수님의 인성에 전달되어 예수님의 살과 피가 동시에 한 장소 이상에 존재할 수 있다는 것이다.

츠빙글리를 비롯한 다른 신학자들은 "이것은 내 몸이라"는 말씀의 실제

의미는 '이것은 내 몸을 상징하는 것이다'라고 주장했다. 실제로 예수님은 "나는 양의 문이라", "나는 참포도나무라" 등의 비유를 자주 말씀하셨다. 따라서 츠빙글리를 비롯한 신학자들은 주의 만찬 때 그리스도의 몸이 실제로 나타나는 것은 아니라고 주장했다. 만찬은 오로지 기념의 의미일 뿐이며 그때의 그리스도의 임재는 성령을 통한 평상시의 임재와 다르지 않다.

반면, 존 칼빈은 로마 가톨릭 및 루터와 논쟁하면서 만찬시 그리스도의 실제적인 임재를 부정했다. 그러나 주의 만찬을 단지 기념적인 것으로만 축소시키는 재세례파와 논쟁할 때는 실제적인 그리스도의 임재를 주장했다.

표면적으로 칼빈은 모순에 빠진 것처럼 보인다. 그러나 조금 더 살펴보면 그가 '실제적인'이라는 단어를 두 가지 의미로 사용하고 있음을 알 수 있다. 로마 가톨릭이나 루터와 논쟁할 때는 '실제적인'이라는 말을 '육체적인'이라는 의미로 사용했다. 그리고 재세례파와 논쟁할 때는 그 말을 '현실로 존재하는'의 뜻으로 사용했다. 이와 같이 칼빈은 그리스도께서 (육체적 의미는 아니라 할지라도) '실제로', 또는 '참으로' 성찬에 임재하신다고 주장했다.

이처럼 신의 속성과 인간의 속성 사이의 교류를 부정했기 때문에, 칼빈은 주후 451년 칼케돈 공의회에서 정죄받은 네스토리우스파 이단에 동조하면서 그리스도의 두 속성을 '분리시키고 나눈다'는 비난을 받았다. 그러나 칼빈은 자신은 그 두 속성을 분리시키는 것이 아니라 구별하는 것이라고 대답했다.

지금 예수님의 인성은 하늘나라에 제한되어 있다. 그리고 그의 인성은 신성과 완전한 연합을 이루고 있다. 인성이 한 장소에 있음에도 불구하고 그리스도는 무소부재의 신성을 갖고 계시기에 제한되지 않으신다.

예수님은 "내가 세상 끝날까지 너희와 항상 함께 있으리라"(마 28:20)고 말씀하셨다. 한계와 오해받을 위험이 있지만 지금 하는 이야기를 다음의 그림으로 나타내본다.

```
        예수 그리스도
         인성  신성 →    인성은 시간과 공간의 제한을 받는다
                        신성은 제한을 받지 않는다

         하늘나라에 있는 인성
         무소부재의 신성

              교회
```

칼빈은 그리스도의 몸과 피가 하늘나라에 있다 해도 그것은 예수님의 무소부재라는 속성에 의해 영적으로 존재한다고 가르쳤다.[24] 그리스도의 신성이 어느 곳에 있든 그는 참으로 존재하는 것이다. 이것은 '떠나지만' 우리와 항상 함께 있겠다고 하신 예수님의 가르침과 일관성을 갖는다. 우리가 주의 만찬에서 그를 만날 때 우리는 그와 교제하는 것이다.

이처럼 그의 신적 임재 가운데 만남으로써 우리는 그의 인간적 임재 안으로 들어간다. 그의 신성은 인성과 결코 분리될 수 없기 때문이다. 그 신성은 우리를 승천하신 그리스도께로 이끈다. 그래서 우리는 주의 만찬에서 하늘나라를 맛본다.

● **요약** ●

1. 루터는 그리스도의 살과 피가 떡과 포도주의 요소 안에, 아래에, 통하여 존재한다고 가르쳤다.
2. 츠빙글리는 주의 만찬의 기념적 관점을 가르쳤다.
3. 칼빈은 성찬시 그리스도의 육체적 임재를 부정했지만 그리스도의 실제적 임재는 확실하게 주장했다.
4. 예수님의 인성은 하늘나라에 제한되어 있지만, 그의 신성은 무소부재하다.

화체설

참조 성구 | 막 14:22-25, 고전 11:23-26

　교회 생활에서 성만찬을 행할 때보다 더 엄숙하고 거룩한 순간은 없다. 음식을 먹는 동안 예수님과 그의 백성 사이에 특별한 만남이 이루어지기에 이것을 거룩한 교통(Holy Communion)이라고 부른다. 이 순간 예수님은 독특한 방식으로 우리에게 임재하신다.

　문제는 그리스도께서 임재하시는 방법이다. 이것은 그리스도인들 사이에서 끊임없는 논쟁이 되어왔다. 로마 가톨릭과 개신교 사이의 논쟁이었을 뿐 아니라 종교 개혁의 지도자들(루터, 칼빈, 츠빙글리 등)도 해결하지 못한 영역이다.

　로마 가톨릭 교회는 '화체설'을 가르친다. 화체설은 미사 중에 기적이 일어나 평범한 떡과 포도주가 그리스도의 몸과 피로 변화된다는 것이다. 인간은 떡과 포도주의 변화를 감지할 수 없다. 그러나 로마 가톨릭은 우리 눈에는 여전히 떡과 포도주로 보일지라도 그리스도의 실제 살과 피로 변화된다고 믿는다.

　이 기적을 이해하려면 먼저 아리스토텔레스의 철학을 알아야 한다. 아리스토텔레스는 모든 사물이 '실체'(substance)와 '양태'(accident)로 구성되어 있다고 가르쳤다. 실체는 가장 깊은 본질, 즉 사물의 '원료'다. 그리고 양태는 사물의 외적, 표면적인 모습이다. 이것은 우리가 보고 느끼고 냄새 맡고

맛보는 등 사물의 특징을 말한다.

아리스토텔레스는 사물과 그 사물의 양태 사이에 분리할 수 없는 관계가 있다고 보았다. 예를 들어 오크 나무는 늘 실체와 양태를 가지고 있다. 그러므로 어떤 사물이 한 사물의 실체를 갖는 동시에 다른 양태를 갖기 위해서는 기적이 필요하다.

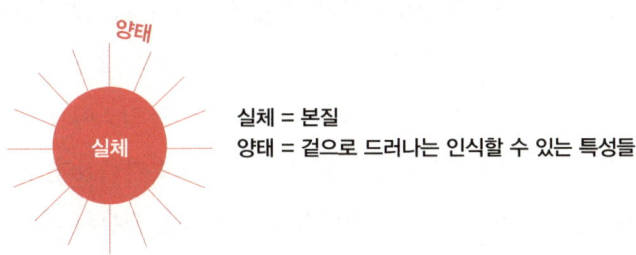

이것이 화체설에서 말하는 기적이다. 떡과 포도주의 원소가 그리스도의 몸과 피의 실체로 변화되는 것이다. 그럼에도 떡과 포도주의 양태는 여전하다. 그러므로 미사에서 그리스도의 몸과 피의 실체를 가지면서 양태는 가지지 않고, 또 떡과 포도주의 양태는 가지면서 실체는 가지지 않는 것이다.

그러나 기적이 일어나기 전에는 떡과 포도주의 실체와 양태가 존재한다. 기적이 일어나야만 그리스도의 몸과 피의 실체와 떡과 포도주의 양태를 가질 수 있다.

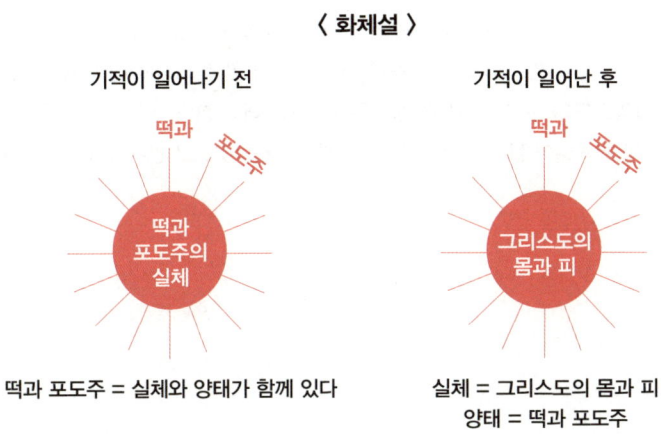

그러나 화체설을 둘러싼 논쟁보다 더 중요한 것은 예수님의 인성에 관한 문제다. 몸과 피는 예수님의 신성이 아니라 인성에 속한 것이다. 세계 여러 곳에서 동시에 미사를 드린다면 예수님의 인성(몸과 피)이 어떻게 같은 시간에 여러 장소에 존재할 수 있는가 하는 문제가 생긴다.

어디에나 동일하게 존재하는 무소부재의 능력은 신성이지 인성이 아니다. 따라서 예수님의 인성이 동시에 전 세계로 미치려면 그 인성의 신격화가 필요하다. 루터와 로마 가톨릭은 그리스도의 신성(무소부재의 속성을 가지고 있는)이 이 능력을 인성으로 전달하여 그 인성이 한 장소에 한정됨에도 불구하고 같은 시간 한 장소 이상에 임재할 수 있다고 가르쳤다.

그러나 칼빈을 비롯한 다른 신학자들은 이 속성 교류의 개념을 칼케돈 공의회 결정 사항을 어긴 것으로 보았다. 칼케돈 공의회에서는 그리스도의 두 가지 속성인 인성과 신성이 혼합, 혼란, 분열, 분리됨 없이 각각의 속성을 보유한 채로 연합되어 있다고 확언했다. 그래서 칼빈을 비롯한 대부분의 개혁자들은 화체설을 이단의 한 형태로 보았다.

● 요약 ●

1. 화체설은 미사 중에 떡과 포도주가 오감으로는 여전히 그대로임에도, 그것이 기적적으로 그리스도의 살과 피로 변화된다는 주장이다.
2. 실체는 사물의 본질이고 양태는 외관으로 인식할 수 있는 특징이다.
3. 화체설에 따르면, 그리스도의 몸과 피가 동시에 한 장소 이상에 머물기 위해서는 그리스도의 신성이 인성에 능력을 부여해주어야 한다.
4. 칼빈은 화체설이 칼케돈 공의회 결정 사항을 어긴 것으로 간주하여 거부했다.

안식일

참조 성구 | 창 2:1-3, 출 20:8-11, 사 58:13-14, 마 12:1-14, 행 20:7 고전 16:1-2, 계 1:10

안식일의 규례는 창조 때 제정되었다. 하나님은 엿새 동안 세상을 창조하신 후 일곱째 날에 안식하시고 그날을 거룩하게 하셨다. 그날을 거룩하게 하심으로 일곱째 날을 구별하셨다. 거룩한 날로 성별하신 것이다.

안식일을 바르게 지키는 일은 시내산에서 주어진 십계명 중 하나이기도 하다. 안식일 제정이 창조 언약의 핵심적 부분이었다는 것을 기억하는 것이 중요하다. 구약에서는 안식일을 범하는 것이 중죄였다.

안식일(Sabbath)이라는 말은 '일곱 번째'라는 뜻이다. 이것 때문에 일부에서 토요일이 안식일로 지켜야 할 유일한 날이며, 일요일로 지키는 것은 불법이라고 주장한다. 그러나 역사적 기독교는 신약성경에서는 이날이 "주의 날"(주일)이요 그리스도의 부활의 날이기 때문에 늘 일요일을 안식일로 지켜왔다. '칠일 중 하루'라는 안식일의 원칙이 손상되지 않았으며, 사도들에 의해 지켜지면서 지금까지 이어져오고 있다.

올바른 안식일 준수에 관한 문제는 신학자들 사이에서도 논쟁이 계속되고 있다. 대부분

> *예수님이 가르치신 안식일의 의미
> – 안식일의 주인은 예수님이다
>   (마 12:3-8; 눅 6:5)
> – 안식일 준수는 철저하게 하나님 중심이어야 한다
>   (요 5:9-18; 롬 14:5-6)
> – 사람이 안식일을 위해 존재하는 것이 아니라 안식일이 사람을 위해 존재하는 것이다(막 2:27)
> – 생명을 살리며 매인 자를 구해주는 날이다
>   (마 12:12; 막 3:4; 눅 13:16)

은 안식일에 필수적인 상거래나 노동 외에는 쉬라고 명령하셨다는 데 동의한다. 또한 안식일은 공동 예배와 하나님 말씀 연구에 특별히 집중하는 날이다. 이날은 그리스도의 부활을 기념하고 우리가 하늘나라에서 안식할 것을 소망하며 기뻐하는 특별한 시간이다.

의견이 일치하지 않는 부분은 레크레이션과 봉사에 대한 것이다. 어떤 사람은 레크레이션이 안식일을 세상적으로 범한 것으로 여기는가 하면, 다른 사람은 레크레이션이 쉼과 회복의 중요한 부분이라고 주장한다. 성경 어느 곳에서도 안식일의 오락을 권하지도, 금지하지도 않는다. 물론 이사야 58장 13절에서는 쾌락을 즐기는 일이 금지된 것처럼 암시한다.

그보다 조금 정도가 덜한 논쟁은 봉사에 관한 것이다. 많은 사람이 안식일에 특별한 사역을 보여주신 예수님의 모범을 그리스도인이 안식일에 적극적으로 봉사에 참여해야 한다는 암시적인 명령으로 본다. 그러나 또 다른 사람들은 예수님의 모범이 그러한 점을 증명하기는 하지만, 허락과 요구는 다르다고 지적한다(그러한 봉사를 안식일에만 해야 하는 것이 아님은 분명하다).

● 요약 ●

1. 안식일은 창조 때 제정되었으며 지금까지도 유효하다.
2. 안식일은 '일곱 번째'라는 뜻이다. 이것은 칠일 주기 중 하루를 가리킨다.
3. 초대교회는 주일을 안식일로 지켰다. 토요일에서 (한 주의 첫날인) 일요일로 옮긴 것이다.
4. 안식일에는 정규적인 노동(필수적인 노동은 제외)으로부터 휴식하고 성도가 모여 함께 예배해야 한다.
5. 안식일에 레크레이션과 필요한 봉사를 하는 것이 타당한가의 문제에 대해서는 의견이 일치하지 않는다.

085

맹세와 서원

참조 성구 | 신 10:20, 왕하 6:22-23, 에 10:5, 마 5:33-37, 약 5:12

어렸을 때 조지 워싱턴과 벚나무에 얽힌 일화를 들은 적이 있다. 어린 워싱턴은 짓궂은 장난으로 잘려나간 벚나무 때문에 잔뜩 화가 나신 아버지를 향해 이렇게 말했다. "전 거짓말을 못 해요. 제가 그 나무를 잘랐어요."

워싱턴의 그 고백이 사실은 거짓말이었다는 것을 세월이 한참 흐른 뒤에야 알게 되었다. "전 거짓말을 못 해요."라는 말은 사람에게 거짓말을 할 수 있는 능력이 있다는 사실을 부인하는 거짓말이었다. 조지 워싱턴이 할 수 없었던 일은 많이 있었다. 그는 하늘을 날 수 없었고, 동시에 두 군데 이상의 장소에 머물 수도 없었다. 그 밖에도 여러 가지다. 그러나 조지 워싱턴은 거짓말을 할 수 있었다. 그는 사람이기 때문이다.

모든 사람은 거짓말을 할 수 있는 능력이 있다. 성경은 "모든 사람은 거짓말쟁이"(시 116:11)라고 선언한다. 모든 사람이 언제나 거짓말을 한다는 의미는 아니다. 우리는 진실을 말하는 능력도 가지고 있다. 그러나 무엇이 진실인지 알 수 없는 상황에서 누군가의 말을 믿으라는 요구를 받을 땐 문제가 생긴다.

약속을 할 때나 중요한 증언을 할 때 그것의 진실성을 강조하기 위해 우리는 맹세와 서원에 호소한다. 법정에서 증언하기 전에 증인은 "진실, 완전한 진실, 오로지 진실만을 말할 것을" 약속한다.

서원할 때 우리는 진술의 최고 증인으로서의 하나님 오직 한 분께 호소한다. 하나님은 서원, 맹세, 약속의 수호자이시다. 그분은 모든 진실의 근원이시며 거짓말을 못 하신다. 조지 워싱턴에게는 거짓이지만 하나님께는 진실이다. 그는 거짓말을 못 하신다(딛 1:2; 히 6:17-18). 하나님은 거짓과 함께 하실 수 없다. 오히려 경솔하거나 거짓된 서원에 대해 경고하신다. "네가 하나님께 서원하였거든 …… 서원하고 갚지 아니하는 것보다 서원하지 아니하는 것이 더 나으니"(전 5:4-5). 뿐만 아니라 십계명에도 거짓 증거하지 말라는 계명이 포함되어 있다(출 20:16).

우리와 하나님과의 모든 관계는 언약의 약속에 기반을 두므로 하나님께서는 서원, 맹세, 약속을 인정하신다. 인간 관계(결혼과 사업 계약 등)에 대한 신뢰는 사회의 안녕을 위해 필요한 것이다. 합법적인 맹세는 어떤 사람들에게는 예배의 일부로, 이를 통해 사람들은 자신이 말하는 것의 진실성을 보장받기 위해 하나님을 자신이 확언하고 약속한 것의 증인으로 찾는다. 거기에는 맹세한 것이 거짓으로 드러날 때, 하나님께서 그들을 순식간에 엄중히 벌하실 것이라는 의미가 들어 있다.

또한 교회는 언제나 맹세와 서원의 가치를 확언해왔다. 웨스트민스터 신앙고백에는 다음과 같이 성경적 경계와 규정을 적고 있다.

오직 하나님의 이름만 의지하여 맹세해야 한다. 그때에는 거룩한 두려움과 경외함으로 그분의 이름을 사용해야 한다. 그러므로 영광스럽고 두려운 이름으로 헛되거나 경솔하게 맹세하거나 다른 것으로 맹세하는 일은 죄이며 따라서 피해야 한다. 하지만 중대한 일에 있어서는 맹세는 신약 아래서든 구약 아래서든 하나님의 말씀으로 보장된다. 따라서 그런 일에서 합법적인 권위에 의한 합법적인 맹세가 행해져야 한다.[25]

이 밖의 부가적인 규정은, 모호한 말로 맹세하거나 유보적인 마음으로 맹세하면 안 된다는 것이다. 하나님께서는 요행을 바라는 마음을 받지 않으시며 정직을 기대하신다. 맹세는 가볍게 행해져서도 안 된다. 맹세는 엄숙한 순간, 엄숙한 약속을 위한 것이다. 정부에서도 이 점을 인정하여 결혼식에서와 법적 증언을 하기 전에 맹세를 요구한다.

이보다 좀 덜 엄숙한 경우에도 신자들은 당연히 정직해야 한다. 신자의 "예"는 "예", "아니오"는 "아니오"다. 이것이 그리스도의 신실한 제자가 갖는 책임이다.

● 요약 ●

1. 인간에게는 거짓말을 할 수 있는 능력이 있다.
2. 진리의 근원이신 하나님은 거짓말하실 수 없으며 진리의 수호자시다.
3. 맹세의 서원은 예배의 합법적인 부분이다.
4. 맹세의 증인은 하나님 한 분뿐이다. 어떤 피조물도 진리의 궁극적인 증인이 될 수 없다.
5. 서원은 경솔하게 하거나 유보적으로 하면 안 된다.

9부

영성과 이 세상 삶

**Essential Truths
of the
Christian Faith**

성령의 열매

참조 성구 | 롬 12:1-21, 고전 12:1-14: 40, 갈 5:19-26, 엡 4:1-6:20

성령의 열매는 성화에 대한 성경의 가르침 가운데 가장 무시되는 부분 중 하나다. 여기에는 여러 가지 이유가 있다.

1) 외적인 것에 몰두함
학생들은 시험을 앞두고 교실에서 웅성거리고 투덜거리면서도 정말로 시험을 치러보고 싶다는 생각을 한다. 시험은 기술과 성취도, 지식을 측정하는 공정한 기준이 되기 때문이다. 사람들은 자기가 몇 등급이 되는지 알고 싶어 한다. 나는 어떤 노력으로 어느 정도의 수준에 올랐는가? 아니면 보통 정도밖에 되지 못하는가?

그리스도인들도 다르지 않다. 우리 역시 성취한 것을 외적 기준으로 가늠해봄으로써 자신의 성화를 측정하려는 경향이 있다. 악담을 하는지, 술을 마시는지, 영화를 보는지 등의 기준이 종종 영성을 측정하는 기준으로 사용된다. 진정한 기준(성령의 열매)은 때로 무시되고 최소화된다. 이것이 바로 바리새인들이 걸려드는 덫이다.

성령의 열매가 다소 모호하기 때문에 우리는 이 진정한 기준으로부터 뒷걸음질한다. 이것은 표면적으로 보이는 것들보다 개인의 성품에 요구하는 것이 훨씬 더 많다. 즉 경건한 인내를 갖는 것보다 악담하는 입을 다무는 것이 훨씬 더 쉽다.

2) 은사에 몰두함

우리를 거룩함으로 이끄시고 우리 안에 열매를 맺게 하시는 성령님은 성도들에게 영적 은사를 주신다. 그리고 영적으로 성숙하지 못했을 때도 은사를 받을 수 있다는 성경의 분명한 가르침에도 불구하고 우리는 성령의 열매보다 은사에 관심이 더 많다. 고린도에 보낸 바울의 서신에서 이 점을 충분히, 명확하게 설명하고 있다.

3) 의로운 불신자들

성령의 열매에 있는 덕목들이 비그리스도인들에게서 더욱 많이 나타날 때, 우리는 성령의 열매로 성화의 진보를 측정하는 데 좌절감을 느끼게 된다. 그리스도인들보다도 더 훌륭한 온화함과 인내를 보여주는 비그리스도인이 많다. 이처럼 사람이 성령과 관계없이 '성령의 열매'를 가질 수 있다면 어떻게 이러한 방법으로 우리의 영적 성장을 측정할 수 있겠는가?

그러나 성령으로 인해 우리 속에 나타나는 사랑, 희락, 화평, 오래 참음 등의 덕목들과 비그리스도인들이 보여주는 덕목들 사이에는 '질적인' 차이가 있다. 비그리스도인들은 궁극적으로 이기적인 동기에서 이러한 것들을 행한다. 그러나 그리스도인들이 성령의 열매를 나타낼 때는 궁극적으로 하나님과 다른 사람들을 향하는 성품을 드러내는 것이다. 성령 충만하다는 것의 의미는 삶이 성령의 다스림을 받는다는 말이다. 비그리스도인들은 단지 이러한 영적 덕목을 인간 능력의 한계만큼만 보여줄 따름이다.

바울은 갈라디아서에서 성령의 열매를 이야기한다. "오직 성령의 열매는 사랑과 희락과 화평과 오래 참음과 자비와 양선과 충성과 온유와 절제니"(갈 5:22-23). 이러한 덕목은 그리스도인의

> ***성령의 열매(갈 5:22-23)**
> 사랑 · 희락 · 화평 · 오래 참음
> 자비 · 양선 · 충성 · 온유 · 절제

삶을 특징짓는다. 성령 충만하다면 성령의 열매를 드러낼 것이다. 물론 시간이 걸리는 일이다. 하룻밤에 생겨나는 피상적인 성품이 아니다. 거기에는 우리 마음의 가장 깊은 곳에 있는 성향을 다시 만드는 일이 포함된다. 또한 성령에 의한, 평생 계속되는 성화의 과정이다.

● 요약 ●

1. 우리는 성령의 열매 연구를 등한시하는 경향이 있는데, 그 이유는 다음과 같다.
   1) 외적인 것에 몰두한다.
   2) 성령의 은사에 더 몰두한다.
   3) 많은 비그리스도인들은 그리스도인들보다도 영적인 덕목들을 더 훌륭하게 보여 준다.
2. 성령의 열매보다 외적인 것으로 영성을 측정하는 방법이 훨씬 쉽다.
3. 성령의 은사를 가지고 있어도 여전히 미성숙할 수 있다.
4. 그리스도인과 비그리스도인이 보여주는 영적인 덕목에는 질적인 차이가 있다. 비그리스도인이 보여주는 것은 단지 인간의 노력이다. 그리스도인들을 통해서는 성령 하나님께서 인간의 힘을 넘어서는 분량으로 성령의 열매를 맺게 하신다.

사랑

참조 성구 | 신 6:4-5, 마 5:43-48, 고전 13:1-13, 엡 5:25-33, 요일 4:7-21

사람들은 대체로 사랑이라는 말을 수동적인 의미로 사용한다. 즉 사랑이란 우리에게 우연히 일어나는 일로 우리가 거의 혹은 전혀 통제할 수 없다는 것이다. 우리는 사랑에 "빠진다." 이렇게 여기는 주된 이유는 사랑을 특별한 느낌이나 감정과 결부시키기 때문이다. 이러한 감정은 버튼을 누르거나 의식적인 의지의 행동으로 생겨날 수 있는 것이 아니다. 즉 사랑에 빠지는 일을 "결심하는" 것이 아니다.

그러나 성경에서는 사랑을 훨씬 더 능동적인 의미로 사용한다. 사랑의 개념은 명사보다는 동사로 더 많이 사용된다. 사랑은 의무다. 즉 우리가 해야만 하는 행동이다. 하나님은 이웃을 사랑하고 배우자를 사랑하고 심지어 원수도 사랑하라고 말씀하신다. 원수에 대해 사랑과 애정의 느낌을 불러일으키는 것과 그들을 향해 사랑의 태도로 행동하는 것은 별개의 일이다.

성경은 비교적 적은 수의 단어로 사랑을 표현하지만, 사랑의 개념은 복합적이다. 구약에서는 사랑을 표현하기 위해 히브리어 "아헤브"(aheb)라는 말을 많이 사용한다. 그리고 신약에서는 "필레오"(phileo)와 "아가페"(agape)라는 헬라어 단어를 사용하고 있다. 필레오는 친구들 간의 우정을 말하며 여기서 필라델피아('형제애의 도시'라는 뜻)라는 단어가 나왔다. 반면 "에로스"(eros)라는 단어는 성경에서 사용되지 않는다. 이것은 성적이고 에로틱한 사랑을 말하며 우리가 로맨스와 결부시키는 사랑이다.

필레오와 에로스는 모든 인간에게 공통적으로 존재한다. 이 두 가지 유형의 사랑은 자기 유익, 자기 만족, 자기 방어에 의해 동기화되는 경향이 있다.

그러나 신약은 세 번째 유형의 사랑, 아가페를 설명한다. 아가페는 보다 기본적인 애정과 반대된다. 이것의 가장 두드러진 특징은 자기 유익이 배제되어 있다는 것이다. 바울은 고린도전서 13장에서 이 사랑의 특성을 나열하고 있다. 아가페는 오래 참고 온유하며 자랑하지 않고 투기하지 않는다. 교만하지 않고 무례히 행하지 않으며 자기의 유익을 구하지 않는다. 이 사랑은 용서하는 데 빠르다. 또한 선과 진리를 구하며, 보호해주며, 소망하며, 언제나 참아준다. 이 사랑은 절대로 없어지지 않는다.

그러므로 성경의 사랑은 감정 이상이며 행동적이다. 그리스도인의 주된 소명은 다른 사람을 향해 사랑의 감정을 발전시키는 것이 아니다. 많은 면에서 이것은 그리스도인이 통제할 수 있는 것이 아니다. 그러나 어떤 사람에 대해 어떻게 반응하고 행동할 것인가는 우리가 통제할 수 있다. 그리스도인은 하나님의 비이지적 사랑을 반영하여 사랑해야 한다.

그러므로 "믿음 소망 사랑 이 세 가지는 항상 있을 것인데 그중에 제일은 사랑이라"(고전 13:13)는 사도바울의 말처럼 아가페 사랑은 성령의 궁극적인 열매다.

아가페 사랑이 우리를 향한 하나님의 사랑의 특성을 반영하는 것인 만큼, 그것은 한결같은 사랑, 끝까지 충실한 사랑이라 할 수 있다. 이것은 신실한 사랑이다. 그 신실함은 신뢰 위에 세워진 것이며, 이러한 사랑은 변덕스러울 수 없다. 이것은 영원한 헌신의 사랑이다.

● 요약 ●

1. 성경적인 사랑은 능동적이다.
2. 성경적인 사랑은 하나님께서 명하신 의무다.
3. 사랑을 묘사하는 헬라어 세 가지가 있다.
   1) 필레오＝형제애
   2) 에로스＝성적이고 로맨틱한 사랑
   3) 아가페＝하나님의 사랑, 혹은 영적인 사랑
4. 아가페 사랑은 하나님의 변함없는 사랑을 반영하며 타인에게로 향하는 사랑이다.

소망

참조 성구 | 욥 13:15, 롬 5:1-5, 롬 8:18-25, 딛 2:11-14, 요일 3:1-3

우리는 이 세상에서 희망하는 것이 많다. 우리는 봉급이 오르기를 희망한다. 우리가 좋아하는 팀이 월드 시리즈에서 우승하기를 희망한다. 이런 소망은 미래에 대한 우리의 개인적 바람이다. 우리는 불확실한 일에 대해 희망을 갖는다. 바라는 대로 이루어질지는 잘 모르지만 그렇게 되기를 바라는 희망을 품는다.

그러나 성경이 말하는 소망은 하나님의 약속이 미래에 성취되리라는 굳건한 신념이다. 소망은 단순히 주관적인 생각을 객관화한 것이 아니라 미래에 이루어질 일들에 대한 확신이다. "우리가 이 소망을 가지고 있는 것은 영혼의 닻 같아서 튼튼하고 견고하여 휘장 안에 들어가나니"(히 6:19).

사도바울이 고린도전서 13장 13절에서 말한 것과 같이 소망은 믿음, 사랑과 함께 나란히 기독교 덕목의 한 자리를 차지한다. 소망은 미래를 향한 믿음이다.

성경에서 소망은 두 가지로 사용된다. 두 가지 중 덜 쓰이는 경우는 우리 소망의 대상을 가리킬 때다. 그리스도는 우리 영생의 소망이시다. 보다 흔히 사용되는 경우는 하나님 약속의 성취에 관한 확신을 가리킬 때이다. 그리스도인은 소망을 가지라는 부르심을 받는다. 즉 하나님의 백성의 부활과 하나님 나라가 임할 것에 대한 완전한 확신을 가지라는 것이다. 따라서 소망은 필연적으로 종말과 연결된다.

하나님의 나라가 완전히 임하기까지 신자들은 보증된 소망만을 가질 수 있다. 신자는 "믿음으로 행하고 보는 것으로 행하지 않아야"(고후 5:7) 한다. 이 소망은 근거가 없는 것이 아니요 기초가 없는 것도 아니다. 그리스도인의 삶은 성공보다 고난으로 특징지어지지만(고전 4:8-13; 고후 4:7-18), 소망의 기초는 하나님께 있다.

첫째, 신자는 그리스도의 죽음과 부활을 바라본다. 그리스도의 죽음은 제자들에게 가장 암울한 시간이었다. 약속된 메시아가 죽었고 그의 나라는 외관상 사라졌다. 그러나 부활로 말미암아 그 절망이 소망으로 바뀌었다. 그러므로 그리스도인의 소망은 고난(그것이 크든 작든)과 함께 간직되어야 한다. 하나님은 언제나 충분하고 신실하시다.

둘째, 신자는 하나님 나라에 대한 보증으로 성령님을 모시고 있다. 성령님의 임재는 우리로 하여금 하나님 나라가 온전히 이루어질 것을 보증한다. 성령님은 소망을 위한 표가 되실 뿐 아니라 소망을 지속시키시는 분이다. 그분은 보혜사의 역할을 수행하셔서, 신자를 힘과 소망으로 허리띠를 두르게 하신다. 신자로 하여금 하나님 아버지께 "나라가 임하옵시며"라고 기도하게 하는 이가 바로 성령님이다.

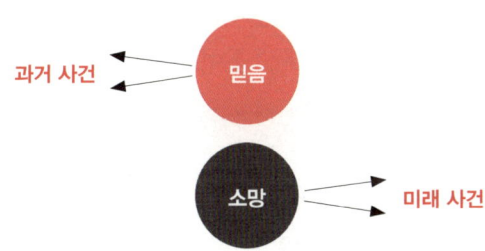

● 요약 ●

1. 성경에서의 소망은 바라는 일이라기보다 확신하는 일이다.
2. 소망은 연약함의 표시가 아니라 하나의 덕목이다.
3. 믿음은 하나님께서 이미 이루신 일을 신뢰하는 것이고, 소망은 하나님이 미래에 이루시겠다고 약속하신 바를 신뢰하는 것이다.
4. 그리스도의 부활은 우리에게 고난 가운데 소망을 준다.
5. 보혜사 성령님은 우리에게 소망을 주신다. 그분의 임재는 하나님 나라의 도래에 대한 보증이다.

기도

참조 성구 | 시 5:1-3, 요 14:13-14, 롬 8:26-27, 빌 4:6-7, 요일 5:14-15

우리는 하나님과 대화할 수 있다. 하나님은 성경 속에서 언어로 우리에게 말씀하실 뿐 아니라 그의 명백한 섭리를 통해 비언어적으로도 말씀하신다. 우리는 기도를 통해 하나님과 교통한다. 찰스 하지(Charles Hodge)는, "기도는 하나님과 나누는 영혼의 대화"라고 했다. 기도 속에서, 기도를 통해서 우리는 하나님을 향한 우리의 경외심과 섬기는 마음을 표현한다. 우리는 그분 앞에서 영혼의 솔직한 회개를 고백한다. 마음에 품은 감사를 쏟아 놓는다. 그리고 그에게 간구하고 탄원한다.

기도 중에 우리는 하나님의 인격과 능력을 체험한다. 그분은 우리 말에 귀를 기울이시고 응답으로 행동하실 수 있다. 성경은 하나님의 주권적인 예정을 가르침과 동시에 기도의 효력에 대해서도 이야기한다. 이 두 가지는 모순되는 것이 아니다. 하나님께서는 자신의 뜻을 이루시기 위한 목적뿐 아니라 수단도 정하시기 때문이다. 즉 기도는 하나님께서 자신의 주권적인 뜻을 이루시기 위해 사용하시는 수단이다.

기도는 삼위일체의 하나님, 혹은 하나님 각 위께 드리는 것이다. 피조물에게 기도하는 것은 우상 숭배다.

또한 올바른 기도에는 몇 가지 조건이 있다.

첫째, 진실하게 하나님께 나아가야 한다. 공허하고 진실하지 않은 말은 하나님을 우롱하는 처사다. 그러한 기도는 경건한 믿음을 실천하기는커녕 하나님을 노엽게 하는 것이다.

둘째, 경외심을 갖고 하나님께 나아가야 한다. 기도하는 가운데 우리의 기도를 들으시는 분이 누구이신가를 항상 기억해야 한다. 마치 세상 친구를 대하듯이 하나님께 거만하고 무례하게 말하는 것은 하나님을 경멸하는 큰 죄를 범하는 것이다. 사람들이 왕을 알현할 때 존경과 순종의 태도로 경의를 표하는 것처럼 우리도 하나님의 지극히 높으신 위엄을 온전히 인식하고 그분 앞에 나아가야 한다.

세 번째는 겸손한 태도로 하나님께 나아가는 것이다. 우리는 그분이 누구이신지를 기억해야 할 뿐 아니라 우리가 누구이며 어떤 존재인지도 기억해야만 한다. 우리는 그분의 양자다. 또한 죄 많은 피조물이다. 하나님이 우리를 초청하신 것은 담대하게 나오라는 것이지 오만불손하게 나오라는 것이 아니다.

하나님은 우리에게 열렬하고 뜨겁게 간구하라 명하셨다. 이와 동시에 우리는 의도적인 순종으로 나아가야 한다. "주의 뜻이 이루어지이다"라고 말하는 것은 믿음이 없다는 의미가 아니다. 우리가 기도할 때 갖는 믿음에는 하나님께서 우리의 기도를 들으시고 그 기도에 응답하실 것을 신뢰하는 것이 포함된다. 반면 하나님께서 우리의 간구를 거절하실 때도 그분의 지혜와 선하심을 믿어야 한다.

우리는 예수님이 우리의 중보자이심을 알기 때문에 예수님의 이름으로 기도한다. 그리스도는 대제사장으로서 우리를 위해 중보하시며, 성령님께서도 기도 중에 우리를 돕는 자가 되신다. 기도하는 법을 가르치는 약어 ACTS가 있다. 이것을 따라 기도하면 올바른 기도의 요소를 잊지 않을 것이다.

A = 경배(Adoration)

C = 고백(Confession)

T = 감사(Thanksgiving)

S = 간구(Supplication)

● 요약 ●

1. 기도는 하나님과 교통하는 것이다.
2. 기도는 오직 하나님께 드리는 것이다.
3. 기도는 진실하게 경외심을 가지고 겸손하게 드려야 한다.
4. 우리는 열렬하게 꾸준히 기도하라는 명령을 받았다.
5. 믿음의 기도는 하나님의 지혜와 자비하심을 신뢰하면서 드리는 기도다.
6. ACTS는 기도를 돕는 도구가 된다.

율법 폐기론

참조 성구 | 요 14:15, 롬 3:27-31, 롬 6:1-2, 요일 2:3-6, 요일 5:1-3

율법 폐기론을 옹호하는 오래된 노래가 하나 있는데, 이런 내용이다. "율법에서 벗어나니, 오 기막히게 좋구나. 이제 짓고 싶은 죄를 다 지어도 용서받는 몸이라네."

율법 폐기론(antinomianism)이란 문자 그대로 반(反)율법주의(anti-lawism)다. 이것은 신자의 삶에서 하나님 율법의 중요성을 부정하거나 경시하는 것이다. 이것은 쌍둥이 이단인 율법주의와 반대되는 이단이다.

율법 폐기론자들이 율법에 혐오하는 이유는 여러 가지다. 어떤 이들은 예수님께서 우리를 율법에서 해방시키셨기 때문에 이제는 하나님이 주신 도덕법에 얽매일 필요가 없다고 믿는다. 그들은 하나님의 은혜가 우리를 율법의 저주로부터 자유케 하였을 뿐 아니라 율법에 순종해야 할 의무에서도 우리를 해방시켰다고 주장한다. 곧 은혜가 불순종을 허락하는 허가증이 된다는 것이다.

어처구니없게도 이러한 견해를 고수하는 사람들은 이에 강경하게 반대하는 바울의 가르침을 무시한다. 바울은 성경의 어떤 저자보다도 율법과 은혜의 차이점을 강조했다. 바울은 새 언약을 기뻐했다. 그럼에도 그는 율법 폐기론을 확실하게 정죄한다. 로마서 3장 31절에서 바울은 "우리가 믿음으로 말미암아 율법을 파기하느냐 그럴 수 없느니라 도리어 율법을 굳게 세우느니라"라고 말한다.

마르틴 루터는 오직 믿음으로 의롭게 된다는 칭의의 교리를 표현했을 때 율법 폐기론자라는 비난을 받았다. 그러나 그는 "행함이 없는 믿음은 죽은 것"이라는 야고보의 말에 동의했다. 루터는 그의 제자인 요한 아그리콜라(Johann Agricola)와 논쟁을 벌였다. 아그리콜라는 율법이 신자의 삶에서 어떤 의미를 갖는다는 것을 부정했다. 심지어 그는 율법이 죄인으로 하여금 은혜를 받을 수 있게 준비시킨다는 것조차 부정했다. 루터는 1539년 〈율법 폐기론자들에게 반(反)하여〉(Against the Antinomians)라는 저서로 아그리콜라에게 응수했다. 아그리콜라는 그 후 자신의 율법 폐기론을 철회했지만, 그 논란의 쟁점은 지금까지도 남아 있다.

그 후 루터교 신학자들은 율법에 관한 루터의 견해를 확증했다. 믿음에 관한 루터교의 고전적 진술서 마지막 부분인 '일치신조'(Formula of Concord, 1577)에서 그들은 율법의 용도를 다음의 세 가지로 설명했다. ①죄를 드러냄, ②일반적으로 사회생활에 필요한 예의를 갖게 함, ③그리스도를 믿어 거듭난 사람들의 삶에 원칙을 제공함.

율법 폐기론의 기본적 오류는 성화와 칭의를 혼동한 것이다. 우리는 행위와 상관없이 오직 믿음으로 의롭다 하심을 받는다. 그러나 모든 신자는 하나님의 거룩한 계명을 지킴으로써, 즉 하나님의 은혜를 얻기 위해서가 아니라 그리스도를 통해 이미 주어진 은혜에 감사하는 마음으로 하나님의 계명을 지킴으로써 믿음이 성장한다.

구약을 율법의 언약으로, 신약을 은혜의 언약으로 여기는 것은 심각한 오류다. 구약은 자기 백성을 향한 하나님의 놀라운 사랑을 기념비적으로 증언하는 것이다. 마찬가지로 신약도 계명으로 가득 차 있다. 우리는 율법으로 구원받는 것이 아니지만, 하나님의 명령에 순종함으로써 그리스도에 대한 우리의 사랑을 나타낸다. 예수님은 "너희가 나를 사랑하면 나의 계명을 지키리라"(요 14:15)고 말씀하셨다.

종종 "기독교는 하라는 것과 하지 말라는 것들을 모아 놓은 게 아니다. 규율 목록이 아니다!"라는 말을 듣는다. 이 말은 어느 정도 일리가 있지만 기독교는 단순한 규율들의 목록을 훨씬 넘어선다. 기독교의 핵심은 바로 그리스도와의 인격적인 교제다. 그러나 기독교는 규율들을 포함한다. 신약에는 분명히 하라는 것과 하지 말라는 것들이 기록되어 있다. 기독교는 모든 사람이 자기 보기에 옳은 것을 할 권리가 있다는 개념을 인정해주는 종교가 아니다. 오히려 그 누구에게도 그릇된 일을 할 권리를 주지 않는 종교다.

*율법의 목적
- 인간의 죄를 드러낸다(롬 5:13)
- 죄를 깨닫게 한다(롬 3:19-20, 5:13, 7:7; 갈 3:19)
- 죄를 더하게 한다(롬 5:20)
- 하나님의 의를 나타낸다 (롬 7:12-13)
- 그리스도에게로 인도한다 (갈 3:24-25)

● 요약 ●

1. 율법 폐기론은 그리스도인이 하나님의 율법에 순종할 의무가 없다고 주장하는 이단이다.
2. 율법은 죄를 드러내고 사회생활에서 예의의 기초가 되며 기독교인의 삶에 지침이 된다.
3. 율법 폐기론은 칭의와 성화를 혼동한 것이다.
4. 율법과 은혜는 구약과 신약 전체에 나타난다.
5. 율법에 순종하는 것이 칭의를 얻는 데 필요한 것은 아니지만, 칭의를 받은 사람이라면 하나님의 계명에 순종하기 위해 열심히 노력하는 것이 마땅하다.

율법주의

참조 성구 | 마 15:1-20, 마 23:22-29, 행 15:1-29, 롬 3:19-26, 갈 3:10-14

율법주의(legalism)는 율법 폐기론과 반대되는 이단이다. 율법 폐기론이 율법의 중요성을 부정하는 반면 율법주의는 율법을 은혜보다 우위에 둔다. 예수님 시대의 율법주의자는 바리새인들이었다. 예수님은 그들에게 가장 강경한 비판을 가하셨다. 율법주의의 근본적인 잘못은 인간 자신의 힘으로 하나님 나라에 들어갈 수 있다는 믿음이었다. 바리새인들은 자신이 아브라함의 자손이기 때문에, 그리고 율법을 철저히 준수하고 있기 때문에 하나님의 자녀라고 믿었다. 본질적으로 이것은 복음을 부정하는 것이었다.

율법주의는 결국 율법의 정신은 배제한 채 율법의 조문에만 매달리는 것으로 나타난다. 바리새인들은 자신이 율법을 지킬 수 있다고 믿기 위해, 율법을 축소하여 극히 편협하고 형식적인 해석을 했다. 부자 청년의 이야기가 이 점을 잘 지적한다. 부자 청년은 예수님께 와서 어떻게 해야 영생을 얻을 수 있냐고 물었다. 그러자 예수님은 "계명들을 지키라"고 말씀하셨다. 그 청년은 자신이 계명을 모두 지켰다고 믿었다. 그러나 예수님은 청년이 섬기고 있는 재물이라는 '우상'을 단호하게 지적하셨다. "네 소유를 팔아 가난한 자들에게 주라 그리하면 하늘에서 보화가 네게 있으리라"(마 19:21). 그 말을 들은 부자 청년은 근심하면서 가버렸다.

바리새인들은 또 한 형태의 율법주의로 죄를 범했다. 그들은 하나님의 율법에 자신들의 율법을 덧붙였다. 그들의 '전통'(유전)이 하나님의 율법만큼 높아져 있었다. 그들은 사람들에게서 자유를 빼앗고 하나님이 풀어 자유롭게 해주신 사람들에게 쇠사슬을 채웠다.

이런 율법주의는 바리새인들에게서 끝나지 않고 각 세대마다 교회를 오염시켜왔다. 율법주의는 때로 율법 폐기론에 대한 지나친 반발에서 생겨난다. 우리는 우리 자신과 다른 사람들이 율법 폐기론에 빠지지 않게 하려고 하나님께서 하시는 것보다 더 엄격하게 규율을 만드는 경향이 있다. 이렇게 되면 율법주의는 하나님의 백성을 통치하는 폭군이 된다.

마찬가지로 율법 폐기론도 율법주의에 대한 지나친 반발에서 생겨나곤 한다. 율법 폐기론의 슬로건은 모든 압제로부터의 자유다. 이것은 도덕적 자유를 얻으려고 미친 듯이 날뛰는 것이다. 그리스도인은 자신의 자유를 지키는 데 있어서 자유와 방종을 혼동해서는 안 된다.

율법주의의 또 다른 형태는 사소한 것을 중요한 것으로 만드는 것이다. 예수님은 바리새인들이 지엽적인 몇 가지를 지키느라 더 비중 있는 것들을 빠뜨리는 것에 대하여 책망하셨다(마 23:23-24). 이러한 경향은 끊임없이 교회를 위협하고 있다. 우리는 우리가 소유한 덕을 경건함의 최고 위치로 높이려 하고 우리의 악은 중요하지 않은 것으로 여긴다. 예를 들어, 자신이 춤추는 일을 삼가는 것에 대해서는 영적으로 대단하게 여기면서 마음속에 품은 탐심에 대해서는 대수롭지 않게 생각한다.

율법주의와 율법 폐기론에 대한 유일한 해결책은 하나님의 말씀을 진지하게 공부하는 것이다. 그렇게 할 때 우리는 하나님이 기뻐하시는 것이 무엇이고 기뻐하지 않으시는 것이 무엇인지를 정확하게 배울 수 있다.

● 요약 ●

1. 율법주의는 율법 폐기론과 반대되는 방향으로 하나님의 율법을 왜곡한 것이다.
   율법 폐기론 ← 하나님의 율법 → 율법주의
2. 율법주의는 인간의 전통을 하나님의 율법의 수준까지 높인다.
3. 율법주의는 하나님의 백성을 하나님이 이미 자유케 해주신 곳에 얽어맨다.
4. 율법주의는 사소한 것을 중요한 것으로 만들고 중요한 것은 대수롭지 않게 생각한다.

율법의 세 가지 기능

참조 성구 | 시 19:7-11, 시 119:9-16, 롬 7:7-25, 롬 8:3-4, 고전 7:19, 갈 3:24

초대 그리스도인은 '구약 율법이 내 삶과 무슨 관계가 있을까?'라는 문제와 씨름했다. 구약의 율법이 그리스도인에게는 상관이 없는 것일까, 아니면 그중 일부는 여전히 구속력을 갖는 것일까? 율법 폐기론이 그 어느 때보다 창궐하는 오늘날에는 이러한 질문에 대답해야 할 필요성이 더욱 긴급하다.

종교개혁은 율법이 아닌 은혜에 기초를 둔 것이다. 그러나 종교개혁가들이 하나님의 율법을 거부한 것은 아니었다. 일례로 존 칼빈은 그리스도인의 삶에서 율법이 갖는 중요성을 보여주기 위해 '율법의 세 가지 기능'이라는 글을 썼다.[26]

율법의 첫째 목적은 거울이 되는 것이다. 하나님의 율법은 한편으로 하나님의 완전한 의를 반영한다. 율법은 우리에게 하나님이 누구이신지를 보여준다. 그러나 그보다 더 중요한 것은 율법이 인간의 죄성을 비춰준다는 사실이다. 아우구스티누스는 이렇게 썼다. "율법은 우리가 율법이 명령하는 것을 따르려 노력하고, 그리하여 율법 아래서 자신의 연약함을 깨달아 은혜의 도우심을 간청하는 법을 배우게 한다."[27] 곧 율법은 우리의 연약함을 비춰주어 우리로 하여금 그리스도 안에 있는 힘을 구하게 만든다. 여기에서 율법은 우리를 그리스도께로 데리고 가는 엄한 몽학선생의 역할을 한다.

　율법의 둘째 목적은 악을 억제하는 역할이다. 율법은 그 자체는 사람의 마음을 바꾸지 못한다. 그러나 의로운 자를 불의한 자로부터 보호하는 역할을 할 수 있다. 칼빈은 "이 무서운 위협과 형벌에 대한 끊임없는 공포를 수단으로, 율법은 올바르고 정의로운 것에 관심이 없는 이들을 제어하는 역할을 한다"[28]고 말했다. 율법은 마지막 심판이 이루어질 때까지 제한된 범위에서 이 세상의 정의를 허용한다.

　율법의 셋째 목적은 하나님께서 기뻐하시는 것이 무엇인지를 드러내는 것이다. 율법은 하나님의 거듭난 자녀인 우리에게 하나님 아버지께서 기뻐하시는 것이 무엇인가를 밝히 보여준다. 따라서 그리스도인은 하나님께서 율법을 기뻐하시는 것처럼 율법을 기뻐한다. 예수님께서는 "너희가 나를 사랑하면 나의 계명을 지키리라"(요 14:15) 말씀하셨다. 이것이 율법의 가장 중요한 역할이다. 하나님의 백성이 하나님께 존귀와 영광을 돌릴 수 있도록 도구로서의 역할을 하는 것이다.

　하나님의 율법을 연구하거나 묵상함으로써 우리는 의의 학교에 출석한다. 우리는 하나님을 기쁘시게 하는 것이 무엇이며 하나님을 노하시게 하는 것이 무엇인지 배운다. 하나님이 성경에서 보여주시는 도덕법은 언제나 우리에게 구속력을 갖는다.

　우리의 구속은 율법의 저주로부터의 구속이지 그 율법에 순종해야 하는 의무로부터의 구속이 아니다. 우리는 율법에 순종함으로써 칭의를 얻은 것이 아니라 율법에 순종하기 위해 칭의를 얻었다. 따라서 그리스도를 사랑하는 것은 그의 계명을 지키는 것이며, 하나님을 사랑하는 것은 하나님의 율법에 순종하는 것이다.

> **＊율법에 대한 올바른 태도**
> 하나님의 백성은 반드시 율법을 배워야 하며(출 24:12) 들어야 하고 (느 8:1) 늘 묵상해야 하며(시 1:2, 119:97) 온 인격을 다하여 지켜야 한다(출 16:4; 신 30:10; 수 1:7, 22:5; 왕상 2:3; 시 119:44). 그러나 예수님은 율법의 문자적 준수보다 그 정신과 원리를 더 강조하셨다(마 5:17-48). 그런 맥락에서 율법에 대한 외적인 순종보다는 내적이고 인격적인 신뢰와 순종, 동기의 순수성에 더 큰 의미를 부여해야 한다.

● 요약 ●

1. 오늘날의 교회는 율법 폐기론의 공격을 받아서 하나님의 율법을 약화하고 거부하며 왜곡하고 있다.
2. 하나님의 율법은 하나님의 거룩하심과 우리의 불의함을 반사하는 거울이다. 율법은 우리에게 구원자가 필요하다는 것을 드러낸다.
3. 하나님의 율법은 죄짓는 것을 억제시킨다.
4. 하나님의 율법은 하나님께서 기뻐하시는 것과 그분을 노하시게 하는 것이 무엇인지 알려준다.
5. 그리스도인은 하나님의 율법을 사랑하고 하나님의 도덕에 순종해야 한다.

093

완전주의

참조 성구 | 롬 5:8, 고전 15:42-57, 고후 7:1, 빌 3:7-14, 요일 1:5-10

완전주의(perfectionism)는 하나님의 은혜로 말미암는 거룩함이나 완전한 사랑을 모든 그리스도인이 이 세상에서 얻을 수 있으며 그것이 신자들을 고의적인 죄에서 벗어나게 한다는 주장이다. 이 교리는 존 웨슬리의 가르침으로부터 생겨났고 초기 오순절 운동을 통해 이어졌다. 이런 완전의 성취는 신자의 마음속에서 즉각적으로 일어나는 은혜의 두 번째 역사라고 보는 것이다.

여기서 조금 수정된 견해는 이 두 번째 은혜 이후에 신자는 '고의적인 죄'에 대하여 점점 승리를 거두게 된다는 것이다. 이러한 사람에게 남아 있는 죄는 그것이 어떠한 것이든 우연한 죄이거나 몰라서 짓는 죄다. 그러나 여기에는 두 가지 중요한 오류가 있다. 첫째로 이것은 율법의 준엄한 명령을 약화시킨다. 하나님의 율법의 넓이와 깊이를 진정으로 이해한다면 완전주의자의 입장을 가질 수 없다. 둘째로 완전주의는 자신의 영적 성취를 과장해서 생각하는 것이다. 즉 이러한 견해는 자신의 의를 과장되게 평가하지 않고는 가질 수 없다.

교회사를 통하여 복음주의 교회의 대다수, 특히 개혁주의 교회에서는 이러한 견해를 받아들이지 않았다. 신오순절 운동조차 이 교리를 거의 폐기했다. 마르틴 루터는 거듭난 사람은 의롭다 하심을 받았으면서 동시에 죄인이라고 가르쳤다. 신자는 그리스도의 속죄와 그리스도의 전가된 의 덕분에 하나님께 의롭게 여김을 받는다. 하나님은 그리스도 안에서 신자들을 의롭다 여기신다. 그리스도의 공로를 떠나 신자 자체만 보면 여전히 죄인이다. 물론 성화의 과정을 통해 신자는 죄인의 모습을 점점 벗어가지만, 성화의 과정은 신자가 죽어 영화에 이를 때까지는 끝나지 않는다.

완전은 참으로 그리스도인의 삶의 한 목표다. 우리가 완전을 이루지 못한다는 사실이 죄짓는 핑계가 되어서는 안 된다. 우리는 그리스도인으로서 그리스도 안에서 부르신 그 목표를 향하여 계속해서 앞으로 달려가야 한다.

● 요약 ●

1. 완전주의는 은혜의 두 번째 사역으로, 신자가 완전한 거룩함과 사랑을 이 세상에서 체험한다고 가르친다.
2. 수정된 완전주의는 그리스도인이 고의로 짓는 죄에서 승리할 수 있다고 가르친다.
3. 완전주의는 하나님의 율법을 낮게 보고 인간의 능력을 과장하는 것이다.
4. 우리는 여전히 죄인이지만 하나님은 우리를 의롭다 하신다.
5. 칭의를 받는 순간, 우리에게는 평생 지속되는 성화의 과정이 시작된다.
6. 그리스도인은 오직 죽은 후 영화될 때에 완전해진다.

국가와 교회

참조 성구 | 고후 26:16-20, 시 2:10-12, 롬 13:1-7, 딤전 2:1-4, 벧전 2:13-17

미국에는 교회와 국가의 분리에 대한 글과 이야기가 많다. 원래 이 개념은 두 개의 서로 다른 제도인 교회와 국가 모두 하나님이 만드시고 제정하시며, 하나님의 통치 아래 있다는 점에 주의를 환기시키는 것이었다. 각 기관은 수행하는 일이 다르며 서로의 권위 영역을 침해해서는 안 된다. 복음을 선포하고 성례를 행하고 그 구성원들을 양육하는 일 등은 교회가 할 일이다. 이것은 국가가 하는 일이 아니다. 반면 사회질서를 유지하고 세금을 걷고 기업과 사회를 다스리며 군사력을 유지하고 생명과 재산을 보호하는 등의 일은 정부가 하는 일이다. 이것은 교회의 일이 아니다. 국가는 칼의 힘을 부여받았지만 교회는 그렇지 않다. 사도바울은 이렇게 말한다.

각 사람은 위에 있는 권세들에게 복종하라 권세는 하나님으로부터 나지 않음이 없나니 모든 권세는 다 하나님께서 정하신 바라 그러므로 권세를 거스르는 자는 하나님의 명을 거스름이니 거스르는 자들은 심판을 자취하리라 다스리는 자들은 선한 일에 대하여 두려움이 되지 않고 악한 일에 대하여 되나니 네가 권세를 두려워하지 아니하려느냐 선을 행하라 그리하면 그에게 칭찬을 받으리라 그는 하나님의 사역자가 되어 네게 선을 베푸는 자니라 그러나 네가 악을 행하거든 두려워하라 그가 공연히 칼을 가지지 아니하였으니 곧 하나님의 사역자가 되어 악을 행하는 자에게 진노하심을 따라 보응하는 자니라(롬 13:1-4).

바울은 국가가 하나님의 권위를 받았다고 보았다. 통치자가 권력을 부여 받았을 때 어떤 의미에서 그는 하나님의 사역자로 "안수받은" 것이다. 그의 통치는 하나님으로부터 독립된 것이 아니다. 웨스트민스터 신앙고백은 이렇게 말한다.

대주재시요 온 세계의 왕이신 하나님은 그 아래 위정자들을 세우사 백성을 다스리게 하시되 하나님의 영광과 국민의 공공이익을 위해서 하셨고 그 목적을 이루시기 위하여 저들을 칼의 권세로 무장시키시고 선한 자들을 보호하고 격려하며 악을 행하는 자들을 처벌하게 하셨다. 국가 행정관은 말씀과 성례, 또는 천국 열쇠의 권세를 마음대로 집행하면 안 된다. 즉 조금도 믿음에 관한 일들을 침해해서는 안 된다.[29]

오늘날에는 정교분리가 하나님과 국가를 분리하는 것으로 잘못 해석되고 있다. 국가는 점점 더 하나님의 통치에서 벗어나려 한다. 국가는 자율적 권력과 권위를 가지려 한다. 그래서 교회가 "반칙!"이라고 부르짖으면 교회가 국가의 영역을 침범한다는 비판을 받는다. 그러나 교회는 국가가 되려고 하는 것이 아니다. 교회는 선지자적 비판을 제공함으로써 국가를 하나님께서 제정하시고 다스리는 정부가 되도록 요구하는 것이다.

교회가 얼굴을 붉히지 않고 정치적일 수 있는 경우가 있다. 바로 예수님을 만왕의 왕이요 만주의 주로 선포하는 경우다. 예수님은 최종적인 권세의 보좌에 앉아 계신다. 그러므로 그 아래 있는 모든 권세자들은 자신의 통치권을 사용하는 방법에 대해 궁극적으로 그에게 책임을 져야 한다.

국가 통치자들은 칼의 권세를 부여받았다. 국가는 공의를 수호하고 국경을 방어하기 위해 힘을 사용할 권리가 있다. 국가는 요구나 암시로 통치하지 않는다. 국가는 합법적 강제력을 가진 법으로 통치한다. 그러나 국가가 칼의 권위를 가지고 극형을 내리고 공의의 전쟁을 할 권세를 받았지만, 반드시 그 칼의 사용에 대해 하나님께 책임을 져야 한다.

성경은 그리스도인들에게 가능한 한 시민으로서의 복종을 보여주는 모범이 되라고 한다. 우리는 우리 위의 권세자들을 위해 기도하고 그들의 통치에 복종하고 순종함으로써 그리스도께 영광을 돌린다. 우리는 시민으로서 복종하기 위해 최선을 다해야 한다. 통치자들이 하나님께서 금하신 것을 명령하지 않는 한, 그리고 하나님께서 명하신 것을 못 하게 하지 않는 한 통치자들에게 복종해야 한다. 그러나 이러한 두 가지 경우에는 권세자들에게 불복종해야 한다.

● 요약 ●

1. 교회와 국가는 모두 하나님께서 정하신 서로 다른 기관으로서 각각의 임무에 대해 하나님께 책임을 져야 한다.
2. 국가의 권세는 하나님께서 제정하신 것이고 칼의 권세를 부여받았다.
3. 어떠한 국가도 자율적이지 않으며, 어떠한 국가도 하나님으로부터 분리될 수 없다.
4. 국가가 자율을 추구할 때 그들을 비판하는 것은 교회의 의무다.
5. 국가의 권위에 복종하는 것은 모든 그리스도인의 신성한 의무다. 국가의 법이 하나님의 말씀에 위배되지 않는 한 그리스도인은 그 모든 것을 따라야 한다.

혼인

참조 성구 | 창 2:24, 마 19:1-9, 고전 7장, 엡 5:21-33, 살전 4:3-8, 히 13:4

혼인 제도는 창조 때 하나님께서 명하시고 제정하셨다. 예수님은 가나의 혼인 잔치에 참석하심으로써, 그리고 신약에서 그의 제자들을 통하여 교훈하심으로써 혼인을 인정하셨다. 현대의 결혼식도 대부분 이 점을 반영하고 혼인의 신적 기원을 인정한다. 그러나 현대의 혼인 관계에서 종종 무시하거나 간과하는 것은, 혼인이 하나님의 계명으로 규정된 것이라는 점이다. 하나님의 법은 혼인의 의미와 정당성을 한정하고 있다.

혼인관계는 한 남자와 한 여자 사이의 배타적 관계로, 이 관계에서는 둘이 육체적, 정서적, 지적, 영적으로 연합하여 "한 몸"이 된다. 혼인은 평생 지속되도록 의도된 것이며, 성스러운 맹세와 언약으로 시작되어 육체적인 결합으로 완성된다. 성경은 이 합의가 파기될 수 있는 경우로, 상대방을 버리는 경우와 부정의 경우 두 가지만을 말한다.

혼인한 자에게 부정(不貞)은 금지되어 있다. 혼인 제도는 남자와 여자가 서로를 완성시키고 생육함으로써 하나님의 창조 사역에 참여하게 하기 위해 하나님께서 만드신 제도다. 생육에 필요한 육체적 결합은 영적인 의미도 있다. 그것은 남편과 아내의 영적인 연합을 지향하고 설명한다. 바울은 이 결합을 그리스도와 교회의 연합에 대한 상징으로 사용했는데 이는 구약에서 하나님과 이스라엘 백성 사이의 언약 관계를 혼인 관계로 설명한 것과 같다. 부부간의 정절과 서로를 소중히 여기는 것과 서로 뒷받침해주는 것이 결혼의 핵심이 되어야 한다. 따라서 부정 행위는 혼인 언약을 깨뜨리는 것이며, 피해를 당한 쪽이 이혼 소송을 제기할 수 있는 사유가 된다.

또한, 고린도전서 7장 12-16절에서 바울은 믿지 않는 자에게 믿는 배우자가 버림받았을 경우, 그에게는 혼인 언약을 유지해야 할 의무가 없다고 말한다. 버리는 것은 부정과 마찬가지로 결혼을 설계하신 하나님의 의도를 근본적으로 어기는 일이다.

혼인은 창조 규례다. 반드시 그리스도인이어야 이 제도의 일반 은총을 받는 것은 아니다. 모든 남녀가 결혼할 수 있지만, 그리스도인은 주 안에서만 혼인하라는 부르심을 받았으며, 성경은 그리스도인이 비그리스도인과 혼인하는 것을 명백하게 금하고 있다.

혼인의 질서에서 남편은 아내의 '머리'가 되라고 부름 받았다. 아내는 주께 하듯 남편에게 순종해야 한다. 남편은 아내를 사랑하고 그리스도께서 자신의 신부인 교회를 사랑하여 자신을 내어주신 것처럼 아내에게 자신을 희생적으로 내주어야 한다.

● 요약 ●

1. 혼인은 하나님께서 제정하시고 규정하셨다.
2. 혼인은 일부일처제다.
3. 혼인 안에서만 허락되고 명하여진 육체적 결합은 남편과 아내의 영적 연합을 반영한다.
4. 혼인은 성경에서 그리스도와 교회 사이의 관계를 상징적으로 설명하는 데 사용된다.
5. 혼인은 창조 규례로 모든 사람에게 주어진 것이다. 교회는 사람들의 결혼을 인정한다. 그러나 그리스도인은 '주 안에서' 결혼하라는 부름을 받았다.
6. 하나님은 혼인의 질서를 말씀하신다. 부부는 각각 하나님께서 주신 특정한 명령에 순종해야 한다.

이혼

참조 성구 | 마 5:31-32, 마 19:3-9, 롬 7:1-3, 고전 7:10-16

이혼이 유행처럼 번져버린 오늘날의 사회에서 이혼 문제는 시급히 다루어야 할 과제가 되었다. 이혼의 급속한 확산과 그로 인한 법적인 문제들 때문에 법은 무과실 이혼을 위한 절차를 손쉽게 하는 쪽으로 변화하고 있으며, 이혼이 점점 더 쉬워짐에 따라 이혼 가속화가 더욱 심해지고 있기 때문이다.

성경은 이혼을 피상적으로 다루지 않는다. 이것에 대한 예수님의 가르침은 1세기 랍비들 사이의 논쟁에서 비롯되었다. 이혼의 정당한 근거에 대해서는 자유주의자들과 보수주의자들 사이에 불일치가 계속되고 있다. 예수님은 이 문제에 대하여 이렇게 말씀하셨다.

바리새인들이 예수께 나아와 그를 시험하여 이르되 사람이 어떤 이유가 있으면 그 아내를 버리는 것이 옳으니이까 예수께서 대답하여 이르시되 사람을 지으신 이가 본래 그들을 남자와 여자로 지으시고 말씀하시기를 그러므로 사람이 그 부모를 떠나서 아내에게 합하여 그 둘이 한몸이 될지니라 하신 것을 읽지 못하였느냐 그런즉 이제 둘이 아니요 한 몸이니 그러므로 하나님이 짝지어 주신 것을 사람이 나누지 못할지니라 하시니(마 19:3-6).

우리는 여기서 바리새인들이 자유로운 이혼에 관하여 질문했을 때 예수님은 곧장 그들을 성경과 하나님이 원래 제정하신 혼인에 주목하게 하셨음을 알 수 있다. 예수님은 혼인이 평생 지속되도록 의도한 것임을 강조하셨다. 그는 한 몸이 된 남편과 아내의 결합을 사람이 나눌 수 없다고 하셨다. 하나님만이 혼인을 파기할 근거를 정하실 수 있는 권위를 갖고 계시다.

논쟁은 계속된다.

여짜오되 그러면 어찌하여 모세는 이혼 증서를 주어서 버리라 명하였나이까 예수께서 이르시되 모세가 너희 마음의 완악함 때문에 아내 버림을 허락하였거니와 본래는 그렇지 아니하니라 내가 너희에게 말하노니 누구든지 음행한 이유 외에 아내를 버리고 다른 데 장가드는 자는 간음함이니라 (마 19:7-9).

예수님의 대답을 잘 살펴보면 구약의 법에 대한 바리새인들의 그릇된 이해를 예수님께서 논박하신다는 점을 알 수 있다. 모세는 이혼의 근거들을 '명령'한 것이 아니라 '허용'한 것이었다(모세는 하나님의 대변인이었다. 이렇게 하나님의 원래 의도에서 벗어나는 것을 허락하신 분은 하나님이셨고 그것은 죄가 들어와서 혼인을 파괴했기 때문이었다). 예수님은 이러한 허용이 오직 죄(마음의 완악함) 때문에 일어난 것이며 이것이 혼인의 본래 의도를 무효화시키는 것은 아니라는 점을 상기시키셨다.

그 다음 예수님은 이 문제(성적 부정의 이유 외에는 이혼을 금지한 것)에 대한 자신의 설명을 내놓으셨다. 재혼과 간음에 대한 예수님의 말씀은 불법적이고 타당하지 않은 이혼과 연관

> *성경에서 이혼을 허용하는 경우
> 성경은 원칙적으로 이혼을 금하며 (막 10:8-9; 눅 16:18; 롬 7:2-3) 특히 하나님은 부당한 이혼을 미워하신다(말 2:14-16). 그러나 인간의 완악함으로 인해 몇몇 경우에 이혼이 허락되었으며 그 경우는 다음과 같다.
> - 간음한 경우
>   (마 19:9; 막 10:11-12)
> - 수치스러운 일을 행한 경우
>   (신 24:1)
> - 이방 여인과 결혼하는 등 종교적인 경우
>   (스 10:11-16; 고전 7:12-15)

지어 이해해야 한다. 만일 하나님이 허락하지 않은 이혼을 사람이 허락한다면, 그 부부는 하나님 보시기에 여전히 결혼한 상태다. 그러므로 불법적으로 이혼한 사람들의 재혼은 간음 관계에 들어가는 것이 된다는 의미다.

후에 바울은 믿지 않는 자에게 버림받은 믿는 자의 경우, 이혼을 할 수 있다고 허용의 범위를 확장했다(고전 7:10-15). 웨스트민스터 신앙고백에서는 이 문제를 이렇게 요약한다.

약혼 후의 간음이나 간통이 결혼 전에 발각되면 순전한 편에서 파혼할 수 있는 정당한 근거가 된다. 결혼 후에 범한 간음의 경우에도 순결한 편에서 이혼 소송을 제기하는 것은 합법적이며 이혼 후에 마치 불결했던 자가 죽은 것처럼 다른 사람과 결혼해도 합법적이다. 비록 인간의 타락성이 커서 연구할 논란의 대상이 되고 하나님이 결혼으로 짝지어주신 자들도 부당하게 나누어지기 쉽지만, 간음 또는 교회나 국가 행정 기관도 구제할 길이 없도록 고의로 버린 것 외에는 그 어떤 것도 결혼을 취소할 충분한 이유가 될 수 없다. 그러므로 이혼을 할 때는 공적으로 순서에 따라 절차를 밟아야 하고 관계된 사람들이 자기 뜻대로 하거나 자기 소견에 좋은 대로 처리하게 해서는 안 된다.

● 요약 ●

1. 성경은 '무과실' 이혼을 허용하지 않는다.
2. 예수님은 바리새인들의 자유주의적 이혼관을 받아들이지 않았다.
3. 모세는 이혼을 허용했을 뿐 명령하지 않았다.
4. 예수님은 성적 부정을 저지른 경우의 이혼을 허락하셨다.
5. 예수님은 불법적으로 이혼한 사람과 재혼하는 것도 간음이라고 말씀하셨다.
6. 바울은 믿지 않는 자에게 버림받는 것을 이혼의 한 가지 사유로 보았다.

10부

마지막 때

Essential Truths
of the
Christian Faith

097

적그리스도

참조 성구 | 살후 2:1-12, 요일 2:18-23, 요일 4:1-6, 요이 1:7

성경에 나타난 적그리스도의 모습은 그리스도인들 사이에서뿐 아니라 세속 문화에서도 많은 흥미를 불러일으켜 할리우드 영화와 기상천외한 소설의 소재로 사용되었다. 적그리스도는 가장 근원적인 악한이며, 모든 악을 보여주는 최고의 '악당'이다.

신약성경에 나타나는 적그리스도는 불가해한 점을 가지고 있다. 때문에 적그리스도의 역할과 성격을 둘러싼 많은 혼란과 논쟁이 있다. '적'(anti-)이라는 접두사는 '-에 반(反)하는', 혹은 '-를 대신하는'이라는 뜻을 가지고 있다. 적그리스도는 그리스도를 대적할 뿐 아니라 그리스도께 합당한 자리를 넘보는 존재다. 그는 사람들에게 자신이 참그리스도라고 속이는 거짓 그리스도다.

논쟁은 적그리스도의 정체를 둘러싸고 계속해서 일어났다. 적그리스도는 인격인가, 힘인가, 아니면 어떤 제도인가? 적그리스도는 종교적 인물인가, 정치적 인물인가, 아니면 두 가지 모두에 해당하는가? 적그리스도는 오직 하나인가, 아니면 다수인가?

그리스도인들은 종종 적그리스도가 네로, 히틀러, 무솔리니 등과 같은 역사 속의 특정 인물이라고 생각했다. 또 많은 종교개혁가들은 로마의 교황 제도를 적그리스도의 제도로 간주했다. 그러나 다른 사람들은 아직 드러나지 않은 인물이나 세력이 적그리스도일 것이라고 생각한다.

요한은 "많은 적그리스도"(요일 2:18)와 "이미 이 세상에 있는 적그리스도의 영"(요일 4:3)에 대하여 말한다. 따라서 우리는 사도 시대로부터 그리스도의 재림에 이르는 시기에 적어도 영과 힘으로 많은 적그리스도가 나타날 거라는 결론을 내릴 수 있다.

> **적그리스도가 하는 일**
> - 사탄의 역사(살후 2:9–10)
> - 그리스도를 대적함(살후 2:4)
> - 진리를 훼손함(요일 4:3)
> - 세상을 미혹함
>   (마 24:5; 요일 1:7; 계 19:20)
> - 성도들과 싸움(계 13:7)

사도바울은 그리스도께서 재림하시기 전에 적그리스도의 특별한 출현이 있을 것이라고 말한다. 이 "불법의 사람"은 사탄의 역사를 따라 임할 것이며 "하나님의 성전"에서 자기의 능력을 나타낼 것이다(살후 2:1–12). 어떤 사람들은 이 일이 성전 예배가 이스라엘에 회복될 때에만 일어날 것이라 믿고, 다른 이들은 이것이 신약의 "성전"인 기독교 교회에서 출현할 것을 가리킨다고 해석한다.

적그리스도의 출현은 교회의 엄청난 배교와 연관되어 있다. 아마도 세속 정부와 종교 제도와의 연합이 나타날 것이다. 적그리스도의 목표는 하나님의 백성과 전쟁을 일으켜 그리스도와 그의 나라를 멸망시키는 것이다. 그러나 성경은 적그리스도의 어마어마한 힘과 영향력에도 불구하고 그가 패배하고 심판받고 파멸하는 것이 분명함을 우리에게 확언한다. 즉 적그리스도는 결국 참되시고 살아 계신 그리스도의 적수가 되지 못한다.

● 요약 ●

1. 적그리스도는 그리스도를 '대적'하고, 그리스도의 자리를 넘본다.
2. 적그리스도는 교회사를 통하여 사람과 제도로 나타났다.
3. 성경은 마지막 때에 엄청난 힘과 영향력을 가진 적그리스도의 특별한 출현이 있을 것을 예언했다.
4. 적그리스도는 그리스도께 패할 것이다.

그리스도의 재림

참조 성구 | 마 24:1-25:46, 마 26:64, 눅 21:5-36, 행 1:4-11, 살전 4:13-5:11
딛 2:11-14

모든 세대의 교회는 그리스도의 재림 약속을 기쁜 마음으로 고대해왔다. 예수님의 초림은 우리의 구속을 이루셨고, 예수님의 재림은 하나님 나라의 완성에 대한 교회의 복된 소망이다.

그리스도의 재림을 나타내는 용어로 신약에 가장 자주 사용되는 것은 '파루시아'(Parousia)다. 파루시아는 마지막 때 영광 중에 있을 예수님의 나타나심, 현현, 도래를 말한다. 또한 이것은 그리스도의 약속된 재림, 즉 도래에 대한 교회의 기대를 나타낸다.

성경은 예수님의 재림이 인격적이며 가시적일 것이라고 가르친다. 그는 능력으로 재림하실 것이지만, 그 이상이 될 것이다. 그가 친히 오실 것이기 때문이다. 그의 재림은 은밀하지도 보이지 않지도 않을 것이다. 승천하실 때와 마찬가지로 영광의 구름을 타고 재림하실 것이다. 또한 천사의 음성과 함께 귀에 들리는 하늘의 나팔 소리가 있을 것이다.

그리스도가 재림하실 때 교회는 그분을 만나기 위해 공중으로 들려지는 휴거를 경험하게 될 것이다. 휴거는 공개적으로 눈에 보이게 이루어질 것이다. 휴거의 목적은 그리스도가 "순간의" 재림으로 돌아오실 때까지 잠시 동안 선택받은 자들을 이 땅에서 데려가려는 것이 아니다. 휴거의 목적은 그가 돌아오실 때 성도들이 공중에서 예수님을 만나게 하여, 그가 하늘로부터 승리의 재림을 하실 때 거기에 참여하는 자가 되게 하는 것이다. 이와 같이 그의 재림은 모든 영혼의 부활과 마지막 심판과 세상의 종말을 수반하게 된다.

모든 세대의 그리스도인들은 깨어서 파루시아를 기다리라는 부르심을 받았다. 마치 밤에 도둑이 들 때처럼 그리스도의 재림에 놀라지 않도록 말이다. 우리는 또한 현재 우리의 수고에 대한 격려로 이 놀라운 그리스도 현현의 미래를 되새기라고 권유받는다.

그리스도가 재림하실 날과 시간은 아무도 모른다. 많은 이들이 그때를 계산하려고 했지만 예측이 모두 빗나감으로써 곤란한 지경에 빠졌을 뿐이다. 성경은 우리에게 깨어있으라고 명한다. 우리는 늘 그리스도의 재림이 가까이 왔음을 알리는 신호를 살펴야 한다. 그리스도의 재림이 지체되어 어떤 이들은 낙망하지만, 하루하루 재림의 날이 가까워지고 있다.

> **＊재림을 기다리는 성도의 자세**
> – 예수의 재림을 확신해야 한다
>   (욥 19:25-26)
> – 그날이 가까워짐을 생각해야 한다
>   (롬 13:11-12; 빌 4:5; 벧전 4:7)
> – 늘 깨어 예비하며 기다려야 한다
>   (마 24:44; 막 13:35-37; 고전 1:7;
>   빌 3:20; 살전 1:10; 딛 2:13)
> – 그날을 간절히 사모해야 한다
>   (딤후 4:8; 벧후 3:12)
> – 끝까지 인내해야 한다
>   (살후 3:5; 약 5:7-8)

● 요약 ●

1. 교회는 약속된 그리스도의 재림을 확신한다.
2. 그리스도의 파루시아는 인격적이고 가시적으로 이루어질 것이다.
3. 그리스도는 승천하실 때처럼 영광의 구름 속에서 재림하실 것이다.
4. 교회는 그리스도가 오실 날을 깨어 기다려야 한다. 그러나 재림의 날과 시간을 독단적으로 예측하는 어리석음은 피해야 한다.

하나님의 나라

참조 성구 | 시 10:16-18, 시 22:27-31, 단 2:44, 요 18:36, 히 1:8-14

세계 역사에는 다양하고 많은 종류의 정부가 있었다. 가장 흔한 형태로는 군사력으로 통치하는 독재, 법으로 통치하는 공화제, 다수결로 통치하는 민주제, 그리고 입헌 군주제(군주의 권한이 제한되는)와 절대 군주제(군주의 말이 곧 법이 되는)의 두 가지 군주제가 있다.

하나님의 나라는 절대 군주제다. 하나님을 제한하는 외부의 법이 없다. 피지배자들을 다스리기 위해 그들의 동의를 받아낼 필요가 없다. 국민 투표나 다수결에 제한받지 않으신다. 그의 말씀이 법이다. 그의 통치는 절대적으로 주권적이다.

어떤 군주제에서든 왕에 대한 존경과 충성은 지극히 중요하다. 그러나 하나님의 나라만큼 이러한 요소들이 더 중요한 나라는 없다. 그러나 인류의 근본적인 죄는 하나님을 하나님으로 존경하는 것(롬 1:21)을 거부하고 왕 중의 왕께 충성하지 못하게 한다.

하나님의 나라라는 주제는 구약과 신약 전체를 관통하는 중심 주제다. 이 주제는 백성에 대한 하나님의 통치를 강조한다. 오실 메시아는 만왕의 왕, 만주의 주로서 하늘 보좌에 오르실 하나님의 기름부음 받은 왕으로 선포된다.

구약에서는 그 나라가 미래에 올 것이라고 말한다. 그리고 신약은 세례요한의 "천국이 가까이 왔느니라"(마 3:2)라는 선포로 시작된다. 그 역사적 상황은 "이미 도끼가 나무뿌리에 놓였다"(마 3:10), "손에 키를 들고"(마 3:12)라는 표현 등으로 묘사된다. 두 이미지 모두 그때가 매우 임박했음을 알리는 것이다. 신약의 복음을 예고한 것은 하나님 나라가 역사 속에 들어왔다는 것이었다. "왕이 오신다"고 한 요한의 메시지는 그 때가 임박함을 알리는 것이었다.

예수님이 하신 설교의 강조점 역시 하나님 나라의 복음 선포에 있다. 그는 하나님 나라가 권능으로 임했으며 그의 백성 가운데 있다고 선언하신다. 승천하실 때 예수님은 제자들에게 세상에서 그의 증인이 되라고 명령하셨다. 그들은 왕 중의 왕이신 예수님이 통치하신다는 것을 증거해야 한다. 우주의 왕이신 예수님의 현재 지위는 눈에 보이지 않는다. 세상은 그의 주권을 모르거나 부정한다. 그러므로 보이지 않는 하나님 나라에 대하여 보이는 증거를 주는 것이 교회의 임무다.

예수님은 하나님 나라를 시작하셨다. 그는 이미 하늘 보좌에 앉아계신다. 그러나 소수의 충성된 종들과 함께 망명 생활을 하는 왕과 같다. 그러나 재림하시면, 그는 자신의 통치를 완성하실 것이다.

신약은 하나님 나라가 현재적이며 또한 미래적이라고 말한다. 하나님 나라는 이미 임했으며 또한 아직 오지 않았다. 그리스도인들은 이 두 가지 면을 모두 이해하고 받아들여야 한다. 그 나라를 이미 실현된 것으로 보거나 완전히 미래적인 것으로 보는 것은 신약의 메시지를 왜곡하는 일이다. 우리는 이미 보좌에 앉으신 왕을 섬긴다. 그러나 우리는 영광 중에 임하실 그의 승리의 재림을, 그리하여 모든 무릎이 그 앞에 꿇게 될 때를 기다린다.

● **요약** ●

1. 하나님 나라는 절대권으로 통치된다.
2. '하나님 나라'라는 주제는 구약과 신약을 연결한다.
3. 신약은 예수님이 오시고 보좌에 오르심으로써 하나님 나라가 도래했음을 선언한다.
4. 하나님 나라는 이미 존재하지만 예수님의 영광의 재림 때에 완전히 완성될 것이다.

천국

참조 성구 | 고전 15:50-57, 고후 5:1-8, 벧전 1:3-9, 계 21-22장

"당신과 함께 있는 곳 …… 거기가 천국이야."라는 노래 가사가 있다. 사랑하는 사람과 가까이 있는 것은 정말 복된 일이다. 지옥의 비참함에 견줄 만한 것이 이 땅에 없는 것처럼 천국의 경이로움을 정확하게 비유할 만한 기쁨도 이 땅에는 없다.

성경에는 지옥을 무시무시하고 소름끼치게 나타내는 이미지도 있지만, 천국에 대한 풍요롭고 희망적인 이미지들도 있다. 천국은 낙원, 아브라함의 품, 하늘에서 내려오는 영화로운 성으로 비유된다. 새 예루살렘은 빛나는 황금길, 값진 보석으로 둘러싸인 곳, 영원한 기쁨이 있는 곳으로 묘사된다.

천국에 관해 가장 주목할 점은 거기에 있는 것들과 없는 것들이다. 천국에 없는 것들은 다음과 같다. ①눈물, ②슬픔, ③죽음, ④고통, ⑤흑암, ⑥불경건한 자들, ⑦죄, ⑧성전, ⑨해와 달, ⑩아담의 죄로 인한 저주(창 3:14-19 참조).

반면 천국에 있는 것들은 다음과 같다. ①성도들, ②생명수가 흐르는 강, ③생명나무, ④하나님의 어린양, ⑤예배, ⑥어린양과 신부의 혼인 잔치, ⑦드러난 하나님의 얼굴, ⑧의의 태양.

천국은 그리스도께서 계시는 곳이다. 신인(神人)이신 분과 교통한다는 것은 영원한 행복이다. 조나단 에드워즈는 성도들이 천국에서 맛보게 될 기쁨을 표현하기 위하여 다음과 같은 글을 썼다.

(성도들은) 사랑의 바다에서 헤엄칠 것이다. 하나님의 사랑이라는 무한히 밝고 무한히 부드러우며 달콤한 빛에 영원히 감싸일 것이며, 영원히 빛을 받고 영원히 빛으로 충만하며, 영원히 빛으로 감싸이며, 영원히 그 빛을 근원으로 반사할 것이다.[30]

> ***천국의 특징**
> - 이 세상에 속하지 않음 (요 18:36)
> - 불신자에게 허락되지 않음 (눅 8:10)
> - 그리스도를 믿는 자들 속에 내재함 (눅 17:21)
> - 능력으로 역사함 (고전 4:20)
> - 영원함 (시 145:13; 벧후 1:11)
> - 사망과 애통과 곡하는 것이 없음 (계 21:4)

성도들이 구주 및 하나님과 교제하는 기쁨을 누리겠지만, 이 땅에서 알고 지냈던 사람들을 알아보지 못하거나 교제하지 않는다고 말할 만한 근거는 없다. 즉 천국은 모든 좋은 것이 있는 곳이다.

또한 천국에서 누릴 복에는 등급이 있다. 바울은 이것을 설명하기 위하여 같은 하늘에서 빛나는 별들 사이에도 밝기의 차이가 있다는 점을 비유로 들었다. 그러나 몇 가지 사항은 분명히 해야 한다.

첫째, 모든 별이 빛난다. 즉 천국에 불행은 없다. 모든 이들이 상상을 초월하는 복을 누릴 것이다. 둘째, 그리스도의 구속 사역은 모든 성도에게 똑같은 효력을 지닐 것이다. 마지막으로 신자들의 '행위', 즉 '공로'는 크든 작든 그 자체는 유익이 없을 것이다. 오히려 그 행위가 칭찬할 만한 것인지를 결정하는 것은 하나님의 주권적인 뜻에 달려 있다. 하나님은 오로지 그리스도 때문에 그렇게 하신다. 지옥의 가장 큰 공포는 그것이 영원하다는 것이지만, 천국의 가장 큰 기쁨 중 하나는 그 기쁨이 절대로 끝이 없다는 확신이다. 마지막 원수인 사망도 더 이상 없을 것이다. 누가복음 20장 34-38절은 신자들에게 하늘의 상급이 영원하다는 사실을 확신시켜준다.

천국의 가장 큰 기쁨은 하나님을 직접 대면하는 지복직관(至福直觀)이다. 그러나 이 말할 수 없는 기쁨은 영혼의 눈을 통해서 온다. 하나님은 영이시다. 그러므로 선택받은 자들은 영으로 그를 볼 것이다. 이것이 그리스도로 말미암아 그의 자녀들이 누리는 상급이다.

● 요약 ●

1. 천국에는 고통과 죽음을 가져오는 모든 것이 존재하지 않는다.
2. 천국은 죄와 죄의 결과가 존재하지 않는 곳이다.
3. 천국은 신자들이 그리스도의 직접적인 임재를 누리는 곳이다.
4. 천국은 영광의 하나님을 대면하여 보는 지복직관이 있는 곳이다. 지복직관은 이생에서는 불가능하다.
5. 천국은 하나님께서 주신 상급을 영원히 누리는 곳이다.
6. 세상의 지식이나 경험으로는 우리가 천국에서 누릴 기쁨의 충만함을 어렴풋하게라도 알 수가 없다.

지복직관

참조 성구 | 출 32:1-33:23, 민 6:24-26, 마 5:8, 요 14:1-11, 계 22:1-5

부모님이 가르쳐 주신 하나님에 대한 개념 때문에 고민했다는 어린 소년의 이야기가 있다. 소년이 가장 괴로워했던 것은 하나님을 눈으로 볼 수 없다는 사실이었다. 볼 수 없는 하나님을 어떻게 예배하고 섬길 수 있겠는가? 소년은 "눈에서 멀어지면 마음에서도 멀어진다"는 격언을 이미 알고 있었다. 하나님을 볼 수 없다는 사실 때문에 절망한 소년은 "난 하나님을 만지고 싶어!" 하고 외쳤다.

하나님을 보고 싶다는 열망은 아마 인류가 우상을 섬기게 만드는 한 요인이 될 것이다. 돌이나 나무로 만든 우상은 귀먹고 말 못하고 우리를 도와줄 수 있는 아무런 힘도 없지만 최소한 눈으로 볼 수 있다. 즉 우상은 하나님의 위엄을 눈으로 보고 싶어 하는 우리의 열망을 만족시키기 위해 고안된 대체물이다.

바울은 이렇게 말한다. "썩어지지 아니하는 하나님의 영광을 썩어질 사람과 ……모양의 우상으로 바꾸었느니라"(롬 1:23). "하나님의 진리를 거짓 것으로 바꾸어 피조물을 조물주보다 더 경배하고 섬김이라 주는 곧 영원히 찬송할 이시로다 아멘"(롬 1:25).

제자들도 하나님의 얼굴을 직접 보고 싶다는 열망을 표현했다. 그들 역시 하나님을 볼 수 없다는 사실에 고심하고 있었다. 예수님께서 제자들과 함께 다락방에서 최후의 만찬을 나누실 때 빌립은 "주여 아버지를 우리에게 보여 주옵소서"(요 14:8)라고 말했다. 빌립은 모든 신자들을 대표하여 말한 것이다. 하나님을 직접 한 번만 본다면 우리의 소원은 해결될 것이다. 그의 거룩한 영광을 눈으로 본다면 더 이상 바랄 것이 없을 것이다. 그러면 영혼이 만족하고 고민하는 영이 평온을 되찾을 것이다.

예수님이 제자들의 질문을 못 견뎌하셨던 적이 있다면 바로 제자들의 이러한 요구가 있었을 때일 것이다. "빌립아 내가 이렇게 오래 너희와 함께 있으되 네가 나를 알지 못하느냐 나를 본 자는 아버지를 보았거늘 어찌하여 아버지를 보이라 하느냐"(요 14:9).

예수님은 지상 사역 초기에 팔복으로 시작되는 산상 수훈을 설교하셨다. 거기서 예수님은 마음이 청결한 자가 하나님을 볼 것이라고 말씀하셨다. 사실 하나님께서 우리 눈에 보이지 않는 상태로 계시다는 것은 우리가 섬기고 사랑하는 지고의 대상을 보고 싶어 하는 인류에게 부담이다. 하나님께서 에덴동산에 빗장을 지르시고 그룹들에게 화염검을 들고 지키게 하신 순간부터 어떤 인간도 수건을 벗은 얼굴로 하나님을 볼 수 없었으며 하나님의 밝히 드러난 영광을 보게 해달라는 모세에게조차 하나님은 "얼굴은 보지 못하리라"(출 33:23)고 대답하셨다.

그러나 구속받은 자들은 마침내 수건을 벗고 순전한 하나님의 영광을 직접 볼 수 있는 순간을 고대한다. 지금 우리가 그것을 인식할 수 없는 이유는 우리의 시력이 나쁘기 때문이 아니라 우리 마음에 청결함이 없기 때문이다. 우리가 하늘에서 영화롭게 되어 우리 마음이 정결하게 되면, 영광 중에 계신 하나님을 보는, 말로 할 수 없는 큰 복을 누리게 될 것이다.

이것이 지복직관이라고 불리는 이유는 하나님을 보는 것에 인간의 궁극적인 행복이 수반되기 때문이다. 이스라엘의 가장 지고한 감사의 기도는 "여호와는 네게 복을 주시고 너를 지키시기를 원하며 여호와는 그의 얼굴을 네게 비추사 은혜 베푸시기를 원하며 여호와는 그 얼굴을 네게로 향하여 드사 평강 주시기를 원하노라 할지니라"(민 6:24-26)였다.

요한은, 천국에 관해서는 비밀에 속한 것이 많지만 "우리가 그와 같을 줄을 아는 것은 그의 계신 그대로 볼 것이기 때문이니"(요일 3:2)라는 말씀으로 이 정도는 확신할 수 있음을 약속해준다.

이 약속은 천국에서는 하나님이 신현(神現, 불타는 떨기나무처럼 하나님의 영광이 외적으로 현현되는 것) 이상으로 자신을 보여주실 것을 말해준다. 그 모습은 불타는 떨기나무나 구름 기둥을 능가할 것이다. 우리는 외적인 표시나 반사된 형상 이상을 볼 것이다. 우리는 그의 모습 그대로를 볼 것이다. 어떤 면에서 우리는 그분과 함께 있을 것이며 그분을 만질 필요조차 없어질 것이다.

● 요약 ●

1. 하나님을 볼 수 없다는 사실은 우상숭배를 야기하는 원인이 되기도 한다.
2. 그리스도는 하나님의 온전한 형상을 보이셨다. 그를 보는 것은 아버지를 보는 것이다.
3. 하나님을 보는 것은 마음이 청결한 자에게 약속되어 있다.
4. 유한한 인간은 천국에서 청결하게 되었을 때에 비로소 하나님의 얼굴을 볼 수 있다.
5. 미래에 보게 될 하나님의 모습은 우리의 영혼을 행복으로 충만케 하기 때문에 "지극히 복되다"(지복)고 불린다.

지옥

참조 성구 | 마 8:11-12, 막 9:42-48, 눅 16:19-31, 유 1:3-13, 계 20:11-15

우리는 "전쟁은 지옥이다." 혹은 "완전히 지옥이었어."라는 말을 종종 듣는다. 물론 이러한 표현들은 문자 그대로 그렇다는 말이 아니다. 다만 인간이 경험할 수 있는 가장 지독하고 무서운 것을 지옥이라는 말로 표현하는 것이다. 그러나 인간의 경험 중 지옥에 견줄 만한 것은 아무것도 없다. 우리가 여기에서 경험할 수 있는 모든 고통 중에 가장 지독한 것을 상상한다 할지라도 우리의 상상은 지옥의 무시무시한 실제에 미치지 못한다.

지옥이라는 말을 흔한 저주의 말로 사용한다면 그것은 지옥을 하찮게 만들어버리는 일이다. 또한 그 말을 가볍게 사용하는 것은 그 개념을 가볍게 취급하거나 심심풀이로 보려는 인간의 어설픈 시도다. 우리는 우리에게 가장 공포를 주는 것의 손톱이나 어금니를 뽑아서 그 위협적인 힘을 감소시키려는 부질없는 노력을 함으로써, 그것을 가볍게 넘기려는 경향이 있다.

성경에는 지옥의 개념보다 더 소름끼치고 공포를 불러일으키는 것이 없다. 이것이 우리에게 너무 인기가 없기 때문에 그리스도께서 직접 가르치신 것 외에는 아무것도 믿지 않으려 한다.

지옥에 관한 가르침은 대부분 예수님의 말씀에서 나왔다. 따라서 그리스도의 가르침에 대한 그리스도인의 충성을 나타내는 것이 바로 이 교리다. 현대 그리스도인들은 예수님의 가르침을 벗어나거나 약화시키려고 애쓰는 가운데 지옥을 최소한으로 축소시켰다.

성경은 지옥을 바깥 어두운 곳, 불못, 울며 이를 가는 곳, 하나님의 복으로부터 영원히 단절되는 곳, 감옥, 구더기도 타거나 죽지 않는 고통의 장소로 묘사하고 있다. 영원한 형벌에 대한 이러한 생생한 이미지들은 우리로 하여금 '과연 이러한 것을 문자 그대로 받아들여야 하는가, 아니면 상징에 불과한가?'라고 질문하게 만든다.

나는 가끔 이것들이 상징이 아닐까 생각한다. 그러나 그것이 위안이 되지는 못한다. 우리는 이것을 단순한 상징으로 생각해서는 안 된다. 지옥의 죄인은 불못이라는 이미지로 표현된 지옥의 실재를 거처로 삼는 것보다 문자 그대로의 불못에 사는 게 더 나을 것이다. 이러한 이미지들이 정말 상징이라면 우리는 지옥의 실재가 상징보다 더 심하다고 결론 내려야 한다. 왜냐하면 상징은 그 상징이 담아낼 수 있는 것보다 한 단계 더 높거나 정도가 더 심한 것을 표현하기 때문이다. 따라서 예수님이 지옥을 묘사하기 위해 상상할 수 있는 가장 무서운 상징들을 사용하신 것이 그것들을 단순하게 상징으로 보려는 사람들에게 위로를 주지 않는다.

"지옥은 하나님으로부터 분리를 표현하는 상징이다."라는 말을 듣고 안도의 한숨을 내쉬는 사람들이 있다. 하나님으로부터 분리되는 것은 회개하지 않은 사람에게 큰 위협이 되지 못한다. 경건치 않은 사람이 원하는 것은 바로 하나님으로부터 분리되는 것이다. 그러나 지옥에서의 문제는 하나님으로부터 분리가 아니다. 그들을 괴롭히는 것은 하나님의 임재다. 지옥에서 하나님은 그 거룩한 진노의 충만함 가운데 임재하신다. 하나님은 저주받은 자들에게 자신의 공의로운 형벌을 시행하시기 위해 지옥에 계신다. 그들은 온전히 소멸하는 불이신 하나님을 알게 될 것이다.

지옥의 개념을 어떻게 분석하든, 그곳은 잔인하고 특별한 형벌의 장소로 보이곤 한다. 그러나 지옥 개념에서 위로를 받을 수 있는 것이 있다면, 그것은 지옥에는 잔인함이 없다는 확신이다. 하나님이 잔인하다는 것은 있을 수 없는 일이다. 잔인함이란 범죄에 비해 더 엄하고 혹독한 처벌을 가하는 것이다. 이러한 의미에서 잔인함은 공의롭지 못한 것이다. 하나님이 부당한 형벌을 가하신다는 것은 있을 수 없는 일이며, 온 세상의 심판자께서는 반드시 옳은 일만 하신다. 따라서 죄 없는 사람은 하나님의 손에 고통을 당하지 않는다.

지옥이 갖는 가장 무서운 면은 아마도 영원성일 것이다. 사람들은 아무리 큰 고통이라도 그것이 결국에는 끝날 것을 알면 견딜 수 있다. 그러나 지옥에서는 그러한 희망이 없다. 성경은 지옥의 형벌이 영원하다고 분명하게 가르친다. 영원한 생명과 영원한 죽음이라는 말에 똑같이 '영원'이라는 단어가 사용된다. 형벌은 고통을 의미한다. 일부에서 주장하는 것처럼 단순히 (영혼이) 소멸되는 것이라면 고통은 없다.

조나단 에드워즈는 요한계시록 6장 15-16절을 본문으로 설교하면서 이렇게 말했다. "사악한 사람들은 저 세상에서 하나님의 진노로부터 도망치기 위해 자신들이 무(無)가 되어, 존재하는 것을 영원히 멈추기를 간절히 바라게 될 것이다."[31]

이와 같이 지옥은 영원히 불타는 하나님의 의로운 진노 앞에서 영원하다. 지옥의 고통은 피할 수 없고 줄어들지도 않는다. 이 점을 이해하는 것은 우리가 그리스도께서 이루신 일에 감사하고 그분의 복음을 전파하는 데 있어서 매우 중요하다.

● 요약 ●

1. 지옥의 고통은 이 세상에서 경험하는 그 어떤 비참함보다도 가혹하다.
2. 예수님은 지옥에 관해 분명하게 가르치셨다.
3. 성경에 나오는 지옥에 관한 묘사들이 상징이라면 지옥의 실체는 그 상징들보다 더 심할 것이다.
4. 지옥에는 진노와 심판의 하나님께서 임재하신다.
5. 지옥에는 잔인함이 없다. 지옥은 완벽한 공의의 장소다.
6. 지옥은 영원하다. 거기서는 회개할 수도, 소멸될 수도 없다.

주

1) J. V. Langmead Casserley, Apologetics & Evangelism(Louisville:Westminster, 1970).
2) John Stott, Christ the Controversialist(Downers Grove, Ill.:InterVarsity Press, 1970).
3) John Bunyan, Pilgrim's Progress(Wheaton, Ill.:Tyndale House Publishers, 1991), 11-15.
4) Allan Bloom, The Closing of the American Mind(New York:Simon & Schuster, 1987).
5) C. S. Lewis, "On the Reading of Old Books", in God in the Dock:Essays on Theology and Ethics(Grand Rapids:Eerdmans, 1970), 204-205.
6) John Calvin, Institutes of the Christian Religion, trans. Henry Beveridge, 2 vols., bk. I(Grand Rapids:Wm B. Eerdmans, 1975), 43.
7) Roland H. Bainton, Here I Stand:A Life of Martin Luther(Nashville:Abingdon Press, 1978).
8) Westminster Confession of Faith(Committe for Christian Education & Publication, Presbyterian Church in America, 1990), chap. 5, sec. 1.
9) Westminster Confession, chap. 8, sec. 1.
10) Calvin, Institutes, bk. II, 1:448.
11) Calvin, Institutes, bk. II, 1:425-429.
12) Martin Luther, Bondage of the Will(Old Tappan, NJ:Revell, 1957), 70.
13) Calvin, Institutes, bk. I, 1:71-72.
14) William Shakespeare, The Complete Works of Shakespeare, ed. David Bevington, 3d ed. (Glenview, Ill.:Scott, Foresman and Co., 1980), act 5, sc. 5, lines 24 - 28, p. 1247.

15) Westminster Larger Catechism(Committee for Christian Education and Publication, Presbyterian Church in America, 1990), question #24.
16) Calvin, Institutes, bk. II, 1:362.
17) Westminster Confession, art. 6:1.
18) Westminster Confession, art. 6:1 - 4.
19) Roland H. Bainton, Here I Stand:A Life of Martin Luther(Nashville:Abingdon Press, 1978).
20) Charles Colson, Born Again(Old Tappan, N.J.:Revell, 1977).
21) Edwards, The Freedom of the Will, 156.
22) Calvin, Institutes, bk. IV, 2:XII.
23) Westminster Confession, art. 30:3.
24) Calvin, Institutes, bk. IV, 2:XVII.
25) Westminster Confession, art. 22:2.
26) Calvin, Institues, bk. II, 1:304-310.
27) Calvin, Institutes, bk. II, 1:306.
28) Calvin, Institutes, bk. II, 1:307.
29) Westminster Confession, art. 23:1, 3.
30) Jonathan Edwards, The Works of Jonathan Edwards, vol. 2(Carlisle, Pa.:Banner of Truth, 1979), 29.
31) John H. Gerstner, Heaven & Hell(Orlando:Ligonier Ministries, 1991), 75.

사명선언문

너희가 흠이 없고 순전하여……세상에서 그들 가운데 빛들로
나타내며 생명의 말씀을 밝혀 _ 빌 2:15-16

1. 생명을 담겠습니다
만드는 책에 주님 주신 생명을 담겠습니다.
그 책으로 복음을 선포하겠습니다.

2. 말씀을 밝히겠습니다
생명의 근본은 말씀입니다.
말씀을 밝혀 성도와 교회의 성장을 돕겠습니다.

3. 빛이 되겠습니다
시대와 영혼의 어두움을 밝혀 주님 앞으로 이끄는
빛이 되는 책을 만들겠습니다.

4. 순전히 행하겠습니다
책을 만들고 전하는 일과 경영하는 일에 부끄러움이 없는
정직함으로 행하겠습니다.

5. 끝까지 전파하겠습니다
모든 사람에게, 땅 끝까지, 주님 오시는 그날까지
복음을 전하는 사명을 다하겠습니다.

서점 안내

광화문점 서울시 종로구 새문안로 69 구세군회관 1층
02)737-2288 / 02)737-4623(F)

강남점 서울시 서초구 신반포로 177 반포쇼핑타운 3동 2층
02)595-1211 / 02)595-3549(F)

구로점 서울시 동작구 시흥대로 602, 3층 302호
02)858-8744 / 02)838-0653(F)

노원점 서울시 노원구 동일로 1366 삼봉빌딩 지하 1층
02)938-7979 / 02)3391-6169(F)

일산점 경기도 고양시 일산서구 중앙로 1391 레이크타운 지하 1층
031)916-8787 / 031)916-8788(F)

의정부점 경기도 의정부시 청사로47번길 12 성산타워 3층
031)845-0600 / 031)852-6970(F)

인터넷서점 www.lifebook.co.kr